人人有权享有为维持他本人和家属的健康和福利所需的生活水准，包括食物、衣着、住房、医疗和必要的社会服务；在遭受失业、疾病、残废、守寡、衰老或在其他不能控制的情况下丧失谋生能力时，有权享受保障。

——《世界人权宣言》

本公约缔约国承认，人人有权享有能达到的最高的身体和心理健康的标准。

——《经济、社会及文化权利国际公约》

健康不仅是疾病与体虚的匿迹，而且是身心健康社会幸福的总体状态，是基本人权。

——《阿拉木图宣言》

患者有接受优质医疗服务的权利。专业人员的判断不能受临床或伦理之外的干扰因素的影响。

——《里斯本宣言》

任何一个心智健全的成人都有权决定其身体如何被处置，医生未经病人同意而实施手术构成侵权并承担侵权责任。

——[美]本杰明·卡多佐

健康权新论

舒德峰 著

山东城市出版传媒集团·济南出版社

图书在版编目（CIP）数据

健康权新论 / 舒德峰著. ——济南：济南出版社，2021.1（2021.2 重印）

ISBN 978 - 7 - 5488 - 4449 - 5

Ⅰ . ①健⋯ Ⅱ . ①舒⋯ Ⅲ . ①健康—权利—研究—中国 Ⅳ . ①D621.5

中国版本图书馆 CIP 数据核字（2020）第 261401 号

出 版 人	崔　刚
责任编辑	韩宝娟
封面设计	谭　正

出版发行	济南出版社
地　　址	济南市二环南路 1 号（250002）
印　　刷	山东新华印务有限公司
版　　次	2021 年 1 月第 1 版
印　　次	2021 年 2 月第 2 次印刷
开　　本	170 mm×240 mm　16 开
印　　张	14
字　　数	242 千
定　　价	88.00 元

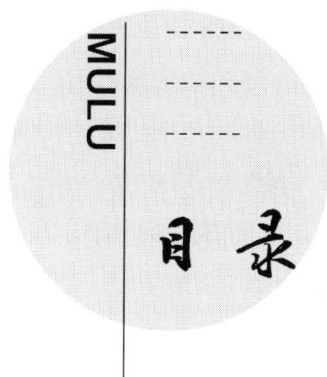

MULU

目 录

摘　要

健康不仅是经济和社会发展的前提，也是经济和社会发展的目标，更是人全面发展的基础。获得基本健康保障，是公民有尊严地生活的社会底线，也是人类追求幸福生活的重要内容。作为一项基本人权，健康权逐步得到国际法和国内法的认可。进入 21 世纪，健康权更受到世界各国的重视。方兴未艾的中国医药卫生体制改革更激发了人们对健康权的探讨。但从理论上看，我国对健康权的研究仍处于起步阶段，尚未形成独立的理论体系，基础理论研究不深入，核心理念和基本原则不统一，权利体系架构未完全建立，评价标准体系还不明晰，公民健康权的尊重、保护和实现存在诸多问题。本文依据法理学、宪法学、人权法学、卫生法学和立法学等基本原理，综合运用类型分析、比较分析、历史分析等方法，试图解决以下四个方面的问题：（1）健康权的基本理论；（2）健康权保障的价值取向和立法原则；（3）健康权的权利体系和评价标准；（4）健康权的法律体系框架。

除导论外，全书分五章。

第一章　健康权本体论。通过对人类历史上五种医学模式的分析和当今三类健康定义的辨析，厘清健康和健康权的概念，提出有实用性和可操作性的法学意义上的健康定义，批判了健康"乌托邦"思想。站在权利视角，通过对权利要素的分析，从健康和权利两个方面概括出健康权的定义。依据健康与健康权的特点，探讨了健康权的基本属性。

第二章　健康权源流论。从法律渊源、法理思想和社会发展三个维度，分析健康如何从公民个人事务发展成为一个社会问题，从消极权利发展为积极权利，从普通权利发展为基本人权。在此基础上提出，健康权不仅是一个公共卫生问题，更是一个突出的社会问题，不能单靠"医学处方"来处理，还须开具"社会处方"，依靠法律手段予以解决。

第三章　健康权价值论。旨在探究健康权法律保障的核心价值理念和主要立法原则。立足于健康权的特殊性，阐述当今社会健康权法律保障的价值目标以及利益冲突时的价值取向，包括公平、安全、秩序和效益。从这些价值目标出发，提出健康权立法的基本原则，即生命至上原则、社会公益原则、预防为主原则、协调发展原则和社会参与原则。

第四章　健康权体系论。旨在构建健康权的权利体系及评价标准。以权利主体为标准，将健康权分为个人健康权（医疗权）和公众健康权（公共健康权）。以权利内容为标准，将医疗权分为医疗救治权、医疗保障权和医疗救济权；将公共健康权分为食品安全权、免受疫病侵害权、职业健康保护权、环境健康权、心理健康权等，力求构建层次分明的健康权利体系。根据世界卫生组织推荐的评价标准，从健康服务的可供性、可及性、质量和公平性四个方面，对我国健康权保障现状进行评估，指出存在的问题和改进的方向。

第五章　健康权实现论。旨在为我国公民健康权法律保障提出具有可操作性的建议，以便在社会转型和卫生改革中尽快构建中国特色的健康权保障法律体系。从宪法、行政法、民法、刑法和卫生基本法五个层面，提出相应对策建议。

1 引 言

1.1 选题意义

1.1.1 理论意义

健康权作为一项基本人权，在国际上已经取得基本共识。近年来，国际上关于健康权的研究方兴未艾，但我国健康权研究仍然处于起步阶段，对什么是健康、什么是健康权、健康权有哪些基本属性、健康权为什么演变为基本人权、健康权包括哪些权利等基本理论问题，还存在许多争议。总体而言，健康权基础理论研究不够深入，尚未形成独立理论体系。本研究试图对健康及健康权的概念和属性等进行诠释，对健康权的法理渊源、思想渊源和社会渊源进行分析，对健康权保护的价值取向和基本原则进行探讨，对健康权保护的内容进行分类界定，以丰富我国健康权基本理论，为卫生法治建设和医药卫生体制改革提供理论基础，为健康权领域的国际人权对话提供中国话语。

1.1.2 现实意义

近年来，影响公民健康的因素越来越多，侵害公民健康权的事件层出不穷，公民健康成为社会高度关注的问题，国家对公民健康的保障义务日益突显。在我国，虽然健康权保障法律法规逐步出台，但总体上依然不完善，缺乏卫生基本法，并滞后于社会实际需要。部分法律法规立法理念落后，法律冲突较多，如医疗侵权的法律适用不明确，法律法规对公民健康权保障的作用尚未完全彰显出来。本研究旨在对我国健康权保护水平做出评估，分析健康权保护存在的问题，阐述健康权保护的法律价值和立法原则，提出完善我国健康权保障法律体系的对策建议。这对深化医药卫生体制改革、完善健康权保障法律体系、改善我国公民健康保障和基本人权保护，具有重要现实意义。

1.2 文献研究综述

1.2.1 国内研究现状

国内对健康权研究多局限于具体领域，如食品安全、公共卫生、传染病防治、医疗技术、病人权利和医患关系等，以实用为目的，整体性、协调性、系统性不够。将健康权作为公民的一项基本权利，系统研究健康权基础理论的文章和专著并不多。苏志在《中国卫生法制》2002 年第 1 期发表的《公民的健康权及其保障》一文，初步分析了健康与健康权的概念，指出了健康权与经济发展的关系，从民法、刑法和行政法的角度提出了公民健康权保护的建议，是国内较早从人权视角论述健康权的文章。2005 年，蔡维生在《人权研究》第 5 期发表的《健康权论》，对健康权立法演变进行了较为详尽的考察，分析了健康权的主要内容，讨论了健康权的实现途径和衡量标准，并对我国健康权实施状况进行了评价，据此提出了健康权实现的建议，是目前论述健康权最有代表性的文章。在学术论文方面，《学术论坛》发表了蒋月、林志强的《健康权观源流考》，《河北法学》发表了杜承铭、谢敏贤的《论健康权的宪法权利属性及实现》和路艳娥的《健康权的法理学思考》等，这些文章从健康权的发展、宪法属性、法理基础和保障现状等方面对健康权进行了论述，丰富了健康权保障的内容。自 2005 年始，健康权逐步成为研究生毕业论文研究选题，有代表性的有：山东大学蔡维生的《人权视角下的健康权》，扬州大学杨智红的《健康权的宪法保护》，吉林大学胡玲的《论健康权》，湖南大学于宝华的《论健康权》，山东大学郑海涛的《试论健康权及其法律保护》，中国政法大学张鹏的《健康权基本理论研究》，西南政法大学孙晓云的《国际人权法视域下的健康权保护研究》等。这些研究都对健康权某方面或几方面进行了研究，部分内容也有待商榷。在国际交流方面，2004 年，中欧人权网络在"中国—欧盟人权对话"的框架内举办了以"健康权与社会保障权"为主题的学术研讨会，与会代表从健康权实现的国家义务、衡量标准和实现条件等方面对健康权进行深入探讨，代表了当前健康权保障研究的最新成果。综观这些研究，对健康权的概念和属性存在分歧，对健康权如何成为国家义务和公民权利的思想、法理、社会渊源分析不够系统，健康权保障立法的框架体系存在较大差异。

我国台湾地区对健康权的研究成果为数不多。这些成果可分为两类：研究健康权的专论和其他研究论文对健康权的附带性论述。对第一类，比较有代表性的有林明昕《健康权——以"国家之保护义务"为中心》和邓衍森《从国际人权法论健康权之法理基础与实践方式》。这两篇文章是台湾地区研究健康权的专论，引用率颇高。对第二类，比较有代表性的有吴全峰、黄文鸿《论医疗人权之发展与权利体系》，李震山《从宪法观点论身体不受伤害权》和黄进兴《精神病患与医疗人权之研究》等。这几篇文章在各自研究领域内附带提到健康权。

1.2.2 国外研究现状

国外对健康权研究起步较早，论述颇丰，主要集中在人权法学领域。2004 年，中国人权研究会组织翻译艾德等主编的《经济、社会和文化权利教程（修订第二版）》中有健康权专章，这本书是国内健康权研究最常参考的资料之一。美国伯吉特·托贝斯教授的专著 *The Right to Health as a Human Right International Law* 是当今国际学术界健康权研究的代表作。该书详细探讨了健康权的概念、国际人权法上的健康权、各国宪法上的健康权、健康权的可诉性、健康权的范围和内容、健康权对应的国家义务等问题。美国 Steven D. Jamar 的 *The International Human Right To Health* 一文详细探讨了健康权的概念、国际法渊源和相关国际机构、健康权的范围和内容、经济社会文化权利公约的批准与执行等问题。

1.3 研究内容

1.3.1 健康权的基本理论

通过对五种医学模式的分析和三类健康定义的辨析，本研究提出了法学意义上的健康定义。通过对权利要素的研究，概括出健康权的定义，分析了健康权的基本属性，并将健康权与生命权、生存权等进行了比较。通过对健康权的法理渊源、思想渊源和社会渊源的分析，提出健康权保护是一个社会问题，应当开具"社会处方"，通过法律手段解决。

1.3.2 健康权的法律价值

立足于健康权的特殊性和现实性，阐述健康权法律保障的价值目标以及发生利益冲突时的价值取向，并依据这一价值目标，分析了健康权保障立法应遵循的基本原则。

1.3.3 健康权的权利体系

按照权利主体和内容两项标准相结合的原则，对健康权进行分类梳理，逐项分析权利内容，构建了层次比较分明的健康权利体系，并对我国健康权保障的现状进行了评估，指出我国健康权保障存在的问题和改进的方向。

1.3.4 健康权的法律保障

从宪法、卫生基本法、行政法、民法和刑法五个层面，分析了我国健康权法律保障的现状、问题，并提出了相应的对策和建议。

1.4 研究方法

1.4.1 法解释学方法

对健康权相关问题的探讨，建立在对法理学、人权学的基本定义和相关国际人权文件以及各国宪法文本的分析之上。

1.4.2 比较分析方法

在健康权基本理论的论述中，对现有的概念定义、不同学术理论、各国做法和实践进行了比较评析，从中得出恰当的健康权理论观点。

1.4.3 案例分析法

案例分析法在英美法系国家是较为常用的研究方法。本文引用了国际法和国内法上的案例，对健康权具体权利保障方面存在的问题进行分析，对加深健康权相关问题的认识大有裨益。

2 健康权本体论

二战以来，健康权受到越来越多的关注，并在相关国际协议中得以确认。但是，在许多国家，健康权虽然被写进宪法，却没有成为一项公民的实然权利。在世界范围内，卫生保健领域的不公平现象日益加剧，持续增长的医药费用使国家和个人不堪重负，已经和正在建立的健康保障制度面临严峻挑战。进入21世纪，人们维护健康的压力不但没有减轻，反而日趋加重。

疾病和死亡威胁着人类，就像悬在人们头上的达摩克利斯之剑，迫使人们思考生命的价值和健康的意义。不管贫穷还是富裕，人们迟早都会被疾病、衰老或伤害困扰。穷人可能面临营养不良、吸毒、酗酒、疟疾、病毒性肝炎、结核病、艾滋病等所谓"贫穷病"的威胁，富人同样面临糖尿病、心脑血管病、癌症等所谓"文明病"的侵害。人一旦丧失健康，就意味着暂时或永久失去作为人的部分或全部特性。虽然有人直到因疾病和伤害不得不搁置自己的人生计划时，才被迫思考生命的意义和健康的价值，但对每个人来说，这是迟早的事情，也是人类的普遍困境。健康是人生存的前提、幸福的条件，是人生价值的基础和生命永恒的追求。

健康对人类如此重要，人们本应容易达成共识，将健康作为一项基本人权，致力于人人健康目标的实现。然而事实并非如此。1978年，世界卫生组织在《阿拉木图宣言》中提出了"人人享有卫生保健"的目标，起到了政策导向的作用。但在现实语境中，这依然只是诱人的宣言式口号。有人将其归因于现阶段各国有限的资源，这一观点无疑是不全面的。资源在任何时候总是有限，一国经济实力和健康保障水平并非完全正相关。公民健康有赖于经济发展水平，也受诸多非经济因素影响，如政治哲学、政治意志和社会体制。卫生服务是否有效是一个医学问题，卫生服务如何分配是一个社会问题。解决这样的社会问题，无疑需要建立社会规则；而制定什么样的社会规则，又受到不同政治哲学和法哲学思想的影响。

不管是穷人还是富人，人们是否都有平等权利获得健康保障？健康是个人责任还是政府义务？政府能否用纳税人的钱帮助弱势人群获得基本医疗保障？当得不到这种保障时，人们是否有权提出权利主张？对这些问题的回答，不是简单的关于医学本身的争论，而是不同政治价值观念的交锋，表面上是权利之争，实际却反映着人们对自由和平等孰轻孰重的不同看法。

回答这些问题需要从厘清概念开始。人们在讨论健康权时，对什么是健康、什么是权利、什么是健康权，往往有着不同理解，而不同的理解往往导致不同的标准和主张。健康本是医学概念，权利属于法学概念，将这两个原本在各自领域就定义模糊的概念结合起来，增加了定义难度。搞清这些"简单的、不可定义、不可分析的原初概念"①，是把握事物本质与寻找解决路径的起点。

2.1 健康的概念

2.1.1 五种医学范式

通常人们认为，健康就是没病，没病就是健康。这种说法虽不全面，却道出了健康与疾病的关系。健康与疾病是一对矛盾。随着社会文明进步，人类对健康和疾病的认识逐步深化和发展。纵观人类与疾病的抗争史，这种认识大致经历了五种范式。

2.1.1.1 神灵主义医学观

古人认为，世间一切皆由超自然的神灵主宰，疾病乃神灵惩罚或魔鬼附身。中国古代医巫同源，人们认为人神可以沟通，遂而演变出歌舞、占卜、祭祀、祈祷、祝由等方式，以感动鬼神，降伏妖魔，祛病消灾。古希腊医学受迷信禁锢，巫师念咒文、施魔法或通过祈祷为人治病。

2.1.1.2 自然主义医学观

公元前5世纪，受自然哲学影响，在古希腊、中国、印度等地，医学逐渐与巫术

---

① Joel Feinberg. The Nature and Values of Rights [J], Journal of Value Inquiry, 1970, (4): 243—260.

分离，形成了自然哲学医学模式。该模式将健康与疾病视为一种自然过程，机体平衡状态则为健康，阴阳失调或体液失衡则为疾病。相应地，治病靠医生用自然疗法扶正祛邪，恢复平衡。古希腊希波克拉底的血液、黏液、黄胆汁、黑胆汁"四体液"说、中医阴阳五行学说及古印度气、胆及痰"三体液"说，都反映了这种自然哲学观念。

2.1.1.3 唯心主义医学观

中世纪的欧洲，神学统治一切。虽然医学有一定发展，但摆脱不了宗教羁绊。僧侣充当医生，通过向上帝祈祷治病。这种宗教观念客观上限制了医学的发展，甚至助长了疫病流行。公元 6 世纪，欧洲鼠疫首次大流行，持续五六十年，死亡近 1 亿人。公元 14 世纪，第二次鼠疫大流行，持续近 3 个世纪，死亡 2500 多万人。1860 年，第三次鼠疫大流行，波及 60 多个国家，死亡千万人以上。

2.1.1.4 实证主义医学观

17 世纪后叶，荷兰人列文·虎克用自制显微镜发现了细菌。法国生物学家巴斯德证实，细菌不是自然发生，而是由原来存在的细菌滋生。细菌的发现和巴氏灭菌法的使用，彻底改变了传统的医学观，因消毒灭菌措施的应用，手术病人死亡率大幅下降。此后，以细菌学说为标志的病原学理论取得长足进展，推动医学步入生物医学阶段。特别是抗生素、疫苗的发明和使用，使许多烈性传染病得到控制。在实证主义思想指导下，医学不断向纵深发展。许多严重影响人类健康的疾病，有望通过生物工程技术得到治疗。

2.1.1.5 生物心理社会医学观

从 20 世纪下半叶始，许多传染病、地方病、寄生虫病得到了有效控制，人类疾病谱和死因谱发生了显著变化，恶性肿瘤、心脑血管病等慢性非传染性疾病逐步替代传染性疾病，成为影响居民健康的主要问题和导致死亡的主要杀手。这种趋势首先发生在发达国家，继而迅速扩展到许多发展中国家。研究发现，慢性非传染性疾病并非由致病微生物引起，而是与人们的行为和生活方式密切相关。1977 年，美国学者恩格尔（Engel）提出："当代占统治地位的生物医学模型……没有给心理、社会因素留下余地。""为理解疾病的决定因素，以及达到合理的治疗和卫生保健，医学模式必须考虑到病人、病人生活在其中的环境以及由社会设计来对付疾病破坏作用的补充系统，即医生的作用和卫生保健制度。"① "临床治疗是双重的社会自然过程。因此，医学不是一门纯粹的自然科学，本身是一门社会科学与自然科学交叉的学科。"② "人的健康与疾病不仅受着物质环境的支配，也受社会制度、经济条件、精神状态等影响，因此，医学又是与社会科学密切相关的。"③ 这些观点透过疾病现象看到了危害健康的本质原因，为现代医学范式变革奠定了理论基础。

2.1.2 三种健康的概念

人们对疾病的认识不断改变，对健康的认识也逐步深化。从古代的天人合一、体液平衡，到近代的结构完整、机能正常，再到现代的心理健康、社会适应良好，健康的内涵日益丰富，外延不断扩大。不同的健康定义，表现在健康维度的差异。

2.1.2.1 生理健康说

这种观点认为，"健康系生理之机能，不包括心理之机能，健康是人体生理机能的一种完善状态"④，"从法律意义上看，健康是指人体器官及系统乃至身心整体的安全运行、人体机能的正常发挥。既包括器质健康和功能健康，也包括生理健康和功能健康"⑤。"作为健康权客体的健康，是指维持人体生命活动正常机能的正常运行和功能完善发挥。健康有两个要素，一个是生理机能的正常运行，一个是生理机能的完善发挥。两个要素协调一致发挥作用，达到维持人体生命活动的最终目标。它只包括生理健康，不包括心理健康"⑥。综合这种观点的不同表述，所谓健康，是指人体各器官发育良好、功能正常、体质健壮、精力充沛且有良好劳动效能的状态。

2.1.2.2 生理心理健康说

这种观点认为，健康是身体的生理功能正常运转和心理的良好状态，包括生理健康和心理健康。"健康不仅包括器质健康和功能健康，也包括生理健康和心理健

① GL·恩格尔，黎风.需要新的医学模型——对生物医学的挑战 ［J］.医学与哲学.1980，（3）：84.
② 于光远.临场过程与临床医生的思维 ［J］.医学与哲学.1983，（12）：2.
③ 黄家驷.略谈医学复杂性与哲学思维 ［J］.医学与哲学.1980，（1）：2.
④ 何孝元.损害赔偿之研究 ［M］.中国台北：商务印书馆，1982：135.
⑤ 郭明瑞等.中国损害赔偿全书 ［M］.北京：中国检察出版社，1994：228.
⑥ 杨立新.人身权法论 ［M］.北京：中国检察出版社，1996：364.

康。"① 我国台湾学者林明昕认为"健康以生理/肉体与心理/精神之完整性，而远离病痛、残缺为概念定义的核心"。《布莱克法学词典》将健康表述为："身体、心理或者精神的强壮、健全或者完整状态、良好状态；没有病痛。"② 联合国《世界人权宣言》关于"人人享有可能达到的最高标准的身体和精神健康的权利"的宣示，也将健康定位为生理和心理健康两方面。

2.1.2.3 身心健康与社会适应说

这种观点源于世界卫生组织的概念："健康是一种心理、躯体和社会适应的完满状态，而不是没有疾病和虚弱。"（1946 年）1989 年，世界卫生组织又提出 21 世纪健康新概念："健康不仅是没有疾病，而且包括躯体健康、心理健康、社会适应良好和道德健康。"生理健康指人体的组织结构完整和生理功能正常。心理健康包括：心理与环境的同一性，即心理反映客观现实，无论在形式或内容上均应同客观环境保持一致；心理与行为的整体性，即一个人的体验、情感、意识等心理活动和行为是一个完整和协调一致的统一体；人格的稳定性，即一个人在长期生活经历中形成的独特的个性心理特征具有相对稳定性。道德健康是生理健康和心理健康的发展，最高标准是"无私利人"；基本标准是"为己利他"；不健康表现是"损人利己"和"纯粹害人"。社会适应健康，是指一个人在社会生活中的角色适应，包括职业角色、家庭角色及学习、娱乐中的角色转换和人际关系等方面的适应。社会适应良好的人，不仅具有较强的社会交往能力、工作能力和广博的文化科学知识，胜任个人在社会生活中的各种角色，而且能创造性地取得成就、为社会做贡献。缺乏角色意识，发生角色错位，是社会适应健康不良的表现。世界卫生组织进而提出了健康的十条标准："有充沛的精力，能够从容不迫地负担日常生活和繁重工作，且不感到过分紧张和疲劳；处世乐观，态度积极，乐于承担责任，事无大小，不挑剔；善于休息，睡眠好；应变能力强，能适应外界环境的各种变化；能抵抗一般性感冒和传染病；体重适当，身体匀称，站立时，头、肩、臀位置协调；眼睛明亮，反应敏捷，眼睑不易发炎；牙齿清洁，无龋齿，不疼痛，牙龈颜色正常；头发有光泽，无头屑；肌肉

---

① 彭万林. 民法学 ［M］. 北京：中国政法大学出版社，1999：204.

② Hebry Campbell Black. Health：State of being hale，sound，or whole in body，mind or soul，well being. Free from pain or sickness，Black's Law Dictionary ［M］，West Publishing Co.，1979：179.

丰满，有光泽。"在此基础上，美国 M. R. 莱维提出健康的五种含义，即具有增进健康的生活方式、身体健康、社会健康、情绪健康、精神与哲理健康。这些定义，不但包括躯体健康，还包括心理、社会、人格、精神、道德、哲理等多个维度。

2.1.3 健康概念评析

纵观健康的不同定义，不难看出，第一种观点内涵最窄，第二种观点居中，第三种观点最为宽泛。"生理健康说"道出了健康的基本内涵，即身体结构完整，生理机能正常，无病、无伤、无残，这与多数人常识吻合。显然，这是健康的最重要内涵，但却忽视了人的心理特征和心理健康。人之为人，并非仅仅一介躯体，具有动物之基本机能；人之特质在心理、在精神。从某种程度上说，心理健康比躯体健康更能反映人的本质，并已成为当代重要的医学、法学和社会问题。"生理心理健康说"显然弥补了这种缺陷，强调身心一致性。而"身心健康与社会适应说"更进一步，考虑到了人的社会属性，体现了新的生物—心理—社会医学模式，更为深刻地触及了人的社会本质。审视这些不同的医学观和健康权，从法学视角看，应做出切实而深入的分析。

2.1.3.1 批判地继承而不武断地抛弃

历史地看，旧医学观反映了前人对健康和疾病的认识，并非都是迷信和偏见。神灵主义医学观表面看似愚昧，却折射出人类对疾病和死亡的恐惧，对自我超越的精神力量的追求。迄今为止，人类对外部世界的认识仍极为有限，对自我精神世界的认知也只是冰山一角，而这种认知直接关系到人的健康和生存。在世界许多地方，直到现在通灵术仍有市场，反映出神灵主义观念的根深蒂固，体现了人类对自然、对自我认知的局限性。

自然主义哲学思想依然闪烁着人与自然和谐相处的智慧。当今人口爆炸，资源匮乏，环境恶化，天人合一的思想不无启迪。事实上，人类只是自然的存在物，离开自然无法生存，被破坏的生态将严重影响人类的健康和生命。况且，人类对宇宙演变、生态变化与人类健康的关系所知甚少。天人合一的观念以及保持自体平衡的思想，无疑对当今医学发展仍有启示作用。

各种宗教通过对人类意识形态和行为方式施加影响，进而对人的健康产生作用，有消极影响，也有积极因素，如佛家无欲、老庄无为、基督教和伊斯兰教的某些习俗和禁忌，对养生和健康也有积极一面，反映出精神信仰对生活方式进而对健康的重要影响。

虽然许多人对生物医学模式颇多微词，认为它把人当成"机器"，然而，正是近代实验医学的发展，才使人类健康事业取得史无前例的突破，危害人类健康的许多重大传染病得到有效控制，人类健康水平明显提高。同时，还应看到，生物医学发展依然方兴未艾，生物工程技术展示了广阔发展前景。

对于千百年来人类对疾病和健康的认识，应取其精华，弃其糟粕，批判地继承和发扬，而不应不加区别一味地全盘抛弃。

2.1.3.2 可实现而非"乌托邦"

对人而言，健康本是一种自然状态，一种在现实生活中可实现、可得到、可保持的"必需品"，而不是贵不可得、遥不可及、高不可攀的"奢侈品"。世界卫生组织的健康新概念提示人们，注意健康的心理维度、社会维度和道德维度，无疑具有重要导向意义。但毋庸讳言，它把健康描绘成一个无所不包、难以企及的概念。按此标准衡量，大部分人、人的大部分时间都不健康，这就使健康陷入理想化的误区。同时，该标准因难以衡量也缺乏现实性、可操作性。躯体健康可以有客观测量标准，心理健康或可做出主观测量，而社会适应和道德健康难以把握。这种"超人"式的健康标准，在现实生活中难以应用。高斯汀、拉泽瑞尼都认为，世界卫生组织对健康的定义过于宽泛，这将严重影响它的实践效果。[①] 一味扩大健康内涵与外延、提高健康标准，不仅不符合生活实际，更不利于健康保障，还会使国家和社会在巨大保障责任面前望而却步。

2.1.3.3 健康乃变动之生命过程

疾病与健康相互依存、相互转化、此消彼长，是一个既对立又统一的连续过程，呈现出不同的生命状态。从身心健康、健康良好、亚健康、疾病直到死亡，每个人在生命的特定时点都在疾病与健康两极中的某个位置，连成一条生命线，人的健康

---

① Burris S, Lazzarini Z and Gostin L. O. Taking Rights Seriously in Health, Journal of Law ［J］, Medicine and Ethics. 2002, 30 (4): 490—491.

水平在这条线上时上时下、时好时坏、时高时低。F. D. 沃林斯基从健康、不健康模式中分解出几种状况，即健康、悲观、社会方面不健康、肉体上有病、患疑难病症、长期受疾病折磨、严重患病。因此，应把健康看成一种变动不居的生命过程，而不是绝对、静止的状态。

2.1.3.4 不同视角下的健康应有区别

从不同视角看健康，会观察到不同特征。从医学角度，着眼于人的生理和心理机能的维护和恢复。从法学视角，着眼于健康权的尊重、保障与实现。从社会学角度，着眼于健康与疾病对人实现社会角色的影响。从哲学视角，着眼于人的自由和全面发展。罗顿斯坦把健康价值归结为：健康是效能的一种形式或可行使的一种功能；是个人解放与自由的一种形式。[①]

医学上的健康解决的是"功能不能"的问题，体现着人的自然性；法学上的健康解决的是"权利不能"的问题，体现着人的法律角色；社会学上的健康解决的是"角色不能"的问题，体现着人的社会性；哲学解决的是人"精神不能"的问题，为人提供世界观和方法论，赋予生命以意义。这些不同视角下的健康概念既有联系，又有区别，不能简单地混同。比如，医学上的健康概念内涵超过了法学上的健康内涵。从医学上讲，人的生理或心理出现结构受损或机能不正常，都可称为不健康，而在法学上，并非所有健康缺陷或侵害都被法律视为不健康，只有健康受到外力侵害或者主体能力伸张受限，法律对健康的价值才得以体现出来。如果在法律上完全采纳医学健康概念，可能会导致健康权内涵过于宽泛，甚至发生滥诉。

2.1.3.5 把健康与其影响因素区别开来

影响健康的因素很多，既有内因又有外因，既有自然因素也有社会因素。这些因素最终都通过影响人的生理或心理起作用。在健康的逻辑关系中，自然环境和社会环境是因，而健康和疾病是果。在健康定义中，不能因果混淆，或倒因为果，把健康影响因素当作健康的内涵（见图1-1）。

---

① William C. Cockerham. Medical Sociology. – 9th ed. Peking University Press, 2011: 88.

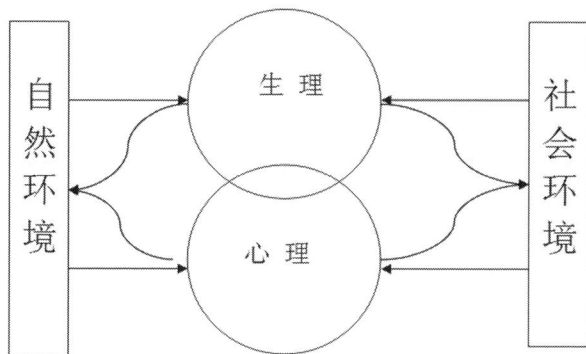

图 1-1　身心健康与自然社会

形者神之体，神者形之用。作为生命个体的存在，人由生理和心理两大体系组成，两者交融在一起，不可分割，缺一不可，相互作用、相互影响，共同左右人的健康状态。自然环境和社会环境当然会影响到人的健康，但都是通过影响人的生理和心理而起作用。从法学意义上讲，健康的维度只能包括生理和心理两个方面，而且是动态变化的。可以认为，健康是人的一种生理和心理上结构健全和机能完好的状态。

2.2 健康权的内涵

2.2.1 健康权的权利要素

欲将健康作为一种权利，首先必须明确何为权利。近代关于权利的界定基本上从伦理和实证两个角度出发，有"自由说""意思说""资格说""利益说""法律之上力说"等①。这些定义着眼点不同，但归纳起来，涉及权利的五个要素，即利益、主张、资格、力量和自由。

2.2.1.1 健康权是一种利益

一项权利之所以成立，是为保护某种利益。权利是法律确证的利益。这种利益可能为自己，也可能为群体。健康之于人类，一如生命，极其珍贵。健康伴人而来、随人而逝，无时无刻不影响着人的生活质量，显然是人的一种最重要的利益。争取

---

① 夏勇. 法理讲义——关于法律的道德和学问［M］. 北京：北京大学出版社，2010：354.

健康权运动的全部旨趣，就在于争取健康利益，使人在患病时得到医治，不因经济原因而丧失健康；同时，在健康权益遭到侵犯时，能诉诸法律得到保护。基姆在《探索一个公正的世界秩序》中指出，"健康是仅次于人的自然存在的世界性质的最基本的人类需要，没有健康，人将丧失人作为人最完整的大部分特性；没有健康，人就不能发展为或称为充分的人；没有健康，生命则失去意义和价值，其他将无从谈起"。

2.2.1.2 健康权是一种主张

一种利益若无人提出主张，就不可能成为权利。一种利益之所以要由利益主体通过意思表达出来主张，是因为它可能受到侵犯。在一个相当长的历史时期，健康一直是个人和家庭事务，与国家无关。近代对健康权的主张，是因为健康受到来自自然和社会两个方面日益严重的威胁，且超出了个人和家庭能够抵御的能力。当今社会，对公民健康的侵害日益凸显，影响日益严重。食品供应与食品安全问题并行，社会陷入食物危害恐惧；旧的传染病尚未控制，新型传染病不断发生，且呈现国际化趋势，公共健康受到严重威胁；职业卫生和职业安全，已成为严重威胁劳动者健康的突出问题；基本医疗保障成为全球共同难题，病人权利未得到有效保护；环境污染严重侵害人类健康；精神和心理健康成为人类共同的关注。因此，保障公民健康成为人类共同诉求。

2.2.1.3 健康权是一种资格

提出利益主张应有凭据，即有资格提出要求。资格分两种，一是道德资格，一是法律资格。健康首先表现为一种道德上的应然权利，进而逐步发展为法律上的实然权利。作为健康主体的人，无论其种族、肤色、性别、年龄、语言、宗教、国籍、出身、能力和政治见解等，都应享有作为人的基本权利，即维持健康、延续生命的权利。如果丧失这种资格，也就丧失了做人的基本尊严。因此，联合国《经济、社会和文化权利公约》提出："人人享有获得最高可能达到的健康标准的权利。"《世界卫生组织组织法》指出："享受可能获得的最高健康标准是每个人的基本权利之一。"

2.2.1.4 健康权是一种力量，包括权威和能力

从国际人权法的角度，健康不再是道德权利，而已成为一种法律权利。《世界人

权宣言》提出："人人有权享有为维持他本人和家属的健康和福利所需的生活水准，包括食物、衣着、住房、医疗和必要的社会服务；在遭到失业、疾病、残废、守寡、衰老或在其他不能控制的情况下丧失谋生能力时，有权享受保障。"《经济、社会和文化权利国际公约》第 12 条对健康权的内容做了详尽规定："本公约缔约国承认，人人有权享有能达到的最高的体质和心理健康的标准；本公约缔约各国为充分实现这一权利而采取的步骤，应包括为达到下列目标所需的步骤：减低死胎率和婴儿死亡率，使儿童得到健康的发育；改善环境卫生和工业卫生的各个方面；预防、治疗和控制传染病、地方病、职业病及其他疾病；创造保证人人在患病时能得到医疗照顾的条件。"这些国际公约规定了最基本的健康权，各成员国有义务采取有效措施予以尊重、保护和实现。当然，任何国际法须通过国内法发挥作用。纵观各国立法，多数国家将保护公民基本健康权作为国家义务加以规定，有 70 多个国家将公民健康权写入宪法，将其作为公民基本权利，为公民健康保障提供了权威支持。

2.2.1.5 健康权是一种自由

自由是指权利主体依照个人意志采取行动而不受外来干预或胁迫。人对自己的身体拥有绝对权力，未经同意，任何人不得伤害。未经个人知情同意，任何对个人身体的干预，都是对个人自由的侵犯。洛克指出："人既然是平等和独立的，任何人就不得侵害他人的生命、健康、自由或财产。"① 从这种意义上讲，健康权原本就是公民个人享有的一种自由权，无须国家或他人协助即可成立。只有在公民行使权利遇到阻碍时，国家才能居中裁决。现代社会强调政府义务，并非否定个人自由。"法律的目的不是废除或限制自由，而是保护和扩大自由。这是因为，在一切能够接受法律支配的状态中，哪里没有法律，哪里就没有自由。这是因为，自由意味着不受他人的束缚和强暴，而哪里没有法律，哪里就不能有这种自由。"② 因而，任何国家都不能以公共利益和其他社会目的之名，践踏公民的基本自由和权利。即使是为了"满足最大多数人的最大利益"，也不能剥夺少数人的基本自由和权利。作为以民事法律关系为主的卫生法律关系，意思自治原则体现了对公民个人自由权的尊重。

---

① John Locke. Two Treatises of Government. −1th ed. World Book Press，2011：7.
② John Locke. Two Treatises of Government. −1th ed. World Book Press，2011：36.

2.2.1.6 健康权是国家义务

义务与权利对应。从权利前设推导出相应义务，是现代权利话语的一般逻辑。说某人享有某项利益、主张、资格、权利或自由，是指他人对其享有之物负有不可侵夺、不得妨碍的义务。若无人承担和履行相应义务，权利便没有意义。人权是从个人对同类承担的相互尊重、平等相待的道德义务推导出的一种制度理性。随着近代工业化、城市化、全球化的发展，健康问题已远远超出个人范畴，逐步成为一个社会问题。进入 20 世纪，特别是经历了两次世界大战的洗礼，人的价值、尊严、生命和健康备受重视。《联合国宪章》《世界卫生组织宪章》《世界人权宣言》和《经济、社会和文化权利国际公约》等一系列国际文件，不仅明确了健康权保护的国家义务，而且将其作为基本人权的重要内容。既然是基本人权，国家当然负有保障义务。因而，在现代社会，公民拥有健康权，意味着国家具有尊重、保护和实现这种权利的义务。

健康权既是一种自由权利，也是一种积极权利，包括与健康有关的利益、资格、力量等。概括地说，健康权是自然人为维护自身在生理和心理上结构健全和机能完好的状态而具有的一种主张，它既包括公民保护自身生理和心理结构和机能不受非法侵害，且在受到不法侵害时请求司法保护的主张，也包括要求国家履行尊重、保护和实现义务的主张。它不是指国家有义务使人人都健康，而是指一个特定国家的公民有权获得与他人相同的生理和心理健康的权利。

2.2.2 健康权的权利定位

根据卡雷尔·瓦萨克的"三代人权"理论，第一代人权指公民权利和政治权利，第二代人权指经济、社会和文化权利，第三代人权指发展权、和平权和环境权等。健康权既属于一代人权的生命权、自由权，又属于二代人权的经济权、社会权，还与三代人权的环境权、发展权直接相关，可以说，健康权是一项横跨三代人权的基本权利，是自由权、平等权、发展权等充分实现和有效行使的重要保障。但是，健康权与生命权、生存权及其他权利既有联系，又有区别。

2.2.2.1 健康权与生命权

通常人们将生命权和健康权统称为生命健康权，其实两者既有联系又有区别。

生命权是自然人的最高人格利益，具有最高人格价值。一切权利的行使，都是以生命存在为前提。生命权是公民维护其生命安全利益的权利，表现为生命安全维护权。当非法遭受生命安全侵害时，公民有权依法自卫，并请求司法保护。凡致人死亡的非法行为，均属侵害生命权的行为。有关堕胎、安乐死的争论，涉及生命起点和终点，也属生命权范畴。健康权是自然人维护自身生理和心理完好性的主张，它与生命权的区别是，生命权维护人的生命活动延续，防止人为侵害将生命终止；健康权维护人体身心结构完整和机能正常，不以生命为客体；侵害生命权导致受害人生命终止，侵犯健康权可能完全或部分地恢复；生命权遭受侵害后，权利人丧失生命，不存在劳动能力补偿问题，健康权受到侵害可以通过补偿解决。

2.2.2.2 健康权与生存权

"人权首先是人民的生存权，没有生存权，其他一切人权都无从谈起"。① 奥地利法学家安东·门格尔在《全部劳动权史论》中指出，在人的所有欲望中，生存的欲望具有优先地位。社会成员具有向国家提出比其他具有超越生存欲望的人优先的、为维持自己生存而必须获得的物质和劳动要求的权利。《经济、社会和文化权利国际公约》规定了"相当生活水准权"，成为与生存相关的各种权利的总称。生命是生存权的自然形式，健康是生存权的重要前提，财产是生存权的实现条件，劳动是生存权的实现手段，社会保障是生存权的救济方式，发展是生存权的必然要求。广义地讲，生存权包括生命权、健康权、尊严权、劳动权和社会保障权等。在生存权权利体系中，健康权处于前提和基础的地位。马克思和恩格斯指出，健康权具有"保护健康，保持一切价值源泉即劳动力本身"的重要作用。②

2.2.2.3 健康权与其他人权

健康权与其他经济、社会、文化权利相互依赖，不可分割。从人们争取社会保障的角度看，健康权属于社会权的重要内容。健康权是其他人权的基础和载体，在整个人权谱系中有着基础的意义③。如果否决这项权利，则轻视了个人自治的价值，

---

① 国务院新闻办公室. 中国人权状况［R］. 北京：国务院新闻办公室，1991.

② 中共中央马克思恩格斯列宁斯大林著作编译局. 马克思恩格斯选集［C］. 北京：人民出版社，1979：159.

③ 卓泽渊. 法的价值论［M］. 北京：法律出版社，2006：351.

并把自己置身于严重的道德非难中①。一旦丧失健康权，无论是公民权利、政治权利，还是经济权利、社会权利、文化权利，甚至是发展权、环境权等，均无从谈起。

侵犯公民健康权，往往也影响到公民受教育权、工作权等权利的实现；反之，其他经济、社会、文化权利受到侵害，也影响到健康权的实现。如果获得安全食物和饮用水的权利、获得住房的权利、工作的权利、不受歧视的权利等没有基本保障，健康权也难以实现。

2.3 健康权的基本属性

2.3.1 健康权的普适性

健康权是人类生存和发展不可或缺的条件，任何人都应公平地享有健康权，且不因国籍、种族、肤色、性别、年龄、语言、宗教、出身、财产、能力和政治见解等的不同而有差异，它是"作为自由人（无论所处的地位如何）所具有的维持其基本尊严的必要因素，是人所普遍拥有的，与其身份地位无关"②，因而是一项普适性权利。从人权角度看，不存在一部分人享有权利多些、另一部分人享有权利少些的问题。由于意识形态、文化传统和政治见解不同，人们对人权普适性持有不同的观点，但在健康权方面理应达成共识，因为这是一项人之为人所必须具有的权利，是一项超越国界、种族和政治分歧的权利。不管人们持何种政治见解，不管人们处何种社会经济地位，维护健康是源于人性的共同诉求，具有"类"的本质属性。

从时间上讲，每个人从出生之日起至人生终点都应享有健康权，只不过在人生的不同阶段，享有权利的侧重点不同而已。可以说，健康权是一项人从生到死的生命全程普遍享有的权利。甚至，这种权利可以上溯到胚胎之处，终结到脑死亡病人的垂危阶段。

从空间上讲，随着全球化进程的到来，不管发达国家还是发展中国家，尽管经济社会发展水平不同，但人类面临着越来越多的共同的健康威胁。虽然各国健康权

---

① Dieter Giesen. A Right to Health Care: A Comparative Perspective [M], Health Matrix, 1994 (4): 276.

② 顾素. 自由主义基本理念 [M]. 北京: 中央编译出版社, 2005: 98.

的实现方式不同，保障水平各异，但公民享有的健康权是普遍的。

从人群上讲，健康权是所有人应该享有的权利。有学者认为，只有老人、儿童、妇女、病人、残疾人和社会弱势人群才有健康权保障问题。毋庸讳言，特殊人群较健康人群更需要健康权保障，这也是需要特别立法予以保护的原因。但是，健康权不是一项只针对特定人群的权利，也不是一项只针对病人的权利，而是一项针对所有人的基本权利。

作为一项社会权利，健康权应该是固有的、平等的、公平的；作为一项经济权利，又受到所在国经济基础、资源条件和科技发展水平的制约。不可否认，一国卫生资源有限，国家、地区和人群之间在卫生资源筹集和利用上存在差距，健康权实现有赖于经济和科技支持，这是否意味着健康权并非一项普适性权利？应当看到，正是由于卫生资源的有限性，才产生了如何分配资源的问题；正是由于健康权实现的不平等，才产生了健康公平的主张。事实上，人人享有获得最高可能达到的健康标准的权利，已在国际公约中明确规定，健康权的普适性得到国际社会的普遍认可。为什么像美国这样富裕的国家却有许多人享受不到基本健康保障，相对贫穷的国家如古巴却可以做得更好？关键在于是否承认并认真对待健康权。国情不同、国力不足、政治差异、制度有别等，皆非否认健康权普适性的理由，而是健康权普适性的反证。

2.3.2 健康权的固有性

健康是人的健康，权利是人的权利，健康就是人本身。健康权是人固有的权利，与人本身难以分开，与生命同存同亡。丧失健康就意味着体弱、伤害、衰老、疾病或死亡，就意味着权利的丧失。因此，健康权是人不可或缺、不可替代的权利，"确认这些权利是源自人的固有尊严"①。"我们并不是因针对健康而要求人权，而是对过一种有尊严的生活，过一种称得上是人的生活，一种没有人权就不可能享有的生活所需要的那些事物拥有人权。"② 美国著名公共卫生专家曼恩指出，健康权符合当代

---

① 《经济、社会与文化权利国际公约》由联合国人权委员会 1954 年起草完成，第 21 届联大于 1966 年 12 月 16 日通过，1976 年 1 月 13 日生效。公约开篇之首即对公民上述权利予以确认和重申。

② Derek Holmes, Cass R. Sunstein. The Cost of Rights [M]. – 1th ed. W. W. Norton & Company, 2000：21.

人权基本特征，它是个人权利，是内在于人之本质的权利，只要是人就拥有的权利；它是世界上所有人的权利①。这就要求任何国家，无论是强权国家还是民主国家，都应对健康权予以保障，对健康权的任何侵害都不可接受。健康权的固有性，也使健康权成为一种能够对抗国家权力的主张，是防止健康权在日益膨胀的国家权力面前日益萎缩，或国家对公民健康肆意侵害的法理支持。

人的健康是与生俱来、不可转让的权利。健康权与人的身体和心灵紧密相连，不能像物权、债权那样可以转移。人无法将其随意让渡，也不能像商品一样买卖。虽然医疗服务可以通过市场机制获得，但从逻辑上和伦理上，并不能得出健康可以自由买卖的结论。医疗服务只是获得健康的途径和手段，健康才是目的。如果将医疗服务和健康等同起来，不仅在逻辑上犯本末倒置的错误，且将产生严重的伦理冲突。同时，公共健康权的让与更为社会理性所不容。漠视公共健康权，为了一部分人的利益，强行限制或压制另一部分人的健康权，违反社会伦理和公平正义。

此外，主体对自身健康具有自主性。完全民事行为能力人对自己的健康拥有完全的决定权，可以决定接受或者拒绝某种诊断治疗措施。在限制民事行为能力和无民事行为能力的情况下，这种自主权暂时转移到监护人手中，但这种暂时转移也是为了健康权主体的利益，并在主体恢复民事行为能力后收回这种自主权。

2.3.3 健康权的主客一体性

人类在认识和改造自然世界的同时，逐渐有了自我意识，并不断加深自我认知，确立了自身的主体地位，由此导致物我分离，逐步形成了物质与精神"二元论"思想。自柏拉图始，经笛卡尔、培根、牛顿等发展，这一思想渗入到几乎所有分析活动。按照这一思想，物质世界是一部被精确数学原则控制着的精密机器。这一机械论的自然观，成为近代科学主导范式。在医学领域中，它表现为，把人自身当成物体，认为人体是一部机器，疾病乃机器发生故障。在这里，人的心理、意识、精神被湮没了，变成了一堆聚集在一起的原子。这种人类中心主义、技术理性主义，暗含了对人类自身主体地位的否定，对人类精神性存在实质的否定。

医学特殊性在于研究人本身。在自然组成上，人是由躯体和精神组成；在社会

---

① Jonathan Mann, Lawrence Gostin etc. Health and Human Rights [R]. WHO, 1994：10.

组成上,人是一切社会关系的总和。现代医学对人体物质结构及生理机能获得了必要的知识,但对体现人类主体性的精神世界认识极不充分,对意识的反思处在纠结不清的思辨阶段。对健康权而言,人是权利主体,但何为健康权客体,向来充满争议,有多种学说,如权利利益本体说、权利内容对象说、权利主体对象说、受权利主体支配者说、权利利益外化说、权利效力对抗对象说、规范对象说等。这些观点大都把健康权客体界定为人身以外的事物,显然受"二元论"思想影响。主客二分的思路,虽然突出了人的主体地位,促进了人对自身结构和功能的研究,带来重大医学突破,但忽视了人的精神存在和社会存在,甚至物化和异化了人本身。

为纠正"主客二分"弊病,"主客一体"范式应运而生。美国大卫·雷·格里芬教授认为,这种新范式"可以被称为一种整体论世界观,它强调整体而非部分"①。美国伯尔曼也认为,主客一体强调综合,特征是"非此即彼让位于亦此亦彼,不再是主体反对客体,而是主体与客体交互作用;不再是意识反对存在,而是意识与存在同在;不再是理智反对情感,或者理性反对激情,而是整体的人在思考和感受"②。

人本身是主客一体。健康权主体是人,健康权客体是健康,而健康乃是人的健康。必须把人看作是一个完整意义上的人,充分考虑其生理与心理特征,考虑其自然和社会属性,才能实现完全的健康。

康德指出,人是目的而不是手段,"有理性者,被称为人,这是因为人在本性上就是作为目的而存在,不能把他当作物看待。人是一个可尊敬的对象,这就表示我们不能随便对待他"③。即使在外科医生的手术刀下,这个人也并非需换零件的机器。人的灵与肉不能截然分开;人与自然和社会交互作用。因此,应将人作为健康权的出发点和落脚点,人本身既是权利主体,也是权利客体,主客统一,健康就是人本身,不能将健康权客体物化或异化为什么别的东西。

2.3.4 健康权的相对变动性

任何国家的法,最终都是一个国家在一定历史时期的经济生活条件的反映。健

---

① 余谋昌. 生态哲学 [M]. 西安:陕西人民出版社,2000:179.
② Harold J. Berman. Law and Religion [M]. -1th ed. Cambridge University Press, 2011:105.
③ Immanuel Kant. Critique of Practical Reason (M). -1th ed. Cambridge University Press, 1991:371.

康权也是一定社会历史条件的产物。随着社会历史条件的变动,健康权内涵也相应地变动和发展。传统医学模式以病人为对象,认为"无病、无伤、无残,即是健康"。与此相适应,人的健康主张限于祛除疾病、恢复健康。随着生物心理社会医学模式的出现,人们对健康有了更为全面的认识,人们不再满足于躯体没病,健康主张发展到生理、心理健康和社会适应良好,健康成为衡量生活质量、家庭幸福和社会文明的重要指标。当代危害健康的环境、心理、社会和道德因素,如环境污染、不当竞争、不良生活方式、吸毒、犯罪、卖淫嫖娼、道德堕落等,都对健康产生影响,都可能成为公民健康的新诉求。人类对健康的追求没有止境,健康权的内涵也不断地丰富和发展。

一个国家的政治、经济、社会和文化发展水平,影响着公民健康权享有的内容和范围。健康权诉求往往开始呈现为一种应然权利,表现为公民的道德要求、政治主张和改革意愿,而后在立法中逐步加以体现,并最终上升为法定权利,通过法律实施又演变为实有权利。一方面,健康权的实际内容和享有水平与国家的供给能力相适应,并随着供给能力的变化而变化。另一方面,是否承认健康权,健康权实现的程度,也取决于一个国家、政府或者政党的政治哲学。换句话说,健康权的实现是个选项。只有国家将公民健康权纳入决策视野和法律范畴,健康权才会真正成为一项公民权利,且这项权利的实际保障水平,有赖于一个国家的政治决策。

医学科技进步影响着健康权的内涵。医学科技发展是保障医学进步、促进人类健康的基础。医学科技支撑是全方位的,通过健康研究,促进国民健康素质的提高;通过疾病研究,提高疾病和伤害的防控能力;通过前沿领域研究,增强健康事业的可持续发展能力。医学科技进步为许多疾病的预防控制提供了技术手段,使健康权保障具备了技术上的可能性,催生了人们的健康需求和权利主张。健康权的实现是对医学科技发展成果的享有,只有医学科技发展到相当水平,才使健康权主张具有实际意义。如巴斯德微生物理论及其在医学上的运用,使外科手术达到空前安全的地步;抗生素的发明使人类在与传染病的斗争中取得了重大胜利。由此看出,医学科技发展扩大了健康权的内涵,促进了健康权的实现。当今社会,医学科技发展日新月异,如基因工程、人类辅助生殖技术、器官移植技术等。一方面,这为公民健康提供了权利伸展的空间;另一方面,也产生了医学应当做什么、不应当做什么,哪些技术是有益的、哪些技术是有害的，益与害的界限是什么等一系列问题。面对这些问题，单纯医学视野的考虑颇为局限，须从社会、法律、道德、文化等多角度审视，才能做出对人类自身、对健康权实现的有益判断。对医疗技术的价值选择，也影响到公民健康权利主张的界限。

2.3.5 伦理与法律的趋同性

史怀泽指出，"善是保持生命、促进生命，使可发展的生命实现其最高的价值，恶则是毁灭生命、伤害生命、压制生命的发展。这是必然的、普遍的、绝对的伦理规则"[1]。

作为社会控制手段，宗教、道德和法律在历史上都对医学发展产生过重要影响。14、15世纪，神灵主义、僧侣医学逐渐过渡到实证医学，宗教与医学日渐分离。医学作为人学，伦理逐步成为规范医学的重要工具，医学伦理原则成为医务人员的行为规范。

"医学的最高目标就是减轻人类痛苦，促进个人体质及种族改良。这就是由古至今医生的信心和热忱以及勤劳不息的努力所得出的真理。最显赫的科学家和他们最平凡的继承者，都是想尽办法防止危害人类健康或扰乱个人及集体根本和谐的一切。"[2] 西方《希波克拉底誓言》、我国唐代孙思邈的《大医精诚》、1948年世界医协大会发布的《日内瓦宣言》等，都体现了对人类生命的敬畏，对人类健康的终极关怀和道德责任。在医疗技术日益发达的今天，医学伦理依然发挥着重要作用。在尚无法律规制的医疗前沿，在法律未能触及的灵魂深处，这些道德准则成了"使人之为人的一种理性意识、情感体验、生命追求、理论阐述、价值规范和实践规范"[3]。

不可否认，当今技术理性和人文伦理之间存在着明显的张力。"大多数科学家越来越注重专门性的更带有技术性的问题，他们对技术的专注以及由此而来的麻木不仁和无知无觉达到这样一种程度，致使他们的精神对人性已经完全排斥，他们的心灵对仁慈已毫无知觉，从而使得他们已不再是科学家，而成为技术专家、工程师、

① ［法］阿尔贝特·史怀泽著，陈泽怀译．敬畏生命（M）．上海：社会科学出版社，1992：9.
② Arturo Castiglioni. History of Medicine（M）．－1th ed. University of Toronto Press，2010：8.
③ 刁宗广．医学人文精神与医学科学精神融通［J］．医学与哲学，2001（8）：32.

实际操作者以及精明能干、善于赚钱的人。"① 实践证明，包括医学技术在内的科学技术不可能自发地克服自身的负面效应，因此，必须向科学、向医学注入灵魂，而这个灵魂就是伦理道德。

富勒认为，伦理道德可分为"愿望的道德"和"义务的道德"。愿望的道德是指那些促使人们充分实现幸福生活和激励人们发挥力量的道德，它是道德顶点；义务的道德是指一个有序社会必不可少的基本原则，是道德底线，也即法律规则。在医学伦理中，那些要求医师不计名利、救死扶伤、无私奉献的崇高美德属于愿望性道德，起到伦理导向作用；那些共同认可的基本伦理规则属于义务性规则，是医务人员必须遵守的道德底线，实际上与法律规则重叠，并日益演变为卫生法律规范。如不伤害原则（The principle of non – malfeasance）、行善原则（The principle of beneficence）、尊重原则（The principle of respect）、公正原则（The principle of justice）。

随着法治兴起，法律成为国家管理卫生事业和保障公民健康权的主要工具。作为国家制定和认可并由国家保障实施的规范，法具有强制性。健康权能否成为公民的一项实然权利，这项权利的内容与范围，国家、社会和公民应当承担的责任与义务等，均须法律的确认和保障。同时，在医学科技研究和成果应用方面，也越来越多地受到法律的规制。医学科技是把双刃剑。现代医学科技，如克隆技术、基因工程等，既可以造福人类，也可以毁灭人类。法律能够把人们对医疗技术的道德伦理评价结果予以确认，上升为国家意志，以国家强制力保障实施，可以抑制和防范在利用医学科学技术为人类造福的同时产生的负面效应，从而控制医学科学技术发展所引起的各种社会问题，做到既发挥其积极作用，又抑制其消极作用，达到兴利除弊的目的。就目的而言，这些法律法规与伦理道德具有一致性，是对健康伦理道德规范的确认与保障，且两者趋同的趋势日益明显。

随着医学科技的迅速发展，伦理规则和法律规范的界限逐步模糊，并日趋一致。如试管婴儿、器官移植、安乐死、克隆技术等，既是医学伦理研究的对象，也成为卫生法学关注的焦点。1978 年世界首例试管婴儿在英国爱德华医院诞生，引发激烈的道德争论，随后世界许多国家相继制定人类辅助生殖法。1954 年首例同卵双生子

---

① ［比］乔治·萨顿. 科学史和新人文主义［M］. 北京：华夏出版社，1989：49—141.

之间的肾移植在美国波士顿获得成功，1968年以来美国先后通过《统一组织捐献法》《器官移植法》《统一脑死亡法》。在克隆人从技术上成为可能后，2001年美国通过了韦尔登法案，将任何进行克隆、运输、接受或进口克隆胚胎细胞及其衍生产品的行为和企图定为联邦罪行。由此看出，一项新技术从技术层面到道德评价再到法律规范在很短的时间内就能完成。在健康权保障和实现上，出现了道德法律化和法律道德化的趋势。

3 健康权源流论

3.1 健康权的法理渊源

自文艺复兴以来，西方在反对王权和神权的斗争中，开启了争取个人自由和权利的先河。国际人权运动从争取公民权、政治权，发展到经济、社会和文化权，进而发展到环境权、发展权。健康原本属于个人自由的消极权利，二战后日益演变为政府负有义务的积极权利。

3.1.1 健康权的形成和发展

早在17、18世纪，洛克、孟德斯鸠、卢梭等西方思想家提出了"天赋人权"的思想，认为人生而具有的生命、自由、财产等权利不容剥夺。洛克首先提出了健康权的观念，指出"人既然是平等和独立的，任何人就不得侵害他人的生命、健康、自由或财产"[①]。生命权、财产权的捍卫离不开对自由的尊重。自由一旦被剥夺，财产和生命的丧失也难幸免。按照洛克的自由主义思想，健康权是人生而即有的权利，无须国家干涉或他人协助即可成立。健康权的行使是公民个人自由，国家不得干预，只有在公民行使权利发生纠纷时，国家才能居中裁决。

随着近代工业化、城市化的发展，健康问题超出了个人、家庭的范畴，逐步成为一个严重的社会问题。欧洲工业革命初期，资本主义私有制使资本家变得富有的同时，也使其与工人阶级的贫富差距愈拉愈大。随着生产方式的转变，大量失地农民涌向城市成为工人，失去生产资料的人们的生存条件极为恶劣，时刻面临因疾病、失业和工业伤残的原因陷入赤贫的境况。密集的人口、恶劣的条件和高强度的工作

---

① [英]洛克著，叶启芳、翟菊农译.政府论（下篇）.北京：商务印书馆，1964：7.

导致职业病发病率迅速上升，公共卫生状况急剧恶化，环境污染日趋严重，疫病流行。这些问题已经远远不能靠个体和家庭解决，也不能仅靠医生开具医疗处方来治疗，而是需要政府寻找社会根源，开出社会处方。德国威尔萧提出，"政治不过是广义上的医学"，他要求从政治、经济、社会等方面入手，解决工业化带来的一系列弊端。

20 世纪初，法国学者狄骥提出了社会连带理论，认为，在分工连带占主导时，民众对社会生活提出了更高要求，国家需要积极提供公共服务和公共产品，才能够保障社会分工的顺利实现。狄骥的理论突破了"守夜人"式的国家消极管制模式，强调在现代社会，国家应当扮演保姆角色，积极提供公共服务。1938 年，德国的福斯多夫提出，政府应当对公民履行"生存照顾义务"，"任何一个国家为了维持国家稳定，就必须提供人民生存之照顾。国家唯有提供生存照顾，确保国民的生存基础，方可免于倾覆之命运"①。

到 20 世纪中期，资本主义经济繁荣将市场经济推向社会化，国家干预取得了正当性。社会化国家面临种种问题，尤其是贫富分化导致穷人得不到基本生存保障。由政府提供医疗保障，有助于缓解经济发展带来的弊端，保障国民健康。

健康权从消极权利转变为积极权利，但作为消极权利的属性不应忽视。在现代社会中，国家不得以任何理由、任何方式妨碍公民健康权的行使，不能限制或剥夺公民得到卫生服务的机会，即使是社会弱势群体、丧失人身自由的人以及精神病人等，其生命健康权也不容侵犯。公民让渡部分权利从自然状态进入政治社会，就有公平享受政治社会公共福利的自由和权利。如果这种权利受到侵害，公民保有重新做出选择的自由。同时，任何公民、法人和其他社会组织都不得以任何形式、任何理由侵犯他人健康权。

近代以来，尽管人们越来越多地强调政府义务和公民权利，但公民健康权中的自由权利是重要的基础性权利，尤其在缺乏自由主义传统的国家，尊重公民健康权是保障公民健康权的重要前提，没有尊重，谈不上保护，更谈不上实现。国家可以

① 陈云良. 基本医疗公共服务法制化研究［A］. 中国卫生法学高端学术论坛大会交流论文集［C］. 杭州：浙江工商大学出版社，2013.

也应当提供多种方式供公民选择，但不应将某种健康保险、健康服务、健康方式强加于人。在不妨碍他人和公共健康的前提下，个人有权对生活方式进行选择。即使是看病求医，公民也应有接受或不接受治疗的自由，有选择医疗机构和医师的自由，有选择不同治疗方式的自由，有选择是否参与试验性治疗的自由。捐献器官、骨髓、血液等应作为公民的自愿行为。公民还应有选择不同健康保障方式的自由。在国家义务和个人权利之间，应防止因国家积极作为干涉个人自由。

3.1.2 健康权的国际法渊源

进入 20 世纪，特别是经历了两次世界大战的洗礼，人的价值、尊严、生命和健康备受重视。1941 年，美国总统罗斯福在其四大自由的演讲中，提出"免于匮乏的自由"，为包括健康权在内的经济、社会和文化权利的认同铺平了道路。《联合国宪章》《世界卫生组织宪章》《世界人权宣言》和《经济、社会和文化权利国际公约》等一系列国际文件，明确了健康权保护的国家义务，而且将其作为基本人权的重要内容予以保障。

从国际立法层面，健康权已发展得相当完善①。尽管这些公约中对健康权称谓不尽相同，如健康权（right to health）、卫生保健权（right to health care）、健康保障权（right to health protection）等，但对健康权的确认和主张一致。1945 年，旧金山联合国国际组织大会把健康权作为经济、社会和文化权利之一，将卫生问题写入《联合国宪章》第 55 条。世界卫生组织是第一个明确规定"健康权"的国际组织②。《世界卫生组织组织法》规定："享受可能获得的最高健康标准是每个人的基本权利之一，不因种族、宗教政治信仰、经济及社会条件而有区别。""世界卫生组织的目的是使全世界人民获得可能达到的最高的健康水平。"1978 年，《阿拉木图宣言》对健康权做了进一步阐述："大会兹坚定重申健康不仅是与疾病与体虚的匿迹，而是身心健康社会幸福的总体状态，是基本人权，达到尽可能高的健康水平是世界范围的一项最重要的社会性目标。"《经济、社会及文化权利国际公约》第 12 条规定："本公

---

① 于宝华．论健康权 [D]．长沙：湖南大学法学院，2007.
② 国际人权法教程项目组．国际人权法教程（第 1 卷）[M]．北京：中国政法大学出版社，2002：340.

约缔约国承认人人有权享有能达到的最高的体质和心理健康的标准。"2000 年通过的第 14 号一般性意见强调，健康权不仅包括获得健康的权利，且包括获得可能达到的最高健康水平的均等机会的保护体制的权利。此外，《消除对妇女一切形式的歧视公约》《儿童权利公约》《消除各种形式种族歧视国际公约》针对特殊人群健康权的实现做了特别规定。这些国际法规定反映了国际社会对健康权保护的共识，奠定了健康权作为基本人权在国际人权法中的地位。

区域性人权公约拓展了国际人权保护内容，建立了个人申诉机制，探索了有效的人权保护途径，对国际人权保护做出了重要贡献①。1961 年，《欧洲社会宪章》对劳动权、妇女健康保护、儿童健康保护、医疗帮助权做出规定。1981 年，《非洲人权和民族权宪章》规定："人人有权享有能够达到的最佳的身心健康状况；本宪章各缔约国应采取必要措施，保护其人民的健康，并确保人人在患病时能够享受医疗护理。"1990 年，《开罗宣言》申明："人人应有权享受医疗和社会照顾，以及社会和国家在其资源所及的范围内提供的一切公共享受。"2000 年，美洲《圣·萨尔瓦多议定书》规定："人人应有健康权，意指享有最高水平的身体、精神和社会的良好状态；为保障健康权的行使，各缔约国同意把健康视为公共利益，并特别同意采取下列措施以保障这项权利：最基本的健康服务，使社会中所有个人和家庭都能得到必要的健康服务；将健康服务的利益扩及国家管辖下的所有个人；主要传染病的普遍免疫；预防和治疗地方病、职业病和其他疾病；对人口进行有关健康问题的预防和治疗教育；满足最高危险群体和因贫困最易染病的人的健康需要。"

20 世纪末以来，随着全球市场迅速融合和现代交通、通信手段的极大发展，人流、物流、信息流快速涌动，环境污染及全球变暖威胁着人类健康，非典、禽流感、艾滋病等传染病能迅速跨越国界，公共卫生日益演变为全球问题，需要国际社会集体行动和共同干预。

3.1.3 健康权的国内法渊源

"尽管存在和发展处理个人申诉的国际程序是重要的，但这些程序只能是有效国

---

① 朱陆民．区域性人权保护对国际人权保护的贡献［J］．湘潭大学学报（哲学社会科学版），2004（4）：55。

家程序的补充。"① 健康权实现有赖于国家积极义务，决定了国家在健康权保护中的根本地位。国家义务主要包括对健康权的尊重、保护和实现。享有健康权是公民权利，不是国家的施舍与恩赐。国家应该尊重公民的健康权利，不得非法干涉。国家有义务制定、修订法律以确认和保护公民健康权。侵害健康权的行为应当承担法律责任。国家有义务制定和实施相应卫生政策，建设基本卫生设施，为公民提供基本医疗卫生服务。

国家健康权保障义务经历了从无到有、从道德义务到法定义务的嬗变历程。从国家职能上看，是"守夜人"式国家转向社会化国家的政府职能延伸；从公民权利角度上看，健康权成为同自由权同样重要的基本权利，被写入许多国家的宪法中。1919 年德国《魏玛宪法》首先规定了健康保险制度，1925 年智利最早将国家卫生义务纳入宪法②。从此，健康权从不可让渡的自然权利上升为宪法或法律保障的法定权利。1947 年意大利宪法 32 条规定：共和国以健康作为基本人权和社会主要利益而予以保护，并对贫穷者保证免费医疗。1961 年《委内瑞拉共和国宪法》第 76 条规定：人人有保护其健康的权利。当局应当监督国民健康的保持，并且应当为缺乏的人们供给预防和照料的经费。1970 年《阿拉伯也门共和国永久宪法》第 33 条规定：也门人都享受保健服务的权利，国家保证在国家资源允许的条件下建立各类医院和保健机构。1971 年的《阿拉伯埃及共和国永久宪法》第 16 条规定：国家保障人民有文化福利、社会福利和卫生福利，并特别地有步骤地为农村提供福利，从而提高那里的福利水平。1976 年的《阿尔及利亚民主人民共和国宪法》第 67 条规定：公民有保护自己健康的权利。国家通过普及的免费医疗，加强疾病预防，不断改善生活、劳动条件，以及促进体育、运动和业余活动来保证这一权利。1982 年《土耳其共和国宪法》第 56 条规定：每个人都有在健康和谐的环境中生活的权利。1993 年俄罗斯宪法第 41 条规定：每个人都享有健康保护和医疗服务的权利。迄今为止，已有 70 多个国家将公民健康权写入宪法，将其作为公民基本权利。宪法是国家的根本大法，如此多的国家宪法将健康权作为公民基本权利加以保障，说明健康权作为基本人权，已

① 孙晓云. 国际人权法视域下的健康权保护研究 [D]. 重庆：西南政法大学法学院，2008.
② 杜承铭，谢敏贤. 论健康权的宪法权利属性及其实现. 河北法学，2007 (1)：35.

成为世界人权发展的大趋势。

除宪法规定外，各国先后出台了健康保障法。1601年，英国《济贫法》（poor law）规定：国家向疾病患者提供医疗费和生活救助，保障贫民病有所医，审计账户每月向穷人支付款项的模式毫不逊色于现今。虽然《济贫法》的目的是安抚穷人，防止反抗，维持统治，但开启了政府医疗救济的先河。1842年，艾德温·查德威克出版了《大不列颠劳动人口卫生状况》，推动了英国也是世界上第一个《公共卫生法案》的出台，首次确立了国家的公共卫生责任。1883年，德国颁布了世界上第一个医疗卫生保障法案《企业工人疾病保障法案》，首次规定了普遍覆盖的强制性疾病社会保险，保障从事工业活动的工人都能获得基本医疗，使参保工人医疗支出费用大大降低，体现了医疗服务的社会保障性，标志着个人、社会、国家共担责任的新型医疗保障制度的诞生。1942年，剑桥大学教授贝弗里奇受英国战时委员会委托，设计战后社会保障制度，在《社会保险及相关服务》的报告中提出，社会保障应当遵循"普遍和全面"的原则。在民众的积极支持下，主张社会主义政策的工党赢得大选，并于1946年颁布《国民健康服务法》。1958年，日本颁布《国民健康保险法》，实行覆盖全民的医疗保险制度，对医疗保险不涉及的部分实行公费医疗。1978年，意大利建立的国民健康保险体系覆盖全体国民，无论何种社会阶层都平等地享有最低收费的基本医疗保健服务。1975年，澳大利亚制定《健康保险法》，实行全面医疗保险制度，每个居民都必须参加医疗保险；所有居民都可免费在公立医院得到同等质量的基本医疗服务。

3.2 健康权的思想渊源

面对市场竞争带来的经济不平等和健康不公平，国家是否应该让包括弱势人群在内的所有人都获得平等的卫生服务？在卫生资源和卫生服务有限的情况下如何分配才能实现公平？近几十年来，人们在现实中的争论焦点在于国家是否应该建立医疗保障制度，而在理论上的争论则是围绕新自由主义展开的。唐纳德·莱特说，从本质上讲，"医疗卫生服务是一种政治哲学行为"①。

---

① William C. Cockerham. Medical Sociology ［M］. –9th ed. Peking University Press，201：1.

3.2.1 政府义务与个人自由

3.2.1.1 美国的做法

2008 年，美国医疗费支出为 22，000 亿，占 GDP 的 17%，没有医疗保险的美国人约 4600 万。2012 年 3 月 23 日，美国总统奥巴马签署医改法案。就在奥巴马签署该法案后不久，共和党执掌的 13 个州就以法案违宪为由联手提起诉讼，以图推翻该法案，随后原告数发展至 26 个州。3 月 28 日，美国联邦最高法院以 5:4 的结果判决法案不违宪。美国民众对这一法案存有广泛争议，被调查民众中 53% 持反对意见，47% 赞同。争议的关键是，国家能否推行强制性医疗保险。支持者认为，只有强制所有人购买医疗保险，才能实现全民医保。反对者认为，该法案侵犯了个人自由，是否购买医疗保险是公民个人的自由和权利，即使不购买医疗保险产生个人难以估计和承担的后果，也与国家无关，国家对此无权干涉；要求每个公民购买医疗保险，超越了宪法赋予国会管理经济的权限，因而违反宪法。2012 年美国大选中，医疗保险再次成为民主党和共和党候选人争论的焦点。

3.2.1.2 瑞典的做法

自 20 世纪 50 年代，瑞典建立起比较完善的全民医疗保障体制。人们首先履行按章纳税义务，收入越高，税率越高，但在医疗保障方面，上至国王，下至百姓，人人享有公平的医疗服务。医疗保障不只提供健康保障，而且起到了弥合初次分配差距、维护社会公平的作用。医疗保障制度由两部分组成，一是生病时获得的医疗保障，二是生病后因丧失工作能力获得的病休补贴。2007 年，瑞典医疗保障费用达 2780 亿瑞典克朗，占 GDP 的 9%。全国一年的病休补贴超过 1000 亿克朗，占中央政府财政开支的八分之一。这笔开支主要来自人们交纳的社会保险费。瑞典目前的社会保险费税率为 32%，其中近三分之一用于支付医疗保健和病休补贴。享有医疗保障后，病人看病仍需交纳一定费用，不过在医疗费中占很小比例。医院与药房分离。病人在医院接受治疗后，拿处方到药店买药。药费如不超过 900 克朗完全自理，如 12 个月内累计超过 900 克朗，超出部分可获部分国家补贴。如 12 个月内交纳的药费累计超过 1800 克朗，超出部分全由国家承担。病人就医的交通费如超出一定额度，也会得到国家补贴。

3.2.1.3 中国的做法

2009 年，中国启动医疗保障制度改革。2009 年至 2011 年，中国财政医疗卫生累计支出 15，166 亿元，其中中央财政 4506 亿元，与 2008 年同口径支出基数相比，三年新增投入 12，409 亿元。截至 2011 年底，中国城乡居民参加职工医保、城镇居民医保和新农合三项基本医保人数超过 13 亿，比改革前增加了 1.72 亿。城镇居民医保和新农合政府补助标准从 2008 年的每人每年 80 元提高到 2012 年的 240 元。所有统筹地区医保统筹基金最高支付限额提高到了当地职工年平均工资、当地居民年可支配收入和全国农民人均纯收入的 6 倍以上，且不低于 5 万元。

3.2.2 自由与平等

健康权理论争论的实质，在于是坚持个人自由还是实现社会平等，何者为先，何者为重。

3.2.2.1 自由主义观点

在美国，为什么一项惠及众多弱势群体的医疗保障制度反而遭到反对？自里根政府以来，新自由主义思想在美国重新占了上风，这些自由主义者坚定地相信自由市场和有限政府，强调个人自由和个人责任，认为"如果人们过于从绝对意义理解社会保障，普遍追求社会保障，不但不能增加自由的机会，相反构成了对自由最严重的威胁"①。

在古典自由主义经济学理论中，政府没有义务为公民提供基本医疗。亚当·斯密认为，市场自身能够带来足够福利，政府不应主动干预，国家职能限定于提供国防、警察和公共产品。小政府无为而治的放任思想不仅体现在经济治理上，更体现在公民的生存领域，认为健康是个人事务，不需要他人干涉，也不应当由他人干涉。政府被限定为扮演哑仆的角色，国家权力被控制在一定范围内不得超越，否则便被认为违宪。

当代新自由主义者哈耶克认为，"由基督教与古典哲学提供基本原则的个人主义，在文艺复兴时代第一次得到充分发展，此后逐渐成长和发展为我们所了解的西

---

① ［德］格尔哈德·帕普克著，黄炳源译. 知识、自由与秩序：哈耶克思想论集［M］. 北京：中国社会科学出版社，2001：285.

方文明。这种个人主义的基本特征，就是把个人当作人来尊重；就是在他自己的范围内承认他的看法和趣味是至高无上的"①。他认为，人的知识是分散的、有限的，任何人都不可能运用现有的、有限的知识去设计不确定的未来，去建构自认为公正的制度。社会保障应坚持自给自立的价值标准，任何人"但凡处于尚有能力自我维持供给的情况，都应当被要求自力维持"，"那些愿意放弃基本自由来换得少许暂时保障的人，既不配得到自由，也不配得到保障"。哈耶克指出，这种保障与市场经济不相容，会失去市场优化资源配置的调节作用，使一个国家变成家长式国家，政府权力增大，个人自由与责任日益削弱，最后真正决定人们得到什么东西的，已不再是自由竞争性试验，而是权力机关所做的决策。

诺齐克在《无政府、国家和乌托邦》一书中，把是否侵犯个人权利作为国家行为的道德边际约束。诺齐克说："个人拥有权利，有些事情是任何人和团体如果不侵犯他们的权利的话就不可以对他们做的。这些权利十分坚牢和广泛，以至于产生了这样的问题：如果国家及其官员要有所为的话，他们到底可以做什么。"诺齐克说，人们谈论分配正义，就好像有一些东西现成地放在那里，或一个馅饼会从天而降，由人们根据某种原则或标准来分配，他们没有考虑待分配的东西是从哪里来的。实际情况是，一个社会中的种种财产、资源已经被人拥有，关键问题是这些财产和资源是不是真正属于有权利拥有他们的人。因此，正义原则不是关于分配的正义，而是关于拥有的正义。英国哲学家威廉斯认为，医疗服务应根据其内在目的按照需求分配，生病的穷人和生病的富人应得到同等的服务。诺奇克对此批评说，这种论证只看到分配的外观和形状，没有注意分配的东西是从哪里来的。按照需求、劳动、贡献或别的什么的模式化分配，都会侵犯个人权利②。"对行为的边际约束反映了作为基础的康德原则：个人是目的而不是手段；没有他们的同意，不能牺牲或使用他们来达到其他目的。个人是不可侵犯的。"如果要维持分配正义的模式化原则或目的状态原则，必须靠不断干涉人们的生活、侵犯他们的权利才能做到。因为，即使达到了某种被认可的状态，不同的人往后也会以不同的方式使用他们的所得，有人用

---

① Friedrich August von Hayek. The Road to Serfdom［M］. －2ᵗʰ ed. Routledge Press，2006：21.

② 应奇. 当代政治哲学名著导读［M］. 南京：江苏人民出版社，2009：47.

于享受，有人用于积蓄、投资，原来的状态很快就会改变。由此可见，新自由主义和古典自由主义一样，把个人自由和财产作为神圣不可侵犯的至上法则，坚定地认为，健康是公民个人的自由和责任，任何形式的国家干预都会限制个人自由，通向奴役之路。

3.2.2.2 福利主义观点

二战后，在社会主义思潮影响下，福利主义成为许多西方资本主义国家在不改变资本主义性质的前提下稳定经济增长、缓和社会矛盾的重要选择。米什拉将福利国家发展分为三个阶段。一是 1973 年之前的"前危机"阶段，各国将凯恩斯模式奉为宝典，积极干预经济发展。二是 20 世纪 70 年代中后期的"危机"阶段，国家过分干预，忽略市场作用，导致经济滞胀。凯恩斯主义失去主导地位，新保守主义登场。三是 20 世纪 80 年代的"后危机"阶段，放弃凯恩斯主义福利国家政策，恢复自由市场。尽管各国普遍"向右转"，但有的收缩福利，有的试图保留。英美法系国家主要采用新保守主义思想或者新自由主义思想，主张市场导向和个人主义。大陆法系国家主张社会合作主义，采取政府导向和集体主义。实际上，多数国家"两种主义"混用，不存在单纯由国家提供福利或市场提供保障的情况。

3.2.2.3 功利主义观点

功利主义认为，人类行为完全以快乐和痛苦为动机，最大多数人的最大幸福是判断一切社会政策的最终标准。功利主义者赞成将民主作为使政府利益与公众利益取得一致的一种方法。他们认为，每个人的最大自由和其他人的同等自由是一致的。不过，在功利主义的后继者中，有人因强调政府利益而走向保守主义甚至独裁主义；有人因相信最大幸福来自社会根本变革而走向无政府主义或共产主义；还有的从边沁那里吸取思想，发展出边际效用分析理论。早期功利主义者倾向自由贸易，国家只限于保护个人活动的自由和保护私有财产的安全。后期功利主义者对私人企业的社会效率失去信心，又希望政府出面干涉纠正私人企业的弊病。从"使大多数人获得最大的幸福"的功利主义观点分析，卫生保健分配是一种公共政策选择和平衡，社会有义务帮助其成员预防疾病和伤害，减轻痛苦、早死和不幸。从具体政策上，有可能支持建立覆盖全民的医疗保健制度，也可能主张除了公共卫生保健制度外，居民也可购买私人医疗保险。

3.2.2.4 平等主义观点

平等主义观点试图在政治自由和社会公正之间寻求平衡。罗尔斯在《正义论》中提出，一个正义社会，必须首先保障每个人都有平等权利，享有一系列的基本自由和权利，同时保证每个人有平等机会追求自己的事业和人生计划，而在经济分配上，任何不平等的分配必须在对社会中最弱势的人最有利的情况下才被允许[①]。罗尔斯使用原初状态、无知之幕、最大最小原则等，用来证明正义原则是人们事先追求并同意的，是自利、理性的人一定会做的。罗尔斯认为，因为我们生活在一个社会合作的体系中，人们对产品的贡献混杂在一起，对结果的权利难于确定，既然有能力者在这种合作中得到了好处，所以适当地让出和照顾是应当的。再者，人的天赋才能，不论是智能还是体能，就和他们的出身一样，仅仅是得自于偶然运气，在道德上是任意的，应该把天赋才能的配置当成是共同的社会性资产，不论它们是如何具体地分布在个人身上，产生的好处应该被共同分享。按照罗尔斯的逻辑，如果一个社会存在严重的贫富悬殊，处于弱势的社会群体应得到最有利的照顾，包括健康保障。

3.2.3 健康权理论评析

国家是否具有保障公民健康权的积极义务？如果履行这种积极义务，是否侵犯了个人自由？要回答这些问题，必须进行认真的分析和论证。

3.2.3.1 维护健康和生存是一个社会的道德底线

博登海默指出，"的确，似乎存在着一些最低限度的正义要求，这些要求需要在任何现存社会秩序中得到承认，因为它们并不以实在法的制定者的意志为转移。这些要求中有一些必须从人的生理素质中寻求根源，而其他一些要求则在人类所共有的心理特征中具有基础。同样，还有一些要求是从人性的理智部分，也即是从人的推理能力中派生出来的"[②]。沿着博登海默的思路做进一步分析，可以看出：

首先，从个体生理素质看，人皆有趋利避害的自然本能。人的求生欲望极强，

---

① 应奇.当代政治哲学名著导读［M］.南京：江苏人民出版社，2009：6.
② Edgar Bodenheimer. Jurisprudence：The Philosophy and Method of the Law［M］. –11ᵗʰ ed. Harvard University Press, 1981：264.

一息尚存，便全力求生。与生命的自我保存相联系，维护自身健康成为一种基本需求和道德主张。人类为了维护自身的生存和繁衍所具有的本质需求，在任何时代、任何文化中有着普遍性和同一性。

其次，从社会心理看，人们之间存在着共存共生的利害关系。一方面，在资源有限的情况下，没有竞争便不能生存。"每一种可指明的存在之物——人、有机物、无机物，不仅被想象为倾向于维护自身的生存，而且被想象为不断谋求有利于它的最佳状态或适合于它的目的。"① 另一方面，面对强大的自然，面对残酷的世界，个体力量毕竟孤单有限。从客观上看，人类为了生存下去，需要互助合作。从主观上讲，人皆有同情心、怜悯心，具有正义感，倾向于对那些由于贫穷、疾病而备受煎熬的人给予同情和帮助。人类脱离野蛮状态的一个显著标志就是相互合作。"人的本质不是单个人所固有的抽象物，在其现实性上，它是一切社会关系的总和。"② "人类需要社会交往，这能使其生活具有意义、使其避免陷入孤寂之中……事实上，人类自有一种与生俱来的能力，它使个人得以在自我之外设计自己，并意识到合作及联合努力的必要。"③ 这种顾及他人的意识，可能首先源于家庭。即使许多种类的低级动物，也会觅食喂养嗷嗷待哺的幼子。这种抚育后代的自然本性逐步转化为推己及人的意识，演化出人与人相处的伦理规则，如"己所不欲、勿施于人"。"这种戒条或一般规则禁止人们去做损毁自己的性命或剥夺保全自己生命手段的事情，并禁止人们不去做自己认为最有利于生命保全的事情。"人类社会一旦从自然状态中走出来，就必然成为一个有规则的社会，无论这个规则是自发的习俗，还是建构的法律。因而，法是人类为了自身生存和繁衍的需要而形成或制定的社会规则，是个体与群体以及个体之间的关于竞争与合作的协调机制。在这一机制下，人既要自我保护，也不得侵害他人，同时须与他人合作，否则就不能在群体中生活下去。

第三，从人性理智部分看，由社会共同分担风险会降低危害。人们在长期共同

---

① H. L. A. Hart. The Concept of Law [M]. －2ᵗʰ ed. Oxford Univ Press, 1997: 184—185.

② 中共中央马克思恩格斯列宁斯大林著作编译局. 马克思恩格斯选集 [C]. 北京: 人民出版社, 2012: 56.

③ Edgar Bodenheimer. Jurisprudence: The Philosophy and Method of the Law [M]. －11ᵗʰ ed. Harvard University Press, 1981: 2.

生活之中认识到，任何人都可能遭遇疾病风险，尽管时间、地点、种类、程度等不尽相同，但这种风险不可避免。同时，由于各种先天和后天条件的差异，在竞争中也总有胜负。正像哈耶克所说，竞争必然导致分化，这是市场的天性。有论者认为，应该区分"不幸运"和"不公平"这两个概念。许多人因疾病导致贫困，处于社会弱势地位，仅仅是因为"不幸运"；而由他人的侵害导致的疾病和伤害属于"不公平"，只有"不公平"的事情，社会才能予以干涉实现公平。但是，应当看到，不管是"不幸运"还是"不公平"，人与人之间的先天差异和后天机会不均等是客观存在的。即使"天生的不平等"也不是人所"应得"的。假如上帝给予人类一定比例的缺陷以惩罚人类的话，那么，正是这些少数和弱者以痛苦代替他人，使他人幸福和欢乐。对这些"貌似可怜"而实际"高尚"的人应当给予更多的仁爱和补偿①。强者拥有权力，弱者主张权利。弱势群体有维持生存的基本权利，而健康权就是生存的必要条件之一，这是人之为人的底线。

3.2.3.2 健康权逐步从私权利向公权利过渡

自由主义的主张不能有效地消除危害人类健康的社会决定因素。比如，为了维护健康，人们至少应获得适当的卫生条件、安全卫生饮用水、充足食物、适当住房、安全卫生工作条件等，这些问题通过自由市场竞争难以解决。相反，自由市场还会使人类健康受到严重侵害，加剧健康领域的不平等。拉美国家的市场改革、苏联及东欧国家的市场改革都出现严重的社会分配不公，完全由市场调节卫生服务，公民健康被严重忽视，从而引发健康危机。如果按照诺奇克的理论，维护一个正义过程的结果就是事情的全部，穷人看不起病是他的个人自由，国家不得干预，显然，这不但有悖于人类社会最低道德底线，也没有看到社会因素在影响健康中的决定性作用。罗尔斯在不损害自由的前提下尽量达到经济利益分配平等，体现了对弱势人群的照顾，但没有把健康作为维持个人生存的基本权利，带有对弱势人群的怜悯性质和政治策略的权宜性质。耶林曾经批评说"传统的自由主义的法律概念忽视了社会利益"；"法律的社会目的是促进和保障社会利益"②。

---

① 夏勇. 法理讲义——关于法律的道德和学问［M］. 北京：北京大学出版社，2010：294.
② 吕世伦，王振东. 西方法律思潮源流论［M］. 北京：中国人民大学出版社，2008：356.

当今社会，人类健康面临许多共同挑战。健康作为一种权利，反映了人们试图克服工业化、市场化、全球化和现代性弊端的诉求。近代以来，由于社会决定因素成为影响公民健康的主要问题，保护公民免受这些危害因素的侵袭就逐步成为一种集体行动，个人本位的健康观逐步让位于社会本位的健康观。加速发展的全球化也使健康日益成为一个全球问题，诸如气候变化和环境污染、欠发达国家的食物短缺和营养不良、全球人口剧增、HIV/AIDS 等传染病跨国流行等，都是人类面临的共同问题，单靠某个或某几个国家难以解决。目前存在的国际无政府状态和国家利益优先策略，严重影响了健康领域的国际合作。人类应从局部视野扩大到全球视野，从维护自身生存和发展的高度，观察、思考和解决人类健康问题。

从私法领域的消极权利到社会权范畴的积极权利的转变，是社会发展的必然。从远古时代到公元前 5 世纪，"都是在私法的维度上考虑健康权的体系框架和保护问题，国家只是消极地在最后道德标准的范围内为私人提供最后的救济手段"。到 17 世纪人权概念基本形成之后，受古典自由主义法哲学、功利主义经济学的影响，开始把包括健康保障在内的社会保障和社会权利从慈善、人道救济或社会互助的角度转向国家的积极行动。到 19 世纪初，公共卫生问题的出现加速了将公民健康权纳入社会权范畴的步伐。二战后，健康权已经完成了"从古代纯粹的私权形态向公私权混合形态的转变，由纯粹的向个人主张的权利转变为向个人和国家均可主张的权利"。

3.2.3.3 维护健康应充分尊重和保障个人自由

健康有自由和权利两个维度。健康既是个人自由，又是个人权利。生命的尊严不在生命本身而在生命的自由。每个人在自己的生活领域内有绝对的自由，只有影响到别人利益时，社会才能干涉。正如密尔所说："任何人的行为，只有涉及他人的那部分才须对社会负责。在只涉及本人的那部分，他的独立性在权利上则是绝对的。对于本人自己，对于他自己的身与心，个人乃是最高的主权者。"① 因此，政府在履行健康义务时，需要有明确的边界约束，除非出于公共利益的需要，或者为保护他人的权利，不得干涉个人自由，也不能以善意之目的强行干预个人生活。在缺乏自

---

① John Stuart Min. On Liberty ［M］. -4th ed. Nabu Press, 2010：10.

由传统的国度里，这种对个人自由的尊重和保护尤为重要。

同时，由于资源的有限性，任何形式的"按需分配"只能是一种"乌托邦"模式。通过国家干预对个人财产权给予限制，以累进税等形式抽取个人财产所有，并通过各种福利补贴实现经济上的平等①，可能导致过度福利问题。高税收、高福利可能刺激人们的"胃口"，松弛人们的"肌肉"，甚至造就"食利者"阶层，迫使媚俗的政治人物不惜借贷维持难以为继的福利。因此，健康权保障也不能忽视个人责任。

在健康权保障方面，一直存在着两种截然不同的路径。一种是市场取向的路径，主张尊重和保护个人自由，发挥市场对卫生资源配置的基础性作用；一种是行政取向的路径，主张政府负有保障公民健康的责任，通过行政手段配置卫生资源。实际上，各个国家都是两种手段并用。市场化的美国通过奥巴马医保建立医疗保险制度，而所谓高福利的许多欧洲国家也在削减福利开支，引入市场机制，实行有管理的竞争。问题的关键在于厘清政府和市场在健康权保障中的边界，在市场失灵的地方政府介入，在政府失灵的地方市场介入。政府有责任提供最低限度的健康保障，包括基本公共卫生服务、基本医疗服务、基本医疗保障和安全食品、清洁饮用水、基本住房保障等。对于医疗市场和药品市场，则应更多地发挥市场机制的作用，并通过医保支付方式控制医药费用，保证医疗质量。在当下中国，既不存在自由过多的问题，也不存在福利过多的问题，因此，既需要保障公民的自由选择权，更需要保障公民的基本卫生服务。

3.3 健康权的社会渊源

近代以来，人类疾病谱和死因谱发生重大变化，慢性非传染病成为人类健康的重大威胁。尽管各国为征服心脑血管疾病、糖尿病和恶性肿瘤等付出巨大努力，但收效甚微，这些疾病非但没能得到控制，且发病率呈快速上升之势。人们逐步认识到，导致慢性非传染疾病的原因是社会决定因素，而传统的"特异性病因说在引导我们走向错误"②。这些社会因素比单纯的生物因素更复杂，对付起来也更困难。影

---

① 夏勇．法理讲义——关于法律的道德和学问 [M]．北京：北京大学出版社，2010：277.
② [美] B·狄克逊．远在魔弹射程之外 [J]．医学与哲学．1982（2）：44.

响健康的社会决定因素如下图所示。

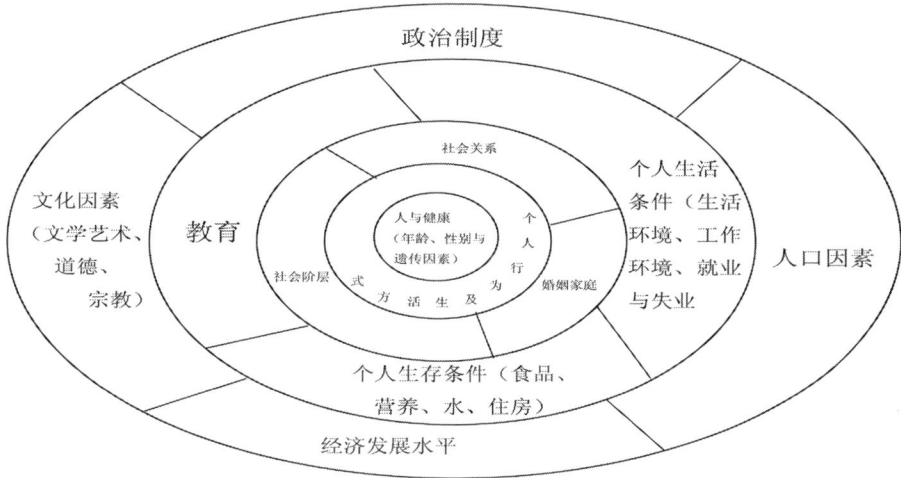

图 3-1

从上图可以看出，人的健康除了受到生物因素、遗传因素和个人行为方式的影响外，也受到个人的社会地位和生存条件的影响，同时，一个社会的政治制度、经济发展、文化教育等都对健康有着直接和间接的影响。马克·隆迪认为，影响人类健康的有生物学因素、环境因素、行为及生活方式因素和卫生服务因素。其中，生物学因素包括遗传、病原微生物、个人生物学特征等，遗传因素又是影响健康的基本决定因素。目前，已知由遗传因素引起的人类遗传性缺陷和疾病约 3000 种，占人类各种疾病的五分之一左右。环境因素包括自然和社会环境，自然环境指地理、气候、大气、水等因素；社会环境包括社会制度、法律、经济、教育和文化等。行为及生活方式因素指长期形成的一系列生活观念和生活方式对个人、群体乃至社会的健康影响。卫生服务因素指卫生机构和人员为社会提供卫生服务的活动。在这四类因素中，生物、环境因素也越来越受到社会因素影响，具有很强的社会性①。即使由致病微生物引起的疾病，其发生、传播、流行和防治也伴生着社会因素。社会医学研究证明，在这四大因素对寿命和健康的影响作用中，生物学因素（指遗传和心理）占 13%，环境因素（包括自然和社会环境）占 17%，行为及生活方式因素占 60%，而卫生服务因素仅占 8%。

<hr />

① 蔡守秋.环境与资源保护法学［M］.长沙：湖南大学出版社，2011：124.

3.3.1 社会变革对健康的影响

3.3.1.1 工业化对健康的影响

为什么现代社会健康影响因素发生了如此急剧而重大的变化？显然，这与近代以来工业化、城市化和全球化的发展有直接关系。18 世纪 60 年代英国开始的工业革命在给人类带来巨大物质利益的同时，也对人类健康带来严重负面影响。随着工业化进程加快，人类生态环境遭到严重破坏，水土流失和沙漠化严重，二氧化碳气体排放过多，全球气候变暖。工业"三废"污染大气、水系和食物等，大量合成化学物质渗透在人们生活的各个方面。全球环境监测表明，全世界有 16 亿人生活在高二氧化硫和悬浮颗粒物造成的污染空气中，每年有几十万人因此过早死亡，更多的人因此罹患急性或慢性疾病。工业化浪潮波及之处，健康危害因素接踵而至。全球范围内的产业大转移，将这种职业危害和环境污染从发达国家转移到廉价劳动力国家，对全球生态和人类健康带来严重威胁。经济高速发展也带来一系列社会问题。城市不堪重负，居住环境恶化；交通拥挤，交通事故猛增；贫富悬殊等原因造成暴力犯罪增多；吸烟、酗酒、吸毒、性乱和饮食过度、缺乏锻炼、睡眠不足等不良生活方式，引发高血压、糖尿病、冠心病、肥胖等"富裕病"发病率增加，产生了空调综合征、电脑综合征、电子游戏机癫痫症等"文明病"。据 WHO 估计，不良行为生活方式导致的死亡在发达国家占 70% ~ 80%，发展中国家为 40% ~ 50%，全球为 60%。

3.3.1.2 社会压力对健康的影响

社会层面的资本主义和技术主义，制度层面的工具理性，精神层面的感性与理性的不平衡，加之资本和雇佣劳动所造成的人的本质的异化，都严重影响人的身心健康。卢梭较早地对西方现代文明提出了质疑。黑格尔、马克思、尼采、马克斯·韦伯、哈贝马斯等思想家都对现代性带来的负面作用加以反省。马克思对"异化劳动"所导致的人的异化进行了无情批判。马克思认为，人区别于动物的根本特性是自由自觉的活动，即生产劳动。劳动是人的"类生活"。但在资本主义条件下，劳动异化了，表现在劳动产品与劳动者相异化、劳动行为本身与劳动者相异化、人的类本质与人相异化、人与人相异化。科技异化的根源并不在科技本身，而在科技的资本主义应用，科技对人的奴役实质上是人对人的奴役。在劳动中，工人不能自由地发挥自己的体力和智慧，只能使自己的肉体和精神遭受摧残。弗洛伊德试图从现代社会法律、道德、文明、舆论的压制、人类性本能的压抑和潜意识的形成来解释现代人类困境。马克斯·韦伯称，合理化和官僚化的社会制度已使现代生活成为"铁笼"。海德格尔把破坏了人的完整性的技术统治一切的时代称为"贫困的时代"，指出，"技术越来越把人从地球上连根拔起"。霍克海默和阿多尔诺在《启蒙辩证法》中说："历来启蒙的目的都是使人们摆脱恐惧，成为主人。但是，完全受到启蒙的世界却充满了巨大的不幸。"马尔库塞提出"单面人"的概念，指出"技术解放的力量"不仅导致"物的工具化"，而且造成"人的工具化"。在科学技术理性的支配下，人的视线被控制在物质的、现实的层面，情感、意志等属于人类心灵的东西消失在人们的视线之中，人的精神世界萎缩。

由于现代社会竞争加剧、生活节奏加速、工作压力加大，现代人精神心理疾病患病率逐年上升。据 WHO 估计，全球有4.5亿人患各种类型的精神或行为障碍，每年有近100万人死于自杀。我国成年人群精神障碍现患率为17.5%，据此推断，全国有1.73亿成年人患有某种精神疾病，精神障碍、精神疾病占我国疾病总负担的18%，超过了心脑血管、呼吸系统及恶性肿瘤，排名第一。心身医学研究表明，人类的情绪是心理疾病的主要诱因，也是许多躯体疾病的诱发因素。实验证实，人在情绪平稳时，内分泌活动处于稳定状态。人际关系紧张时，情绪发生剧烈波动，如愤懑、犹豫、紧张、激动等，血液和尿中茶酚胺含量明显升高。大量茶酚胺会促使血小板聚集，阻塞小动脉，往往使冠心病、心肌梗死突然发作。心境经常处于压抑状态，可使血压调节机能失调，引起血压升高。人在高度应激状态下，还会引起内分泌紊乱。妇女长期处于紧张状态，会出现排卵机能异常、月经紊乱、痛经等病症。消化系统经常处在应激状况下，容易发生溃疡病。

3.3.2 经济发展对健康的影响

3.3.2.1 分配制度对健康的影响

威尔金森关于人口期望寿命与社会分配制度关系的研究显示，人均国民生产总值最高的国家，人口平均期望寿命并非最高；而分配制度平等程度高、贫富差距小的国家，人均期望寿命却相对较高。瑞典和芬兰两国人均收入差距很小，健康幸福指标一直领先。美国人均医疗费用世界最高，然而其人均期望寿命还低于波斯尼亚，仅略高于阿尔巴尼亚① （详见图3－2）。苏联解体前几年，国家卫生总费用占GNP的3％，而其中55％被用于占总人口不到1％的上层人物，致使国民人均期望寿命短期下降3岁。我国计划经济时期，社会分配较平均，贫富差距小，在经济发展水平低的情况下，通过有效的制度安排，用占GDP不到3％的卫生投入，大体上满足了社会成员的基本卫生服务需求，国民健康水平迅速提高，人均期望寿命从新中国成立之初的35岁迅速增长到1980年的68岁。改革开放后，我国经济和社会发展取得了举世瞩目的成就，但国民收入贫富差距不断扩大。1978年中国基尼系数为0.317，2000年越过0.4的警戒线，并逐年上升。在2000年WHO对成员国卫生筹资与分配公平性的评估排序中，中国列188位，在191个成员国中倒数第四。这种卫生资源分配的不公正严重影响了居民特别是农村人口和弱势人群的健康状况。在我国实施医疗制度改革前，农村因病致贫、因病返贫的现象极为严重，看病难、看病贵成为社会最为关注的问题之一。

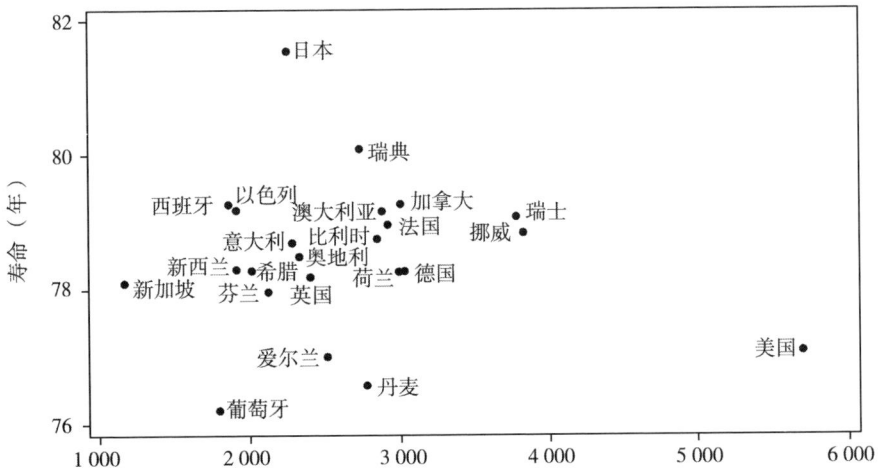

图3－2 人均医疗费用

---

① 资料来源：威尔金森和皮克特：精神层面，表6.2，第80页.

3.3.2.2 社会地位对健康的影响

WHO 指出，当今社会，决定人的生老病死及平均寿命的不是基因，而是社会因素，是社会不公导致了无数人死亡。WHO 前总干事陈冯富珍说，在各国之内以及国家之间，健康不公平现象普遍存在。造成健康不公平的因素除了医疗卫生服务体系不合理外，主要是个人出生、生长、生活、工作和养老的环境不公平，而决定人们日常生活环境不公平的原因是权力、金钱和资源分配的不合理，其根源是在全球、国家、地区层面上广泛存在着政治、经济、社会和文化等制度性缺陷。威廉·考克汉姆认为，阶级地位是影响健康状况的根本原因[1]。在一个特定的社会结构中，社会经济地位低的人拥有相对糟糕的健康状况和高死亡率。不利的社会经济地位导致他们易受疾病侵害，而疾病又加重了这种不利地位。在健康与死亡相对应的社会阶梯上，社会高层拥有最好的健康状况，沿着社会等级下行，其健康状况也依次下行。资料显示，低社会阶层人的健康指标如慢性病患病率、人均患病天数、围生期死亡率、婴儿死亡率、孕产妇死亡率等都明显高于高社会阶层的人。同时，社会低收入阶层居住条件、卫生条件和环境安全状况差，他们比高阶层人群遭受更多的不良刺激，又难以获得足够的社会支持。人们在一个国家幸福、健康与否，关键不在这个国家是不是富裕，而在这个国家是不是平等。富人与穷人之间的人数比例和收入差距越大，社会问题就越严重，健康差异就越突出。分配不均产生严重社会不公，使越来越多的人陷入经济弱势或贫困，无法获得医疗、教育、就业和保障机会。婴儿死亡率、人均期望寿命、犯罪率、精神疾病、失业、肥胖、营养不良、非法使用毒品、经济不安全、个人债务和焦虑等问题，都可以从分配不公追溯到原因[2][3][4]（详见图 3-3、3-4）。

---

① William C. Cockerham. Medical Sociology [M]. -9th ed. Peking University Press, 2011: 42.
② Tony Judt. Ill Fares the Land [M]. -9th ed. Penguin Press HC, 2011: 4-9.
③ 资料来源：杰克森《没有增长的繁荣》，表 9-2，第 155 页.
④ 资料来源：威尔金森和皮克特《精神层面》，表 5.1，第 67 页.

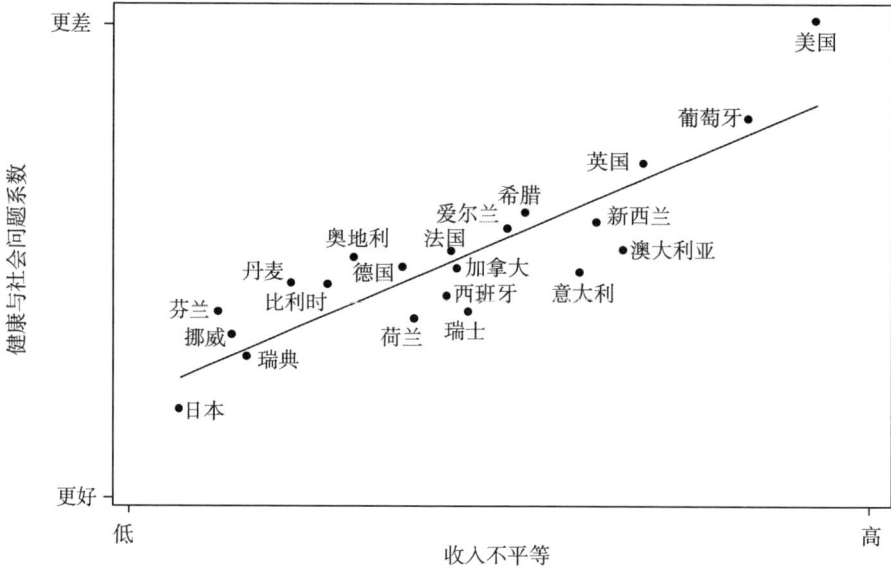

图 3 - 3　收入不平等与健康问题

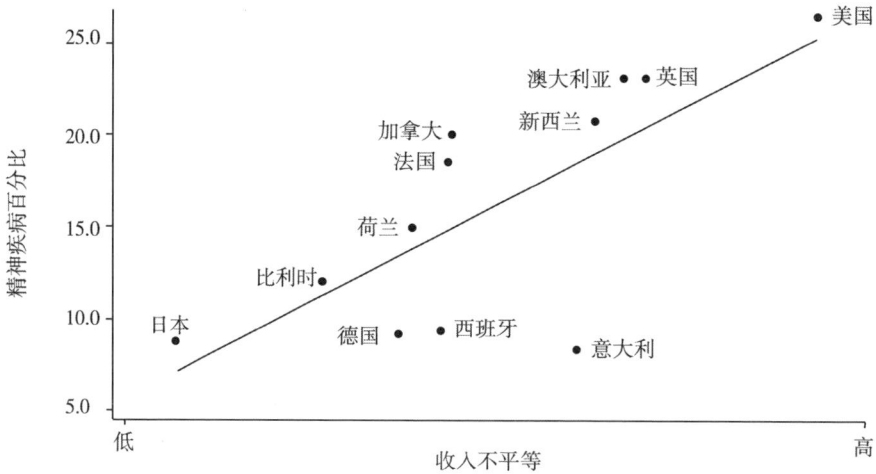

图 3 - 4　收入不平等与精神疾病

3.3.3 人口因素对健康的影响

3.3.3.1 人口增长对健康的影响

2011 年全球人口数量达 70 亿，其中 12.37 亿人生活在经济较发达地区，57.63

亿人生活在经济欠发达地区，包括绝对贫困地区。人口增长是社会发展的必然结果，但须与经济社会发展相适应，否则，人口增长将逐步耗尽人类赖以生存的资源，导致贫困，影响健康。在一些地区，人口增长速度严重超过经济增长速度，经济水平难以承载人口增长压力，致使物资供应匮乏，卫生状况恶化，健康水平下降。近十几年非洲粮食增长量仅为1%，而同期人口平均增长率为2.7%，人均粮食拥有量下降15.4%，致使饥饿和营养不良问题严重。一旦由于洪涝、干旱等自然灾害导致粮食减产，国际谷物价格飙升，贫穷地区的饥荒和死亡将更突出。同时，人口过快增长加重教育和卫生负担。研究表明，如果一个国家人口增长1%，国家和社会投资须增3%，才能把人群基本生活及卫生、教育标准维持在原有水平。

3.3.3.2 人口老龄化对健康的影响

人口老龄化是当前人类面临的另一重大社会问题。老年人口患病率高，卫生资源消耗量大。据统计，美国65岁以上人口占12%，所耗医药费用占卫生总费用的30%；英国65岁以上人口占15%，医药费用占36%。由于卫生资源有限，老年人口消耗多，势必影响其他年龄段人群健康。2010年，我国60岁及以上人口占13.26%，其中65岁及以上人口占8.87%，老龄人口健康保障成为重大社会课题。

综上，在现代社会，无论是影响健康的政治、经济因素，还是社会、文化、心理因素，已超出了单纯"医学处方"的效力范围，甚至超出了一国所能解决的范畴。为有效防止和逐步消除社会决定因素对人类的侵害，必须开具"社会处方"，而法治社会最重要的"社会处方"就是"法律处方"。国家应通过制定社会规则，加强社会管理，解决个人和组织无力解决、只有集体行动才能消除的社会问题。著名法学家庞德指出，当今世界，法律已经成为最主要的社会控制手段。法律的社会目的是促进和保障社会利益。"因为人们各自的要求是无限的，而社会满足这些要求的机会是有限的，这就必然产生相互利益冲突。法律并不创造利益，只是承认、确定、实现和保障利益，这就导致了人们必然通过法律的强力或独特性实现社会控制。"在现代社会，无论是卫生资源的公平分配、社会决定因素的根除、疾病预防和控制，还是健康领域的国际合作，都需要制定人们共同遵守的规则，健康成为法律调整社会的新领域。

4 健康权价值论

法律价值是作为法律价值主体的人所希求，并借助于作为法律价值客体的法律的价值属性而得以满足的各种价值目标的集合①。从一般意义上讲，法律的价值目标就是最大限度地促进社会正义，实现公共幸福。欧文说："人类的幸福只有在身体健康和精神安宁的基础上，才能建立起来。"② 人人享有卫生保健是实现社会正义的重要目标，维护和促进人类健康是实现公共幸福的重要内容。健康本身就是法律的重要价值目标，卫生法律的价值就在于尊重、保护和实现公民的健康权。为了实现健康、幸福、美好的生活，人们不但要求保障自身生命安全，公平获得卫生服务，还要求维护公共卫生秩序，提高卫生服务效益。

4.1 健康权的公平价值

公平本指给每个人所应得的，不给他或她所不应得到的。公平不同于平等，在健康领域，它意味着生存机会的分配应该以需要为导向，而不是平均分配，也不按社会特权分配。公平意味着共享社会进步成果，而非分摊不可避免的不幸和健康权利的损失。不公平和不平等的根本区别在于，不公平是不公正的，是可以避免、可以纠正的。保障公民健康的公平性已成为一项衡量社会公正和公平的重要指标。

4.1.1 公平是人类永恒的追求

比恩奈菲尔德指出，正义感是人自孩提时代就固有的，且深深地植根于其人格

---

① 朱景文等. 法理学 [M]. 北京：中国人民大学出版社，2007：65.
② 吴素香. 善待生命：生命伦理学概论 [M]. 广州：中山大学出版社，2011：5.

感之中。这种正义感强烈要求平等，不论是平等情况下的平等对待，还是不平等情况下的平等对待。即使一个孩子也会在其灵魂最深处反抗那些被他认为是专横的和反复无常的歧视……在人类社会中，公正促进合作，而歧视则会损害合作。① 卢梭认为："社会契约在人们之间确立了这样一种平等，人人全都遵守同样的条件并且全都应该享有同样的权利。基本公约并没有摧毁自然的平等，而是以首先的和法律的平等来代替自然所赞成的人与人之间的身体上的不平等，从而，人们尽可以在力量和才智上不平等，但是由于约定并且根据权利，他们却是人人平等的。"② 法律只能是一种形式公平。法律不能使人人平等，但法律面前人人平等。虽然法律能减少和缓解自然不平等，但不可能解决和消除自然不平等。法律维护公平将使人们获得更多的自由。

4.1.2 健康公平面临严峻挑战

健康不公平是一个全球问题，严重影响人们的健康。WHO 报告，西方七国集团人口占全球总人口的 11.4%，但却消耗了世界卫生总资源的 77.0%。占世界人口 4.68% 的美国消耗了世界卫生资源的 46.7%。世界 80% 以上的国家人均卫生资源占有量都低于世界平均水平。另外，全球 90% 的医学科研资金关注的是那些昂贵且利于富人的医疗技术，而那些最需要健康医疗的人却无法得到。"在过去 25 年里，中国经济从一个就收入分配而言堪称世界上最公平合理的经济变成了最不公平的经济"。③ 健康不公平也十分突出。自 2009 年开始的医疗制度改革，逐步建立了低水平、广覆盖的城镇职工基本医疗保险、城镇居民基本医疗保险与新型农村合作医疗，但卫生服务筹资和利用上的城乡差距、地区差距和阶层差距依然很大。公民健康公平性仍然是制约我国公民健康保障事业发展的最关键因素。

健康状况的阶层不平等是普遍存在的社会现象。除了个体差异之外，不同阶层在健康知识和信息的获得、医疗卫生服务的可及性、个体自我保健和预防等方面存在着显著差异。虽然在健康权享有上有这种不平等客观存在，但不能因此否认健康

---

① F. R. Bienenfeld. Rediscovery of justice [M], George Allen and Unwin, 1947: 354.
② [法] 卢梭著，何兆武译. 社会契约论 [M]. 北京：商务印书馆，1980: 44.
③ J. C 雷默著，新华社《参考资料》编辑部编译. 北京共识 [M]，北京：新华出版社，2010: 19.

权的普遍性。相反，这种扭曲的、变形的、有差别的、不完善的健康权保障状态正是人们反思、批判、改善的对象。如果放弃对事物的应然性、普遍性和正当性的追求，人们就会陷入违背理性自相矛盾的荒谬境地。"认为健康权具有阶级性的本质属性，就等于在逻辑上认可不平等是正当的"①。

4.1.3 健康公平的内涵

卫生服务公平性（Health equity）要求努力降低社会人群在健康和卫生服务利用方面存在的不公正，力求使每个社会成员均能达到基本生存标准。一是卫生保健的公平性（Equity in health care），指公正、平等地分配各种可利用的卫生资源，使整个人群都有相同的机会从中受益。它意味着，相同的保健需要应有相同的服务可及性，相同的需要应获得相同的卫生服务利用，所有的社会成员所接受的卫生服务质量应该相同，如穆尼（Mooney）所说，相同需要获得相同利用（equality of use for equal need），包括可及性、利用量和费用。它还可分为横向和纵向两种，横向公平性（Horizontal equity）要求对具有相同卫生保健需要的人群，应提供相同的卫生服务；纵向公平性（Vertical equity）则具体到每一个个体，对所处状态不同的每个个体，应给予不同的处理，需要越多，利用越多。二是指健康公平性（Equity in health），指不同社会人群（如不同收入、不同种族、不同性别等）具有相同的健康状况或健康差别尽可能缩小，也即不同的人群具有相同机会获得健康。三是卫生服务筹资公平性（equity in health financing），指在卫生服务筹资过程中，不同人群间的经济负担应该公平。横向公平是不同类别人群支付相同费用应该获得相同的卫生服务利用；纵向公平是指为健康筹资时，支付额应与其支付能力一致，支付能力越强，支付数额越大。

4.1.4 健康公平的类型

卫生服务公平性是社会公平性的重要组成部分，已成为当前社会关注的焦点。卫生服务公平性可分为结果公平性、程序公平性、交往公平性和信息公平性四种类型。

---

① 夏勇．法理讲义——关于法律的道德和学问［M］．北京：北京大学出版社，2010：289.

　　结果公平性指卫生服务对象对利益或分配结果公平程度的判断。美国学者德奇（Morten Dentsch）认为，结果公平性主要是指交换双方获得利益和付出代价的分配是否公平。换言之，结果公平性也可称作分配公平性。在卫生服务公平性的研究中，人们对卫生资源分配和卫生服务的效果评价就是结果公平程度的判断。在卫生服务资源分配中，人们不但考虑自己对社会贡献的大小与实际得到的卫生服务资源的平衡程度；同时，因为获得卫生服务是人的一项基本权利，人们也关注相互之间在占有卫生服务资源中的均等关系。

　　程序公平性涉及宏观层面的卫生政策制定、卫生决策程序、卫生资源分配程序和微观层面的卫生服务程序、卫生服务可及性等。1984 年，福尔格指出，人们通常相信公平的决策过程会带来公平的结果。随着程序公平性理论研究逐步深入，许多欧美学者认为，服务对象在享受服务过程中，同样会重视服务结果公平性和服务程序公平性。莱文赛尔认为，公平的决策程序应该符合以下六个原则：决策程序一致性；决策者没有偏见；决策过程出现错误时，决策者能够及时纠正错误；决策者用于决策的信息准确无误；决策者兼顾有关各方的利益；决策者根据社会公认的道德准则进行决策。这些原则同样值得进行卫生服务决策和卫生资源分配时借鉴。

　　交往公平性是指卫生服务对象对医务人员如何对待自己的看法。病人和家属很在意医务人员在诊疗过程中的服务态度、工作是否认真、是否给他们以足够尊重等，这些都直接影响卫生服务对象对公平性的评价。如果医方不尊重患者和其家属、泄露病人隐私、不告知真话、指责或羞辱等，都会影响交往公平性，进而影响卫生服务的质量。

　　信息公平性指医疗行业和医务人员使用充分的信息，向服务对象详细解释诊疗服务过程和服务内容。在临床的各种诊疗决策过程中，由于专业背景差别、信息传递方式的差别、服务与被服务地位的差别等，卫生服务信息在医患之间存在着明显的不对称，这会在病人及家属心理上造成不公平的感受。因此，信息的充分沟通和平等传递发挥着建立相互平等沟通、相互信任关系和对决策进行说明、传达的作用，在医患交往中非常重要。

4.2 健康权的安全价值

安全是法律最基本的价值。在历史上，普遍安全是法律首先承认并保障的利益。随着人类文明进步，正常人的社会本能驱使他同别人联合起来，以达到永久安全。霍布斯说："人民的安全乃是至高无上的法律。""虽然法律的最高目标和终极目的乃是实现正义，但安全是法律的首要目标和法律存在的主要原因。"① 对人的生命和健康来说，安全是最基本、最重要的观念。只有符合安全理念，健康权保障才可能成为"善举"，健康权保障法律才能成为"善法"。在维护健康的过程中，安全往往被置于优先考虑的地位。离开了安全，一切健康权保障措施不仅达不到预期目标，甚至会走向反面。

从某种意义上讲，安全是健康权保障的首要价值取向，是制定和实施健康权保障法律的立足之基。在医疗卫生服务中，安全意味着所采取的一切措施应对病人无害而有利。无害是指任何医学诊断治疗和科学实验都要尽量避免对患者和受试者造成身体、精神和心理上的伤害以及其他应有权益的损害，如经济上的损失。有利是指医学科学技术应为人类造福，增进人类健康，延长人的寿命，提高生活质量。

4.2.1 避免精神伤害

在医疗服务中，病人是在身体和精神上处于羸弱状态、需要关怀和照顾的群体。医务人员的行为方式不当，不但会影响到医疗效果，而且会给病人带来精神和心理伤害。医务人员应尊重病人人格、尊严和隐私，注意行为语言方式、服务态度和诊疗艺术，避免对病人造成人格、心理和精神伤害。当前，生物医学模式仍占据主导地位，医生把病人当作诊疗客体，忽视其主体性。医生见病不见人，把疾病和病人、自然人与社会人、生理个体与思想主体割裂开来②。医生以医疗技术的专业性为借口，不愿更多地与患者进行情感、思想、信息交流，沟通障碍导致信任缺失。同时，由于越来越多的先进医疗设备的应用，医生的诊断、治疗过度依赖诊疗设备，忽视了望、触、扣、听等基础检查。据调查，我国门诊患者与医生平均交流时间不足5分

---

① Edgar Bodenheimer. Jurisprudence: The Philosophy and Method of the Law [M] . – 11th ed. Harvard University Press, 1981: 196.

② 董云萍. 医患关系的物化和和谐医患关系的构建 [J] . 医学与社会.2009（1）：22.

钟,而瑞士为 15—20 分钟,美国为 21 分钟。这种漠视、忽视行为使患者无法真正参与诊疗当中,处于茫然无助境地,难以与医方建立良好的信任关系。许多时候,漠视本身就是一种不平等,更是一种精神伤害。

4.2.2 避免经济伤害

基于医疗服务的专业技术性和信息不对称性,为了追求个人或医院经济利益,医务人员很容易使病人过度消费,从而使其蒙受经济损失。比如,如果国产药或廉价药都有同样效果,则开进口药或高价药;如果一个疗程即可康复,有可能开两个疗程;本来普通 X 光检查就可以明确诊断,却做了 CT、磁共振或 PET,等等。明末清初医学家徐大椿对此有过评述:"医者误治,杀人可恕;而逞己之意,害人破家,其恶甚于强盗。"一旦治病救人、救死扶伤的理念被金钱所侵蚀,国家财政补助不足就成为医院赚钱的口实,药品加成政策也成了医院牟利的工具,公立医院的公益性丧失,成为商业气息严重的经营实体。科室、医生的工资、奖金与其业务收入挂钩,滋生了大处方、乱检查、乱收费、滥用抗生素等一系列严重问题,加之药品、器械经营销售的利益渗透,催生了难以遏制的医疗腐败。金钱一旦成为医疗动机,就会销蚀道德、滋生罪恶,救死扶伤、治病救人就会成为虚伪的装饰,本应体现道德人文关怀的医患关系就会演变成赤裸裸的市场买卖关系。据有关专家推算,医疗机构滥检查、滥开药等现象直接导致的医疗资源浪费在 20% ~ 30%,如再加上药品回扣、药品虚高定价、乱收费等现象,则使各类型的医疗保险基金浪费严重。近年发生的对无钱医治的急诊病人推托的事件,也是医疗机构追求盈利、放弃公益的突出表现。金钱至上理念在医疗卫生行业的蔓延和泛滥,是导致当前医患关系紧张的主要原因,这不仅需要加强医疗卫生行业职业道德和精神文明建设,更重要的是必须改变医疗牟利的体制机制。

4.2.3 避免技术伤害

医务人员应避免由于医疗技术使用不当对病人造成肉体或健康伤害,这是无伤害原则在技术上的集中体现。由于医疗技术的不确定性和个体病情的复杂性,绝对的无伤害不可能,"是药三分毒"。这就要求医务人员全面衡量医疗技术的利弊得失,本着对病人有利且利大于弊的原则做出或协助病人做出医疗决策,以最小的损伤或代价，获得病人的最大健康收益①。如为治疗黑色素瘤，不得不截肢，还可能发生血栓，但这样做如果是为了保存生命，则符合无伤害原则。但在实践中，无伤害原则并未得到足够重视，甚至出现违规滥用问题。在医疗检查方面，我国 CT、核磁共振、造影等检查使用率居世界首位，这些检查不仅成本高，而且创伤大，还有潜在风险。根据卫计委《医院管理评价指南》，三级综合医院 CT 检查阳性率应在 70% 以上，然而我国远远未能达到这个要求，过度检查的问题十分突出。在手术方面，滥用心脏支架是医疗技术滥用的典型案例，我国心脏支架使用量已经连续多年超过 6 万个以上。在新加坡，医生放置心脏支架超过 3 个就要书面说明理由，然而我国有的病人竟然被放置 10 多个心脏支架。对冠心病患者，国际上放支架和做搭桥手术的比例为 7:1 ~ 8:1，而我国高达 12:1，很多患者"被手术"。在药物治疗方面，特别是抗生素应用方面，我国已处在危险边缘，各级医院都靠"三素一糖"，即抗生素、激素、维生素和葡萄糖进行输液治疗。据调查，我国 68.1% 的患者使用抗菌药物，37% 的患者联合使用抗菌药物，平均 100 个患者 1 天消耗 80.1 人份的抗菌药物，比 WHO 发布的全球平均值高出一倍多；同时，抗菌药物剂量越来越大、剂型越来越高级，病人耐药性增强，"超级耐药菌"不断出现，如不严加控制，不久的将来，我国就会处于无药可用的可怕境地。世界卫生组织全球患者安全联盟负责人利安姆·唐纳森指出，每 100 位患者中，由于护理不当导致的感染人数在发达国家和发展中国家分别为 7 人和 10 人。这从一个侧面反映出安全理念缺失问题严重。以"不伤害"为最低要求的安全原则，是生命伦理最基本的道德规范和核心准则，同时也应成为健康权保障立法的首要价值。

4.3 健康权的秩序价值

秩序是指"有条理、不混乱，符合社会规范化的状态"②。富勒指出，"法律是使人们的行为服从规则治理的事业"。在面临生死抉择的时刻，道德往往是苍白无力的，因为生存是动物的本能，只要能生存，任何道德底线都可以被冲垮。因此，在

---

① 徐建芬.试论美容无伤害原则及其意义［J］.中国医学伦理学，2004（4）：48.
② 陈平安.中国典型医疗纠纷法律分析［M］.北京：法律出版社，2002：264.

涉及人类生死存亡的健康领域，完全靠道德维持秩序是脆弱的，必须通过法律制定规则，维持良好的生命秩序。社会秩序呈现出的样态是社会中的人各就其位，每个人都有自己特定的权利范围和边界，在社会生活中有自己特定的位置；每个人在其权利范围内，在特定位置上，自由自主地行事，不逾越自己的范围和疆界。他人的权利是自己的临界点，尊重他人的权利是实现自己权利的义务；每个人能够预见到其行为的后果，能够预见和期待着采取某一行为后可能正当得到的东西，而且也能够预见到他人对他这种期待和预见的尊重。与秩序相对的就是无序。当无序状态出现时，这种一致性、连续性和确定性的关系的稳定性消失了，结果的有序性混淆不清了，行为的规则性和进程的连续性被打破了，偶然和不可预测的因素不断干扰人们的社会生活，从而使人们之间的信任减少、不安全感增加，为了保护正常的社会秩序，人们必须采取措施消除无序状态或预防其发生。在文明社会里，法律是预防和消除无序状态的首要的、经常起作用的手段。

4.3.1 健康秩序的应然状态

在现代社会，由于健康决定因素已由纯粹的自然因素让位于社会因素，健康权保障问题也已由单纯的个人事务发展为复杂的社会系统工程。在此其中，必须要建立和维护一种公共卫生秩序，在这种秩序之下，健康权保障的各个主体、环节、要素能够在健康权保障的规律性下，维持一定的连续性、条理性、确定性和稳定性；能够在特定位置和特定时间各就其位、各尽其责、各安其命、各得其所；能够在正义引导下，正当地行使权利而不越位，恰当地履行义务而不缺位，只有这样，健康权保障才能有规则性和协调性，才能实现社会规范化的状态。罗伯斯庇尔曾经指出："我们希望有这样的秩序，在这样的秩序下，一切卑鄙的和残酷的私欲会被抑制下去，而一切良好的和高尚的热情会受到法律的鼓励；在这种秩序下，功名心就是要获得荣誉和为祖国服务；在这种秩序下，差别只从平等本身中产生；在这种秩序下，公民服从公职人员，公职人员服从人民，而人民服从正义；在这种秩序下，祖国保证每一个人的幸福，而每一个人自豪地为祖国的繁荣和光荣而高兴；在这种秩序下，一切人都因经常充满共和感情和希望得到伟大人民的尊重而成为高尚的人；在这种秩序下，艺术成了使他们高尚的自由的装饰品，商业成了社会财富的源泉，而不仅是几个家族的惊人的富裕。"① 针对公共卫生失序的社会突出问题，加强卫生立法，重建公民对健康的期望和信心，重建健康保障的社会秩序，重建公众对政府保障健康的信任，应是健康权保障的重要理念和职责。

4.3.2 健康秩序的实然状态

现实中，健康权保障失序表现相当严重。损害他人健康是侵权行为，以损害他人健康的方式获取利益是严重违法行为。例如，作为人类生存、健康和发展第一要素的食品，工业化、标准化和科技化水平越来越高，法律规定和技术规范越来越完善，监管部门和技术检测机构越来越多，而食品安全事件却越来越多，食品安全信心和信任越来越被质疑，反映了食品安全管理领域的失序；作为将安全作为第一要素的医疗服务技术，医务人员越来越重视对先进医疗技术的追求，对医疗服务的基础"三基三严"的把握越来越低，医疗服务领域越来越陷入重技术、轻质量的误区，反映了医疗技术管理领域的失序；作为恢复健康重要手段的药品，生产技术和科研水平越来越发达，药品种类、数量和产量越来越多，药品的成本越来越低，而药品的不良反应事件越来越多，药品的实际价格也越来越高，反映了药品发展领域的失序；作为医疗服务主要当事方的医患双方，医方对患方的接触和交流越来越少，牟利越来越多，大处方、重复检查日益增多，患方对医方的信任感和依赖感越来越差，医患纠纷、医闹和伤医事件越来越多，反映了医患关系的失序。健康权保障的失序直接影响了健康保障的实现，影响了公众对健康权保障的信心，导致了公民对政府促进健康的不信任感和不安全感。

4.4 健康权的效益价值

效益是指劳动（包括物化劳动和活劳动）占用、劳动消耗与获得的劳动成果之间的比较。劳动成果的价值超过了劳动占用和劳动消耗的代价，其差额为正效益，即产出多于投入。反之，则为负效益。用同样多的劳动占用劳动消耗获得的劳动成果多，效益就高；反之，效益就低。效益的高低，可以反映一个国家、地区、行业、

---

① ［法］罗伯斯庇尔著，赵涵舆译. 革命法制和审判［M］. 北京：商务印书馆，1965：170.

事业或者企业的管理水平。追求利益最大化是任何一项社会事业或社会构成部门的努力方向，健康权保障也不例外。

4.4.1 健康效益的最优取向

效益最大化是指从一个给定的投入量中获得最大的产出，即以最少的资源消耗取得同样多的效果，或者以同样多的资源消耗取得最大的效果，即经济学"价值最大化"或"以价值极大化的方式配置和使用资源"。从这个意义上讲，说一个社会是有效率的，就是说他能够以同样的投入取得比别的社会更多的有用产品和服务，创造出更多的财富和价值。除此之外，效益还意味着根据预期目的对社会资源配置和利用的最终结果做出的社会评价，即如果社会资源的配置和利用使越来越多的人改善境况而同时又没有人因此而境况变坏，则意味着效率提高了；反之就是效益降低了。效益最大化是一切法律活动的追求，其核心的判别标准是"帕累托最优"和"帕累托改进"，前者是指这样一种状态：在此状态下，任何一个人的效用或福利不可能在不减少另外某个人的效用或福利的情况下得到提高；而后者则是一种改进途径和方法，即不减少一方的效用和福利时，通过改变现有的资源配置状态而提高另一方的效用和福利。应该看到，在一定时期、一定区域内，用于健康保障的总费用和社会资源，即健康服务的总体供给是一定的，在一定程度上讲，总是滞后于或少于健康服务总需求。如何充分发挥有限的健康服务总体供给的作用，有效满足公民的健康服务需求，即以最低的健康投入产生最大的健康保障效益，是健康权保障过程中必须高度重视的课题，也是衡量健康权保障水平和能力的一个重要方面。在这个评价指标体系中，效率和效益被认为是核心指标之一，在卫生服务的评价中，这被称为"绩效"。可以说真正的效率和效益产生并不主要依赖对健康投入的量，而是依赖对这一定的量进行科学管理和优化配置。

4.4.2 健康效益的现实差异

根据世界卫生组织对世界各国卫生绩效的评估，美国人均卫生服务费用最高，比位列第 2 位的瑞士高出 41.5%；而实际的绩效评估结果，瑞士位居第 1 位，美国却列在第 37 位。反观中国健康保障事业的发展，有研究表明，从 1978 年到 2002 年，中国卫生总费用从 110.2 亿元增长到 5684.63 元，增长了 51.6 倍，年均增长

17.81%，中国卫生总投入占 GDP 的比例已经明显高于发展中国家的平均水平。以这一数据与我国历史情况和国际现状相比较，表明中国卫生总费用占国民收入的比重在不断提高，而且是大基数伴随高增速。但从使用情况看，并没有产生与保障费用增长相适应的保障效果。由卫计委组成的中国卫生总费用测算小组将中国卫生总费用按功能分为七大类：治疗保健服务、康复保健服务、卫生保健辅助服务、门诊病人医药用品、预防和公共卫生服务、卫生行政管理和卫生服务提供者资本。在这个费用使用体系中，尽管我国政府一直强调"预防第一"，但实际上治疗保健服务特别是城市治疗保健服务是第一，截至 2002 年，治疗保健服务和药品费用已经占到了中国卫生总费用的 51.7% 和 46%（此项列入治疗保健费用中），远远高于公共卫生服务 20% 的份额；而在如此庞大的医药支出中，按照国际标准，由于大处方等问题，中国卫生总费用的 12%～13% 被浪费掉了，16% 的 CT 扫描等高精尖诊断和 40% 的剖宫产没有必要。我国大型医院集中在城市，近年来规模不断扩大，而平均住院日依然居高不下。大医院人满为患，基层医疗机构病人不多。如果合理引导病人分流，并将平均住院日压下来，资源的利用效率就会成倍增长，比单纯的规模和床位扩张要经济得多。一项针对 1991—2006 年卫生健康绩效的研究成果也为上述问题提供了有力佐证。这项研究表明，城乡健康水平呈现下降趋势，最穷个体的健康下降程度最大；在平均健康水平逐渐下降、穷人和富人的健康不平等加剧的情况下，我国的卫生健康绩效逐年下降，随着不公平厌恶指数的增加，健康绩效下降更多[1]。香港中文大学的王绍光教授指出，中国人健康总体水平处于发展中国家前列这一辉煌成就主要是 20 世纪 80 年代以前取得的，80 年代以后人口健康状况改善不大。高投入却带不来高回报、高效益，这必须引起反思和重视，也必须在今后健康权保障立法和政策制定过程中更加注重效益理念的推广和落实，否则，健康保障事业只能在低层次、低水平、高消耗、高浪费中发展。

4.5 健康权的立法原则

健康权立法原则是指贯穿于整个健康权保护法体系，对调整保护人体生命健康

---

① 解垩，涂罡. 中国健康绩效的动态演进：公平与效率的权衡 [J]. 中国软科学. 2011（7）：15.

权而发生的各种社会关系具有普遍指导意义，能够作为一切健康权保护法律规范必须共同遵守的准则。它体现的是国家对公民健康权的重视。罗纳德·德沃金认为："政府必须以关怀和尊重的态度对待他统治下的人民。所谓关怀，是指将人民当作会遭受痛苦和挫折的人；所谓尊重，是指将人民看作是能够根据自己的生活观念行动的人。"① 他认为："如果政府不认真对待权利，那么它也不能认真地对待法律。"② 公民享有"平等的关怀和受尊重的权利"，这是一项基本的、抽象的权利，包括受到平等对待的权利和作为平等的人受到对待的权利，是在利益和机会应当如何分配的政治决定中受到平等关心和尊重的权利。只有把这种意义上的公民权利保护好，才谈得上公民受到"平等的关怀与尊重"，真正实现"平等上的自由"③。

4.5.1 生命至上原则

生命权是一切权利的源泉。其作为最基本的人权，表达着生命的尊严。它不但具有道德正义的意蕴，而且具有政治正义的意义。仅有从道德主义出发对生命尊严的良好愿望是不够的，还必须有从政治正义出发对生命权的宪法和法律保护。任何人不得被随意杀戮，任何人的生命不得遭受不必要的危险的威胁④。洛克曾经指出，人们组成社会、国家和政府并以此组织自己的社会公共生活有两个基本的目的，即福利与安全，国家或者政府所做的一切"都没有别的目的，只是为了人民的和平、安全和福利"⑤。从某种意义上说，保护公民健康权并非为经济社会发展提供健康的劳动生产力，相反，经济社会发展的目的是为了人本身，为了人的健康和幸福。卫生立法的根本原则，就是保护公民的生命健康权。一切与人体生命健康相关的活动和行为都应遵循这一原则，要通过立法的方式对活动和行为进行规制和约束，使其法治化。《经济、社会、文化权利公约》及其一般评论也指出，"每个缔约国尽最大能力个别采取步骤或经由国际援助和合作，特别是经济和技术方面的援助和合作，采取步骤，以便用一切适当方法，尤其包括用立法方法，逐渐达到本条约所承认权

① Ronald. Myles. Dworkin. Taking rights serilusly [M]. -1th ed. Harvard University Press, 1978: 271.
② Ronald. Myles. Dworkin. Taking rights serilusly [M]. -1th ed. Harvard University Press, 1978: 273.
③ 贾少学. 论德沃金权利理论 [D]. 上海：华东师范大学，2005.
④ 夏勇. 法理讲义——关于法律的道德和学问 [M]. 北京：北京大学出版社，2010：276.
⑤ John Locke. Two Treatises of Government [M]. -1th ed. World Book Press, 2011: 80.

利的充分实现"。其基本要求是，在健康权保护法的制定和实施中，无论是立法者、行政执法者，还是法人以及自然人，都必须时刻将保护人的生命健康权益放在首位，以政府组织为主导的公共健康管理部门或机构应当而且必须以保护和促进公民的健康作为首要任务，政府及其部门在行使一切与健康相关的职责时，不仅必须将公民的健康作为优先考虑因素和首要保障对象，而且优先采取最有可能或最有效促进健康和预防疾病的政策措施。一切与人体生命健康相关的卫生活动和行为都应围绕这一原则进行，任何侵犯人的生命健康权益并给人造成损害的行为都应依法承担相应的法律责任。

4.5.2 社会公益原则

健康权被看作是现代社会的一种公共利益。所谓公益性，其内涵应体现在有益性和公众性两个方面，具体而言，就是要体现出社会全体成员共同受益的原则。亚里士多德指出："政治学上的善就是正义，正义以公共利益为依归。"① 阿奎那指出："如果一个自由人的社会是在为公众谋福利的统治者的治理下，这种政治就是正义的，是适合于自由人的。相反地，如果那个社会的一切设施服从于统治者的私人利益而不是服从于公共福利，这就是政治上的倒行逆施，也就不再是正义的了。"② 由于卫生基本法律的缺失，公益性原则至今未在卫生法律法规中加以明确确定。将卫生事业公益性原则作为健康权保护立法的基本原则之一，这是由健康权保护法的主旨决定的，也是由卫生事业的本质特性决定的。卫生事业不同于经济活动，它与公民生命健康紧密相连，承担着维护公民生命健康的责任，而健康的人群是社会进步和可持续发展的根本保证。坚持公益性原则是国家发展改革成果惠及全体社会成员的体现，是维护社会公平正义的重要内容，是实现公民基本生命健康权的有效环节，也是构建和谐社会与促进经济稳定增长的重要因素。其基本要求是，国家卫生事业尤其是公共卫生和基本卫生服务应切实体现和落实公益性原则，加强卫生立法，完善各项卫生法律制度，强化政府监管和筹资责任，保障所有公民都能享有均等的公

① ［古希腊］亚里士多德著，吴寿彭译. 政治学［M］. 上海：商务印书馆，1965：148.
② Thomas Aquinas. Aquinas Selected Political Writings［M］. - 1th ed. Scottish Academic Press，1979：46.

共卫生服务和基本卫生服务，鼓励社会各界积极参与公共医疗卫生事业活动。

4.5.3 预防为主原则

健康改善不但依赖于医学科技进步，更有赖于对社会、环境因素的控制。那种认为所有健康改善都来自医学科技进步的认识，实际上夸大了医学本身的效力。这种观念的形成，与人们在日常生活中看病就医的直接经验有关，实际上没有看到隐藏在现象背后的实质。由于导致疾病的主要决定因素是社会因素和个人行为生活方式，且大部分疾病能够通过社会干预和调整个人行为生活方式起到预防效果，从而使人们不得病、少得病、晚得病，因此，预防为主应该成为重要的卫生策略和立法原则。预防能够实现最大的投入产出比。以美国出生缺陷预防为例，"每投入生产前保健的 1 美元，可以节约 3~10 美元的出生后保健费用。美国每年在让出生低体重儿存活的医院保健服务方面花费超过 20 亿美元，而其中许多存活下来的人在一生中都伴有残疾。而只要花费现在用于让出生低体重儿存活的经费的四分之一于产前保健，就可以为现在没有得到保健服务的怀孕父母提高产前保健服务"①，从而免于产生出生缺陷。"21 世纪的医学，不应该继续以疾病为主要研究领域，应当以人类健康作为医学的主要研究方向。"② 如果仅用打针吃药的办法解决疾病治疗问题，而不去消除导致疾病的社会根源，不但会导致难以承受的巨额医疗费用，而且难以真正提高国民健康水平。应当加快从疾病医学到健康医学的转变，以健康为核心，关注人的健康，而不是单纯治疗疾病。卫生服务应由生理服务扩大到心理服务，由院内服务扩大到院外服务，由医疗服务扩大到预防服务，由技术服务扩大到社会服务。卫生服务的重点在于健康管理，强调加强个体应变能力和人的主观能动性，强调对日常生活中健康影响因素的控制，改变不良生活方式；强调个体的差异和个性化健康服务；强调贯穿生命全过程的健康促进。原有的"预防医学"还是以疾病为中心，应当转变到以健康教育、健康促进为中心的健康医学上来。为了保护人的生命健康权益，一切医药卫生活动和行为都应贯彻预防为主、防治结合的原则，既要着眼于积极采

---

① ［美］埃居，格罗夫斯著，卫生保健伦理学：临床实践指南 ［M］，应向华译．北京：北京大学出版社，2005：178.

② WHO. 迎接 21 世纪的挑战 ［R］.1996 年.

取措施，应对已经发生的疾病，更要重视危害疾病的预防，防止疾病的发生和流行。这一原则的基本要求是，卫生工作应始终坚持预防为主、防治结合，把预防放到更加重要的位置，体现到卫生立法、执法、法治宣传、法治监督等一系列活动中，所有政府部门、企事业单位和公民个人应积极配合。

4.5.4 协调发展原则

健康与发展具有双向促进作用。一方面，健康是资源，是公民生存、生活的基本条件，是生产力要素，是经济社会发展的必要条件，保护公民健康就是保护生产力，就是保护经济社会赖以发展的主体基础。公民健康问题足以影响经济社会发展的方向和速度。2003年SARS事件足以证明疾病对经济社会发展的影响。只有公民健康权得到切实保障，整个经济社会发展才能持续。另一方面，经济社会发展对解决健康问题具有重要影响。当前影响公民健康的主要因素是社会因素，经济社会发展也带来影响健康的负面影响，解决健康问题所需人力、物力、财力和技术，只有通过经济社会发展才能得到解决和满足。因此，既不能离开经济社会发展片面强调健康，也不能不顾公民的健康盲目追求GDP增长。这一原则是对人类、国家、集体和个人利益，眼前、局部和长远、整体利益的综合考虑，其基本要求是国家将经济社会发展立足于保护公民健康之上而又不超出公民健康的承受能力，使健康保护立足于经济社会发展条件而又不超出经济社会承受能力。国家在促进经济社会发展的同时，应当将公民健康的保障与实现作为一个重要考量标准，根据不同时期公民健康的需求来确定国家健康权保护政策和措施，根据一定阶段经济发展能力和实力来反哺公民健康保障，使公民的健康需求能够与经济社会发展水平相适应，使公民健康发展与经济社会发展产生正相关的关系。以牺牲公民健康为代价，一味追求经济快速发展的做法是不可持续的发展，是失去了正确方向的发展，最终将以发展的失败而告终。

4.5.5 社会参与原则

维护公民的生命健康，来自对疾病的有效治疗，也来自对疾病的预防与控制，更来自全社会和每个人的参与和重视。健康权保护法许多内容的实施，有赖于全社会的广泛参与，有赖于每个人的自觉参与和遵守。同时，由于其内容涉及人的生命健康权益保护，全社会都有责任对涉及人的生命健康权益保护事项进行监督。这一原则的基本要求是，政府主管部门应对与人体生命健康相关或者对人体生命健康有影响的活动、行为和产品以及环境、建筑、场所、机构、人员等进行规范、监督和管理，并加大对违法行为的处罚力度，整个社会和全体公民也有责任对与人体生命健康相关的活动、行为和产品进行监督，以使人的生命健康权益不受侵害。全社会和每个人应当自觉培养良好的生活习惯和卫生习惯，形成强健的体魄，保持良好工作和生活环境，加强对疾病相关知识的了解与早期发现和预防；同时为了满足广大人群对医疗卫生服务的多层次、多样化的需求，国家在保障提供基本的医疗卫生服务的前提下，在遵循公平公正和有序竞争的原则下，应充分发挥全社会力量参与并支持医疗卫生服务。

5 健康权体系论

健康权包括一系列具体权利。《公民经济、社会和文化权利公约》规定的健康权包括：降低死胎率和婴儿死亡率，儿童健康发育；改善环境卫生和工业卫生；预防、治疗和控制传染病、地方病、职业病及其他疾病；创造保证人人患病时能够得到医疗照顾的条件。第51届世界卫生组织大会通过的《21世纪人人享有卫生保健》提出，到2020年，实现健康公平；降低婴幼儿死亡率、延长平均期望寿命；扭转5种主要流行病的全球趋势；根除和消灭某些传染病；改进获得饮用水、环境卫生、食品和住房；促进健康的措施；制定、实施和监测人人享有卫生保健国家政策；改进获得综合、基本、优质卫生保健质量；实施全球和国家卫生信息系统与监控系统；支持卫生研究等①。由此可以看出，健康权是一系列权利的集合。对于这个集合，根据不同的标准可以划分为不同的形式。以权利的主体为标准，健康权可以分为个人健康权、群体健康权和公共健康权；根据健康存在的领域，可以分为躯体健康权和精神健康权；以权利的作用为标准，可以分为健康保有权、健康请求权、健康待遇受领权、健康权利救济权等。本文着重论述按照权利主体划分的个人健康权和公共健康权。

5.1 个人健康权

个人健康权，主要指基于公民个体享有的健康权，一般被认为是指医疗权。长期以来，在医患关系中，医护人员掌握专业知识，处于支配地位；而病人往往处于

---

① 郭继志，汪洋. 社会医学［M］. 青岛：中国海洋大学出版社，2004：326—327.

被动服从地位。医院特殊的环境、医护人员的制服、手术室和操作室的神秘，都强化了医护人员的专业地位。当然，这种肃静的气氛有利于专业人士全神贯注地诊治，却掩盖了一个真正重要的问题，那就是专家也会犯错误。"假如病人对在病房里和手术台上的种种错误知根知底的话，他们就不会对医护人员如此深信不疑了。"[1] 赋予病人权利，不但可以减少医疗差错和纠纷，还可以发挥病人的主观能动性。南非的案例说明了病人权利的重要性[2]。在南非，肺结核治疗是政府援助项目，耗资巨大，医护人员齐全，但很多病人却经常中止治疗；而治疗艾滋病没有政府支持，需要病人自己参与，先培训，而后自己服药，但大部分艾滋病病人都能坚持下去，甚至奇迹般地痊愈。调查发现，在治疗肺结核的项目中，病人完全被动，吃药都有护士监督；而在治疗艾滋病的项目中，病人须主动参与，很多培训课程由病人们主讲。可以想象，如果一群目不识丁、穷困潦倒、濒临死亡的艾滋病病人，在意识到能够主动改变自己命运的时候，都能主动参与管理复杂的医疗程序，那么我们就会知道，只要病人参与并被赋予权利，就会发生难以估量的效果。

5.1.1 医疗救治权

病人在患病就医过程中应当享有医疗救治权。病人权利源于18世纪90年代法国大革命时期的"病人权利运动"。1946年，美国赋予各州监督医疗质量和保障病人权利的责任。1970年，美国医院审定联合委员会发表《病人权利声明》，1973年联邦政府通过了《病人权利法案》。该法案包括12项病人权利和4项医学伦理法则。1981年，世界医学联盟里斯本大会通过了《病人权利宣言》，提出病人拥有获得良好医疗照护、自由选择治病方式、自我决定治疗、获得病情信息、疾病治疗过程保密、获得健康教育、保持个人尊严、获得宗教协助等8项权利。本文认为，鉴于病人权利保护现状，当前应着重强调以下五种权利。

5.1.1.1 平等医疗权

卫生资源是公共资源，应由全民平等共享。病人平等地享有使用医疗资源的权利，不因性别、年龄、收入等有所差异，任何人不得享有医疗特权。所有病人地位

---

[1] Anthony Giddens. The Consequences of Modernity. —1ᵗʰ ed. Stanford University Pressl, 1991：75.

[2] Joshua Cooper Ramo. The Age of the Unthinkable, —1ᵗʰ ed. Back Bay Books, 1997：8.

平等，应当按先来后到获得医疗服务，急危重症患者优先使用医疗资源。事实上，由于人们在地位、财富、社会关系等方面的显著差异，医疗特权十分普遍，而这种特权往往侵占了其他公民应该享有的资源或机会，带来医疗资源分配上的严重不公平。例如，由于中国城乡二元结构的存在，大量优质医疗资源集中在城市，且城乡居民实行不同的医疗保障制度，导致城乡之间医疗资源配置和享有的严重差异。再如，据《中国周刊》报道，我国"几乎每家三甲医院都设有干部病房，有一整套特殊的机构、制度在运作"。这些病房的规格高于普通病房的规格，且内部再分三六九等，不同级别官员住不同病房，享用不同医疗费用标准和不同医疗保障条件。一方面老百姓看病难、看病贵尚未有效解决，另一方面特权阶层无偿或低成本地享用高端医疗服务，造成医疗不公平。

由于有些医疗资源的稀缺性，保障平等医疗权需要考虑多种因素，制定合理规则。如我国每年器官移植需求量约150万人次，开展器官移植手术超过1万例。由于传统观念影响、脑死亡法缺如、管理不规范等多种原因，器官捐献甚少，2003年至2011年全国活体器官捐献仅为163例。死因成为器官主要供体，巨大供求缺口催生了器官黑市。器官移植涉及人权、法律、伦理、信仰等一系列问题。在加快脑死亡立法、解决器官来源的同时，还须规范管理，公平分配。器官分配是按关系、权势、财富，抑或排队顺序、病情轻重或成活率高低？这是各国普遍面临的一个医学伦理问题。美国在立法之前也经历过一个无序状态。1984年，美国通过了国家器官移植法（NOTA），并根据该法成立了国家器官获取和移植网络（OPTN）和器官移植受者科学登记系统（SRTR）。SRTR和OPTN相互合作，推动了美国器官移植的有序发展。国家器官移植系统以科学标准管理器官分配政策，不容许有种族、性别及经济收入方面的歧视和政治权利方面的徇私。每例尸体供者器官的数据资料都要上传到国家计算机中心，通过与全国受者匹配后决定器官分配的优先权。每个器官都有科学评估方法，随时删除不适合移植的受者。根据受者的疾病急重程度、血型、组织配型（肾和/或胰腺），供、受者所在地区和年龄，建立一套评分系统，器官分配给评分最高的受者。移植外科医生根据受者当时的状况以及供者情况，决定是否接受这个器官并进行移植手术。这就从法律程序上保障了器官移植者平等的医疗权。目前，我国已开始进行这方面的试点。

5.1.1.2 知情同意权

传统的医学一般是家长主义，诊断治疗是医生的事情，无须告诉病人，也不必征得当事人同意。20 世纪以前，医学伦理认为，"只是绝对必要时"，才把病情告诉病人。《希波克拉底誓言》提出"不要把病人未来和现在的情况告诉他们"。

真正的知情同意概念源于二战后的纽伦堡审判。纳粹集中营令人发指的人体试验，催生了人类在医学实验中的知情同意意识。《纽伦堡法典》规定："人类受试者的自愿同意是绝对必要的"，"应该使他能够行使自由选择的权利，而没有任何暴力、欺诈、欺骗、强迫、哄骗以及其他隐蔽形式的强制或强迫因素的干预；应该使他对所涉及的问题有充分的知识和理解，以便能够做出明智的决定"。

纽伦堡审判后，知情同意逐渐成为生物医学研究中的伦理学问题之一，也逐渐应用于医患关系和临床领域。1957 年美国的 Salgo v. Leland stanford 案件，第一次从法律上将知情同意引入医疗领域。该案中，医院和医生在没有向病人做任何说明的情况下，实施了胸部大动脉造影，致使病人下肢瘫痪，法院判定，医生有义务把诊断治疗的可选择办法的利弊告诉病人，并从病人那里获得对医生选择的治疗方案的同意。以此为开端，各国开始重视对病人知情同意的保护，相继将其写入法律，成为病人权利。美国 1990 年出台《患者自决法》，是当今世界患者知情同意保护的典范。

知情同意权包括知情权和同意权两种权利。知情权是指患者有了解与自身疾病诊治相关信息的权利。相应地，病人知情的权利即为医生告知的义务。知情权利和告知义务的标准、程度和范围应如何界定？从医患关系的双向性和医疗服务的特殊性出发，可以有三个标准，即专业标准、客观标准和主观标准。专业标准指应该提供一个合乎理性的医生在相同或类似的条件下会揭示的信息，客观标准指应该提供一个合乎理性的人为了做出决定所需要的信息，而主观标准则是指应该提供对特定的病人做出决定所需要的信息。当前临床医务人员把握和使用的多为专业标准，医务人员认为医疗服务专业性、技术性很强，病人缺乏相应专业知识，没有必要知道或者理解自身病情，如果知道太多，反而会产生对自身和治疗的不利选择或不良后果，只要医生主观上为患者最佳利益着想，符合医学行业标准，客观上已尽"最善的注意义务"，就不需要什么都告诉患者。1847 年美国医学会就规定，医生有神圣责任避免做使病人沮丧以及挫伤他们精神的一切事。但时过境迁，现在病人对自身病情了解或理解的欲望已上升为一种权利诉求。据调查，98.5%的普通人和89%的癌症患者希望知道自己的疾病真相，只有1%的普通人和6%的癌症患者宁可不知道。由此看出，绝大多数人希望得到自己的真实而又全面的病情和治疗信息。现代社会中，患者个人素质不断提高，获知信息渠道不断增多，即使医生不告诉患者，患者也完全有能力查询到自身疾病的相关信息，来自医生的全面和权威的信息告知反而更有利于患者正确认识和对待自己的疾病。因此，医生仅仅依靠自身专业判断来确定告知内容是不够的，也是不合理的。医生应站在患者角度，以一个理性人的信息需求来确定医方应当告知的信息范围，相信绝大多数患者能够理性、正确地对待自己的疾病。尽管以患者为基础的告知标准更为合理，但其标准内容具有很强的抽象性和不确定性，实践中难以把握，不过，其大致包括以下内容：（1）医疗机构的名称、等级以及如何就诊；（2）诊疗医护人员的姓名、职称等信息；（3）疾病的名称、病情、治疗方案、多种治疗方案的优劣比较、特殊检查、手术风险大小、术后并发症、预后、是否需要转诊以及何时复诊等相关情况；（4）药剂使用方面的说明；（5）医疗收费明细表及单据等。当然，对于特殊疾病或特殊人群，一旦真实、全面告知病情，病人会产生精神颓废、消极治疗甚至拒绝治疗以致自杀倾向时，医生应当使用第三种标准，这一标准的适用要建立在医生广泛了解和准确判断的基础上，这对医生和医疗服务提出了更高的要求，但对于患者及其家属或者法定代理人这一群体而言，必须得到医生全面、真实的告知。总之，知情是患者的权利，告知是医生的义务，权利可以放弃，义务必须履行，医生必须进行绝对的、全面的告知，这一点毋庸置疑。

同意权指患者在充分了解自己病情信息的基础上，基于自由意志决定是否接受检查治疗。同意权与公民身体权密切相关，公民具有保持其身体组织完整并支配其肢体、器官和其他身体组织的权利，未经公民同意，对公民身体的任何处置，包括治疗行为在内，不论目的是好是坏、程度是轻是重、结果是优是劣，都形成了对公民身体权的侵犯，都不可接受。美国大法官卡多佐曾说："任何一个心智健全的成人都有权决定其身体如何被处置。外科医生未经病人同意而实施手术构成侵权并承担侵权责任。"2001年，发生在首钢医院的"两根肋骨案"就是侵犯公民同意权的典型案例。该案中，医生手术中确诊疾病，在未履行知情同意手续的情况下，自行决定扩大手术范围，多切除两根肋骨，被法院判决侵权。当然，患者行使同意权必须基于其本人具有同意的能力，能够理解检查、治疗或研究的程序，能够权衡利弊得失，能够对面临的选择做出评价，能够理解所采取的行动的后果，能够根据这种知识和运用这些能力做出决定。对无行为能力或不具有完全行为能力的病人，由其法定代理人代为行使。患者或其法定代理人基于其自由意志和同意能力，所做出任何的身体处置决定，都应得到法律保护，别人无权干涉，不论这一决定对其本人会带来何种后果。但是，如果患者的同意能力受到损伤，失去理智，则其同意权必须让渡于代理人。2007 年"李丽云家属拒绝手术致病人死亡案"，体现了对患者同意权的尊重。该案中，孕妇感染重症肺炎，已经昏迷，孕妇和胎儿有生命危险，必须马上剖宫产。而其代理人不同意实施手术，医院未能实施手术，致使孕妇死亡。法院判决医院行为合法。而 2010 年发生于广州的"医院强制剖宫产案"则是对患者同意能力的否决。该案中，孕妇和胎儿都有生命危险，亟须手术，但产妇不同意。医院认为患者因重症危险情况下，对病情失去正确认识和科学判断，已不具有同意能力，在此情况下，医院在征得产妇家人签字同意，并由医院负责人签字同意后，强行实施剖宫产，挽救了产妇性命。卫生部对此事件回应医院行为合法。公民同意权的行使也有例外情形。一是基于公共利益的考虑对病人实施强制隔离治疗，如对烈性传染病人或疑似病人。二是出于防止患者自杀采取的强制性医疗措施，如精神病病人的镇定治疗。三是源于患者紧急病情的需要，患者无能力做出决定，同时又联系不到其法定代理人的情况下，可以实施强制治疗。

5.1.1.3 安全治疗权

即患者有权要求医疗机构提供的医疗服务符合保障人身、财产安全要求。其主要内容为医疗机构有义务维护其建筑物处于安全状态，其诊疗环境整洁、卫生、安宁，医疗机构应采取措施防止医院感染；医疗机构应提供品质有保证且能够正常使用或运转的药物和医疗器械；医生应及时观察、诊断、治疗及抢救或转诊等。

5.1.1.4 隐私和保密权

患者在诊疗过程中，有要求医方为其保守个人秘密和个人隐私的权利。非经患者同意，医务人员不得将患者隐私泄露或提供给非直接参与的第三方。其内容包括：

病人私生活事项、身体上的特殊性、精神上的异常现象、对本人不利的性格特征和职业、财产等方面的信息。在实际工作中，主要包括下列要求：除法律法规规定外，非经患者同意，不得将患者信息、病历资料透露给与患者治疗相关方以外的其他人，在临场医学报告、研究、新闻报道和文学作品报道中不得使用真实姓名或真实病历，临床医学摄影应充分征得患者同意，不得随意拍摄可暴露患者身份或特征的影像，更不能将之作为艺术摄影作品公之于外；临床手术直播或其他影像播放必须征得患者及其家属同意并得到授权书，并应坚持避免暴露患者身份及特征的原则。① 隐私和保密权无论从法律上还是伦理上，都不是绝对的不可剥夺的权利，当这种权利与病人自己其他权利、他人的权利或者社会公共利益发生冲突时，就必须权衡利弊得失。对病人本人而言，如果为病人保守秘密会使其面临生命健康危险时，医务人员应当解密，如病人有自杀倾向时，医生应该及时告知其家属。对他人权利而言，如果为病人保护隐私会使他人面临生命健康危险时，医务人员应当解密，如患者患有艾滋病等性病时，医生应当通知其性伴；再如精神病患者有杀人倾向，医生就有义务解密。对社会公共利益而言，当为病人保守秘密会给社会带来危害时，医务人员应当解密，如病人是法定职业禁忌证，医生就应当通知其单位。值得注意的是，隐私和保密权的解密都是定向的、有限制的，只能针对特定单位、特定人群，无序扩大解密范围也同样造成对患者隐私权的侵犯，应当负侵权责任。

5.1.1.5 获得赔偿权

医疗活动中因医疗机构或医务人员的过错给患者造成健康上的损害，患者应当因此而享有损害赔偿权。当患者与医疗机构之间建立医疗契约或无因管理等私法关系时，患者对所受损害有权获得赔偿，自无疑义；但当公立医疗机构基于法律法规规定对病人实施强制疫苗接种或者强制隔离治疗等医疗行为致病人人身、财产受损时，病人也应当有权依法以国家赔偿法的规定请求国家赔偿②。

我国至今尚未制定形式意义上的病人权利法，对病人的权利缺乏系统、全面的规定。但从实质意义上关于病人权利保护的规定，除《宪法》第 21 条以间接形式概

---

① 王萍. 论患者的权利义务 [J]. 医学与社会，2005（3）：49.
② 饶向东. 病人权利之研究 [J]. 湖北成人教育学院学报，2005（1）：40.

括规定了病人享有获得医疗权，《中华人民共和国民法典》第 1002 条、1003 条、1004 条明确规定了公民的生命权、身体权、健康权受法律保护，任何组织和个人不得侵害。《基本医疗卫生与健康促进法》第 4 条规定，国家和社会尊重、保护公民健康权。第 5 条规定，公民依法享有从国家和社会获得基本医疗卫生服务的权利。第 9 章规定了侵犯公民生命权、健康权应承担的民事、刑事责任。如《执业医师法》第 22 条、24 条、26 条从医务人员工作规范的角度反向确认和保障病人在治疗过程中享有被尊重的权利、隐私保护的权利、危急病人得到急救的权利、知情权和对试验性临床医疗行为同意的权利等；《医疗机构管理条例》第 33 条确认了病人或其家属对手术、特殊检查或特殊治疗的同意权。《医疗事故处理条例》第 46 条、第 50 条则确认了医疗事故中病人获得损害赔偿的权利①。《侵权责任法》第七章确认了公民获得赔偿权、知情同意权、隐私权，并以反向确认的方式规定了适当检查权、适当治疗权、病例查阅权等权利。即便有这些权利条款，也存在着法律争议和救济渠道不畅等问题。在医疗实践中，医患双方对病人权利认知程度不高，认识不统一，病人权利并未真正得到尊重。当前，《执业医师法》和《护士条例》对医师、护士权利做了明确规定，出于权利保护平等原则，制订病人权利保护法势在必行。近年医患纠纷不断增多、恶化，争议内容和解决方法更加复杂，日益成为社会热点、焦点，这反映出了病人整体权利意识的觉醒，表达了病人对自身权利的强烈诉求，说明医患关系正在从传统的医师主导型向病人参与型转变，依法保障病人权利已成为当下方兴未艾的病人权利运动的基本要求和必然发展趋势。

5.1.2 医疗保障权

5.1.2.1 医疗保障权的发展

在人类早期历史中，政府对公民的疾病不负任何责任。在封建社会中，由国家设立的为数不多的医疗机构仅为少数统治者服务，医疗保障是少数统治者的特权。资本主义社会初期，金钱决定一切，医疗保障成为有钱人的权利。真正的医疗保障制度始建于 19 世纪晚期到二战前，其主要目的并非伸张和维护权利，而是为缓解工业革命带来的阶级矛盾和社会冲突。1883 年德国的《企业工人疾病法》标志以社会

---

① 谢晓. 关于构建中国病人权利保护体系之思考［J］. 西北大学学报，2010（3）：144.

保险机制实现医疗保障的新制度的诞生，到 1920 年，大多数欧洲国家制定了医疗保障制度。二战后，随着民族独立运动和权利运动的兴起，医疗保障得到发展。从理念上，开始将医疗保障作为一种基本权利来争取，亨利·舒尔认为，健康保健是人们"享有其他权利所必不可少的"一项基本权利。从范围上，实现了从产业工人向全民的扩展。阿马蒂亚·森指出，"一个因身患疾病而受苦，但又没有支付手段来得到治疗的成年人，不仅是可以防治的疾病和可能避免的死亡的受害者，而且也被剥夺了为自己或者为别人做各种事情的自由，而作为一个负责任的人，他本来可能是希望做这些事的"①。20 世纪 80 年代至今，世界范围的医疗保障制度正在进行新一轮革新，制度越来越完善，特别是瑞典、英国等资本主义福利国家的出现，使医疗保障得到前所未有的发展。由此可以看出，医疗保障权的内涵和外延处于不断变化中，但概括而言，医疗保障权可以认为是公民在就医过程中具有获得一定程度的经济支持和经费保障的权利。

5.1.2.2 医疗保障权的基本范畴

医疗作为维护、恢复和促进公民的重要手段，国家负有对公民医疗保障的义务。但是权利总有范畴，义务总有界限。在医疗过程中，公民到底享有多大的保障权利，国家负有多大的保障义务，一直是医疗保障权的核心所在。《世界人权宣言》第 25 条指出"人人有权享受维持他本人和家属的健康和福利所需的生活水准，包括食物、衣着、住房、医疗和必要的社会服务"，提出了一定水准的医疗保障权。这里所说的"一定水准"，虽不是一个量化指标，但却是一个限度指标。这意味着，公民医疗保障权必须满足维持人之作为人的尊严、体面所必需的维护和实现公民健康的基本服务需求和支付能力，能够体现健康权利的基本性和人格尊严的平等性，不应使人因为经济的原因，而产生人格的高低和权利的差异。

5.1.2.3 医疗保障权的权利属性

卫生服务是一种商品还是一种公共品？如果卫生服务是一种商品，就应由自由市场调节，健康立法的重点在于市场管制和消费者保护。如果卫生服务是一种公共品，健康立法的重点在于如何制定分配规则。实践表明，不能笼统地将卫生服务完

---

① Amartya Sen. Developmentas Freedom. −1th ed. Anchor, 2000: 285。

全作为一种任由市场调节的商品。公共卫生服务属于公共产品。为防止和控制重大传染病、慢性非传染性疾病，国家采取计划免疫、健康教育、健康干预等方式，免费向公民提供公共卫生服务。如果按照市场方式运作，按支付能力提供服务，或完全尊重个人自由，就有可能危害他人或公共利益。传染病、地方病、职业病、寄生虫病防治以及母婴保健、慢病干预等都属于公共卫生服务范畴。基本医疗卫生服务具有准公共产品的属性，国家通过建立医疗卫生服务体系和医疗保障制度，使所有公民都能享受到基本卫生服务，不因经济支付能力的限制而影响公民健康。当然，基于个人偏好的特需医疗服务，如医疗美容等，显然不具有公共产品属性。同时，医疗服务存在市场失灵、医患双方信息不对称、价格缺失弹性等问题，如果完全采用自由市场政策，必然刺激医疗服务的趋利行为，使医药费用持续增长而难以控制，同时也使市场竞争造成的贫富悬殊趋于尖锐化。总的来看，体现社会公平的基本医疗服务应该得到国家和社会的保障。

5.1.2.4 医疗保障发展现状

目前世界各国公民医疗保障可以分为三个层次：第一，公民公平地享受到最基本的医疗服务；第二，公民享受医疗服务的费用由国家承担一定的比例；第三，公民享受由国家提供的完全免费且公平的医疗。当然，现今几乎所有国家都达不到第三层次。目前，世界上医疗保障制度的发展趋势是：在观念上，医疗服务不应是特权，而是普遍的人权，国家和社会应承担责任；在政策上，更加强调政府保障基本医疗服务的责任；在管理方式上，更加强调医疗机构的经营能力和经济核算；在组织上，更加强调医疗服务的系统性、网络化；在保障方式上，更加强调社会保险[1]。新中国成立以来，我国医疗保障发展经历了广覆盖到解体再到重建三个阶段。目前我国医疗保障制度主体包括城镇职工基本医疗保险、城镇居民基本医疗保险和新型农村合作医疗三种形式，分别覆盖城镇就业人员、城镇未就业居民和农村居民，是基本医疗保障体系的主体层；对困难群众的城乡医疗救助和社会慈善捐助等制度构成保底层；对于群众更高的、多样化的医疗需求，通过补充医疗保险和商业健康保险来满足。截至2009年底，我国城镇职工医保参保人数为2.2亿人，住院费用支付

---

[1] 杨志良.21世纪世界医疗服务系统发展趋势［J］.中国医院管理，2001（1）：19。

比例为 67%；城镇居民医保参保人数 1.8 亿人，住院费用支付比例约 55%；新农合参合人数 8.33 亿人，住院费用报销比例约 55%。但仍然存在一些比较突出的问题：总体保障水平不高，人群待遇差距较大，仍有 1 亿多人没有纳入医保体系，部分重病患者个人负担仍然较重，常见病、多发病的门诊医疗费用保障水平较低，城镇居民医保和新农合待遇明显低于城镇职工医保，中西部地区与东部沿海地区待遇水平落差较大。

5.1.3 医疗救济权

5.1.3.1 医疗救济权基本概念

医疗救济权基本概念是指因重大伤病而本人及其家庭、工作单位无能力支付医疗费用的人群所享有的获得经济帮助的权利，是基于自身匮乏而要求国家和社会予以支持和帮助的权利，对此，政府承担主要责任，医疗救济资金应主要来自国家和地方财政预算，权利主体或者救济对象是社会弱势人群，在多数情况下应是生活在一定收入水平以下的穷人、老人、伤残人员中的患病人员。其保障水平是最基本的，仅满足公民最基本的医疗服务需求。

5.1.3.2 医疗救济权发展现状

随着我国经济的发展，公民医疗救济被纳入国家保障视野，国家建立了大病医疗救助制度，对救助对象患 29 种重大疾病医疗保险报销后的自付部分，再给予最多 15 万元的医疗救助。但是我国医疗救济保障尚处于起步阶段，没有上升到法律保障。目前国外大多数国家都对医疗救济和医疗救助予以立法保障。英国政府于 1885 年颁布《医疗救助法》，1935 年美国政府颁布了《社会保障法》，1962 年德国颁布了《联邦社会救助法》，日本于 1992 年颁布了《救助法》。而我国公民医疗救济权和医疗救助制度尚无法律依据。

5.2 公共健康权

人类对于公共健康的认识始于流行病，流行病一直伴随人类社会发展，曾造成多次世界性大灾难，留下悲惨教训。这些灾难暴露了个体和家庭的脆弱，也暴露了医学的有限性。在这些灾难的控制和解决中，政府采取广泛而严格的社会强制措施，如屠杀、隔离、检疫等，收到良好的效果。这使人们意识到流行病的控制需要政府的强力干预。然而，这只是将流行病基于一种天灾而采取的被动的社会应对措施。真正将公共健康权纳入认知视野，始于工业革命初期出现的公共健康危机。英国公共卫生专家艾德温·查德威克进行了全国性调查，发现疾病不是天灾，而是人祸，贫穷、劳动强度问题和环境卫生都是导致疾病上升、健康下降的重要因素。1842年，艾德温·查德威克出版了《大不列颠劳动人口卫生状况》，提出用改善劳动状况和环境状况、解决贫穷问题等主动的方法解决公众健康问题，开启了公共卫生先河，也推动了英国同时也是世界上第一个《公共卫生法案》的出台，首次确立了国家的公共健康责任，从国家责任的角度确立了公民的公共健康权利。随着对公共健康认识和研究的深入，人们发现食品、生活饮用水、流行病、职业卫生、环境卫生等都可以对公众健康产生巨大影响，公共健康范畴不断扩大，逐步形成独立完善的学科体系。

公共健康是"作为社区成员的我们的集体行为，以保证人们能够拥有获得健康的条件"[①]。公共健康与医疗卫生相比，虽然目标一致，即保护公民的生命健康，但存有明显差异。一是理论基础的差异，强调的是人群、群体或者整体的健康，而非个体健康，依据的是流行病学、统计学、经济学、政策学、社会学等社会科学和宏观意义的科学。二是主要方法的差异，主要依靠预防，而非治疗，主张"我们共同挽救的生命可能包括你自己"，而不是"你所挽救的是自己的生命"。三是目标对象的差异，注重的是人口，而非个体，其挽救的是统计学生命，减少的是人口中的疾病率。四是涵盖范围的差异，公共健康涵盖的范围比医疗更丰富，也更具动态性，包括所有与公众健康相关的问题，"新疾病的爆发，以及人口增长模式、卫生保健制度、经济发展方式和生活方式的变化等都可能危及公共健康，并要求公共健康做出回应"。五是主要关系的差异，主要是政府与个人或群体的关系，而非医生与患者的关系。

公共健康权包括三层含义。一是从主体来讲，公共健康权的主体是指社会公众，

---

① Institute of Medicine, The Future of Public Health, Washington, D. C: National Academy Press, 1988: 19

不特定的社会多数，而非个人。在这个意义上，公共健康权虽然不是个人健康权的集合，但公共健康权的受损必然伤及个人健康权的行使。二是从关注领域来讲，公共健康的主要内容是公共卫生，即由公共因素或者社会因素引起的卫生问题或侵害的健康权益，而非自然因素或个体因素引起的医疗卫生问题。三是公共健康权的保护责任主体是国家，维护社会整体的公共健康利益，这是政府在公共健康实践中的首要义务①。根据公民健康权的社会决定因素，公共健康权应至少包括食品安全权、免受疫病危害权、职业健康保护权、环境健康权、心理健康权。

5.2.1 食品安全权

5.2.1.1 食品安全权基本概念

目前理论界很多学者将食品安全权等同于食物权，或者将食品安全权作为食物权的一个重要内容。这种观点主要源于国际条约及其解释。《经济、社会、文化权利国际公约》规定，缔约国承认"人人有权为他自己和家庭获得相当的生活水准，包括足够的食物、衣着和住房，并能不断改进生活条件"。但在1999年联合国经济、社会、文化权利委员会12号一般性意见对这一条款进行解释时，却出现了明显冲突。该意见第六条规定："当每个男子、女子、儿童，单独或同他人一道在任何时候都具备取得足够食物的实际和经济条件或获取食物的手段时，取得足够食物的权利就实现了。所以，取得足够食物的权利不应做狭义或限制性解释，不应等同于起码的热量、蛋白质和其他某些营养物"。这存在明显冲突。笔者认为，食品安全权既不同于食物权，也不从属于食物权。虽然食物供应不足会带来健康问题，但食物权讲的是社会供应问题，而食品安全权关注的却是公共健康问题，两者出发点、侧重点不同。食品安全权是指公民所享有的其所直接食用的食品和各种原料性食品、辅助性产品的生产、储存、营养、质量、卫生等各方面能够满足其自身生命健康安全和正常需求的权利②。对消费者而言，食品安全权主要涉及两个利益方，一是食品提供方，即食品生产、经营、服务的提供者，应当按照食品安全法律法规和质量管理体

---

① 朱海林．公共健康伦理：关于公共健康问题的伦理解读［J］．河北师范大学学报（哲学社会科学版），2012（1）：36．

② 韩燕玉．论食品安全权是我国公民的基本权利［J］．广西政法干部管理学院学报，2009（3）：8．

系要求提供质量可靠、安全有保障的食品或者食品服务；另一方是食品安全保护方，即政府，作为政府不可推卸的责任，政府必须建立一套运转有效的监管体系来保障食品安全。

5.2.1.2 国际食品安全权保障现状

目前，世界各国食品安全体系各不相同，各有特点。美国食品被认为是世界上最安全的食品之一，民众对食品的放心度普遍较高，这归功于美国食品安全管理部门建立的互为补充、相互依存、复杂有效的食品安全监管体系，实现了从农田到餐桌整个流程的科学监控。美国涉及食品安全监管的机构有 20 多个，主要为美国食品和药品监督管理局、美国食品安全检疫局、动植物卫生检疫局以及联邦环境保护署。欧盟的食品安全监管工作主要由欧洲食品安全局、欧盟食品与兽医办公室负责。欧洲食品安全局负责对欧盟内部所有与食品安全相关的事务进行统一管理，负责与消费者直接对话，建立成员国食品安全与科研相关的合作网络机构，向欧盟提出意见等。欧盟食品与兽医办公室则是欧盟委员会指定负责监督各成员国执行欧盟相关立法情况及第三国进口到欧盟的食品安全情况。日本食品安全由食品安全委员会统一负责监管和风险评估工作。可以看出，美国和欧盟都是以产品品质划分监管范围，而日本则和我国类似，是以食品形成环节划分监管范围①。

5.2.1.3 我国食品安全权保障现状

1989 年我国即出台了《食品卫生法》，2005 年进行了修订，2009 年又颁布实施了《食品安全法》，法律的修订促进了食品安全质量管理体系的完善。但是，我国食品安全状况却在不断恶化，恶性、群体性食品安全事件层出不穷，民众对食品安全的放心度持续下降。一方面，食品生产经营和服务者参差不齐，遍布城乡，特别是中小规模食品生产经营者法治观念淡漠，诚信自律意识偏低，社会责任感缺失，为谋取暴利违法违规生产和提供食品及食品服务。另一方面，当前法律约束力、执行力和处罚力偏低，不足以对食品违法行为产生强有力的震慑。同时，食品安全监管涉及部门繁多，食品安全职能调整频繁，致使食品安全监管一直处于调整适应期，监管存在部门职能交叉、监管空白。执法不严、违法不究现象比较严重，以罚代刑、

① 张月义，韩志俊等. 发达国家食品安全监管体系概述 [J]. 安徽农业科学, 2007 (4)：36.

以罚代管问题比较普遍，未能在全社会形成高压态势。这两方面对公民食品安全权的实际享有产生重大损害。

5.2.2 免受疫病侵害权

5.2.2.1 传染病的巨大危害

传染病曾是危害人类健康的头号大敌，被人们称作"改变历史的疾病"。美国芝加哥大学教授麦克尼尔认为，传染病是"人类历史上一项基本的参数以及决定因子"。美国兰德公司于2003年4月出版的《全球面临新型及再度出现的传染病的威胁：美国国家安全及公共卫生政策如何去顺应》指出：传染病不仅严重威胁人类健康，而且疾病的蔓延会削弱公民对政府反应能力的信心，影响经济增长，破坏国家的社会秩序，诱发地区性的不稳定并构成生物恐怖及生物战的战略性威胁。[①] 历史上发生的大规模传染病可以印证上述论述绝非夸张。1347—1352年，黑死病（鼠疫）席卷欧洲，导致2500万人丧生，相当于当时欧洲人口的1/4，给欧洲经济造成毁灭性打击。16—18世纪，欧洲每年有50万人死于天花，亚洲达80万人。也是这一时期，西班牙将天花病毒带入南美印加帝国，致使其90%以上人口死亡，彻底摧毁了古印加帝国。疟疾是一种古老疾病，已流行数千年，波及世界103个国家2.5亿人，每年有100万—300万人死于疟疾。1918—1919年欧洲暴发的"西班牙流感"造成全世界约有4000万人死于非命，比第一次世界大战死亡人数多2倍。20世纪以来，随着国际交流增加，一些新出现的传染病以前所未有的速度传播，给经济社会造成巨大冲击，其中尤以艾滋病最为突出。自1981年艾滋病被发现以来，遍及五大洲，发病数迅速上升，据统计，艾滋病已使2000万人丧生，目前仍有3400万—4600万艾滋病病人和病毒感染者。2003年发生的SARS，在30个国家蔓延，共发生8000多例病例，死亡900多例，病死率为11.3%。SARS使人们重新加深了对传染病的认识。如前WHO总干事中岛宏所说，"我们正处于一场传染性疾病全球危机的边缘，没有哪一个国家可以免受其害，也没有哪一个国家可以对此高枕无忧"。根据WHO统计，全世界有一半人正在受到新老传染病威胁，尤其是经济较为落后的地区，传染病的威胁更为严重。我国作为世界上人口最多的国家，传染病形势尤为严峻，截

---

① 张强.SARS对我国政府危机管理的警示［J］，国际技术经济研究，2003（3）：20.

至 2019 年，全国报告艾滋病存活感染者 85 万，死亡 56.2 万例；2019 年 1—11 月，肺结核的发病人数为 96.31 万人，死亡 2008 人；乙肝病毒携带者在 7000 万人左右。加强传染病防护、保障健康人群免受疫病侵害是维护公共健康的重要内容，也是国家保护社会公众利益的责任和义务。

5.2.2.2 免受疫病侵害权的权利要求

是指公民具有获得预防、治疗传染病和获知传染病疫情以及在传染病暴发流行时能够获得救济和治疗的权利。许多国家制定了传染病防治和国境卫生检疫方面的法律，防止传染病传播。由于传染病预防、暴发、流行控制是个人无法做到的，只能被动接受，因此政府在传染病防治方面承担着特殊责任，主要包括：建立疾病预防控制体系和制度，进行疾病预防和控制知识的宣传教育，实行计划免疫，改善供水和饮食卫生，建立传染病救治体系，建立传染病暴发流行预警机制，定期公布传染病流行信息，开展国际合作；传染病流行暴发时，采取必要的行为控制措施。这些措施中，关键是政府贯彻预防为主的方针，保证预防疾病的投入。新中国成立以后，大力开展爱国卫生运动，落实预防为主的卫生工作方针，采取了一系列综合性措施，传染病防治工作取得了举世瞩目的成绩，一些急性、烈性传染病如鼠疫、天花、霍乱等得到了控制甚至消灭，传染病发病率得到有效控制。改革开放以来，我国加大了对传染病防控的法治化管理，相继制定了《卫生检疫条例》《传染病管理办法》《急性传染病管理条例》《传染病防治法》《突发公共卫生事件应急条例》等，2004 年又修订了《传染病防治法》，传染病防治已经基本纳入了法治化管理轨道，能够做到及时发现、及时防控、及时救治。

5.2.2.3 免受疫病侵害权中的突出法律问题

政府作为传染病防控的责任主体，对公众同时负有两种义务：保护与促进公共健康、保护与促进个人权利。然而当公共健康与个人权利遭遇冲突，而且这种冲突是广泛存在的，政府应如何取舍，孰先孰后、孰轻孰重，一直是世界范围内关注的焦点和难解的课题。

一是预防免疫问题。预防免疫是预防传染病、实现公共健康的主要方法，只有足够个体接受接种时，才会预防传染病流行，但是即使最安全的免疫也存在风险，这等于"预防措施给社群带来大量利益，却没给每位参与的个人什么利益"，接种的人承担了免疫风险，而未接种的人也能受到保护，但他们却未承担任何风险，这被杰佛里·罗斯称为"预防悖论"①。为此，许多人反对预防接种，英国在18世纪甚至成立反牛痘协会。最早引入诉讼的是美国"汉宁·杰克博森拒绝接受免疫接种案"。1902年，美国马萨诸塞州剑桥郡健康委员会根据该州法律规定，要求所有在5年内没有接受接种免疫的公民接种疫苗，否则将被处以罚款。汉宁·杰克博森拒绝接受接种也不付罚金，他在州高院和美国高等法院申诉该法律是强迫性的。法院最终判决其败诉。法官约翰·马莎尔·哈兰认为："美国宪法在其权限之内所保护的每个人的自由并不意味着每个人在任何时候和任何情况下都有绝对的权利完全免受限制。每个人都必然要服从共同的善，这一点存在着对个人的多重限制"，强制免疫是"全体人民与每位公民及每位公民与全体人民所订立的社会契约的基本要求"②。当然这仅表明公民具有参加强制免疫义务，并不意味着政府可以对接种不良反应置之不理，相反，美国在全世界最早建立疫苗接种不良反应国家补偿办法，随后多数国家都建立了补偿制度。

二是强制隔离问题。强制隔离是将处于传染期的病人、可疑传染病人和病原携带者同其他人分开，或将感染者置于不能传染给他人的医疗监护环境下。其目的是控制传染源，防止病原体扩散，防止对他人产生侵害。隔离措施在公共健康史上曾被广泛使用，特别是在公共健康紧急情况下。实施隔离是有条件、有标准的，根据世界各国法律规定和流行病控制要求，隔离标准主要采取以流行病本身为实施隔离标准和以流行病患者行为为实施隔离标准两种。我国《传染病防治法》规定，对甲类传染病病人、病原携带者、确诊前疑似病人实施隔离，对乙类和丙类传染病病人应当根据病情需要实施控制措施，表明主要是以疾病本身为标准采取隔离。这种标准对甲类传染病和SARS等通过空气或日常任意传播的疾病是必要的，但是对于其他传播方式、传播途径明确的传染病，只要病人或者病毒携带者尽到注意义务就能避免，则无须隔离。然而在实际工作中，很多地方和机构以疾病严重和危害公共健康为名，过度实施了强制隔离，侵犯了公民个人权利。对于这类疾病的隔离应当基于

① George Rose, The Strategy of Preventive Medicine [M], Oxford: Oxford University Press, 1992: 12.
② Clgrove J and Bayer R, Manifold Restraints: Liberty, Public Health, and the Legacy of Jacobson v Massachusetts [J], American Journal for Public Health, 2005 (4): 95.

他们将来能做什么，是否对其他人构成侵害，而不是他们已经做了什么。

三是知情同意问题。公共健康与个人权利也存在冲突。以艾滋病检测为例，虽然 WHO 要求对任何人进行艾滋病病毒抗体血清学检测都应获得被检人同意，但很多国家没有遵守这一要求，例如，美国许多州要求对医务人员在职业暴露时、对囚犯和性犯罪罪犯或对新生儿进行检测时，无须获得当事人同意；我国目前对高危人群如输血者、性病就诊者、吸毒者、一年以上出境者等实施强制性筛查而不必征得当事人同意。虽然病毒检测干涉了当事人的自主权，但是，"如果这样做的实际收益大大超过受检者的可能损失，这种干涉是可以辩护的。当然，在可能的情况下，获得他们的知情同意将会更好"①。

5.2.3 职业健康保护权

5.2.3.1 职业健康保护权概念

职业健康保护权是指劳动者在职业过程中有获得安全健康的工作环境、获得职业防护措施和职业病患者得到经济救助和治疗的权利。在我国，一般认为职业健康保护属于《劳动法》的研究范畴。其依据是《劳动法》关于劳动者享有获得劳动卫生安全保护、接受职业技能培训、享受社会保险和福利的劳动权利规定。应该看到，职业健康保护权关注的重点不是劳动者劳动的权利，而是劳动者职业过程中健康的权利；其权利内容不仅包括职业条件和职业安全，还包括劳动者职业卫生和职业病人的健康权益等。劳动保护泛指所有职业的劳动条件和环境改善，而职业健康保护只能是针对限定行业、限定危害和限定疾病。只有纳入法律规定的疾病才能称为职业病，才能享受国家特殊的职业病保护政策和权利，这是世界各国通行做法。因此，从劳动者健康角度看，职业健康保护属于健康权范畴。

5.2.3.2 职业健康保护的历史源流

职业病是工业发展的副作用。这种疾病开始以群体形式发生。1700 年，意大利医生贝纳迪诺·拉马齐尼首次揭示了不同工作环境能够导致不同疾病。职业病真正进入人们视野，是 18 世纪末的工业革命时期。由于多数工人在劳动时间没有任何限制、劳动条件没有任何约束、身体暴露没有任何保护的情况下工作，短时期内一些

---

① 王延光. 艾滋病预防政策与伦理 ［M］. 北京：中国社会科学文献出版社，2006：180.

特有的疾病如尘肺、急性中毒、耳聋等发病率和发病人数不断攀升。起初这并未引起政府注意，普遍认为是工人工作马虎、不注意自我保护所致，但这仅能解释意外伤害等疾病，而对多数疾病难以解释。后经调查，此类疾病与恶劣的工作条件有关，工人开始不断抗争。1802 年英国颁布《学徒的健康与道德条例》，这是世界最早的职业卫生法。1833 年英国又在世界上第一个颁布了以限制工时、改善劳动条件和增加工人福利为主要内容的《工厂法》。随后，世界主要资本主义工业国家都相继出台了本国的工厂法。随着第二次、第三次工业革命相继兴起，企业规模化和集约化程度不断提高，原有的工厂法只注重工作中的保护，存在先天缺陷，不能有效防止职业病发生，20 世纪初至 70 年代成为职业病高发期。从 20 世纪 70 年代开始，各国开始调整职业健康保护思路，制定专门的职业安全和卫生立法，规定劳动者权利，明确雇佣方和政府必须承担的义务和责任。目前全世界有 70 多个国家、地区制定了职业卫生法律法规①。国际劳工组织或 WHO 等国际组织对劳动保护权也做了相关规定。

5.2.3.3 职业健康保护现状

职业病作为一项伴发于工业文明的特殊疾病，随着工业的不断发展呈现扩大和恶化趋势。WHO《关于人人享有职业卫生保健的宣言》指出：全世界每年有 1 亿工人在职业事故中受伤，20 万人死亡，6800 万—15700 万新的职业病归因于职业接触和工作负担。② 如此大规模的职业损害，单靠工人的力量难以避免，必须依靠政府有力干预才能得到遏制。WHO 指出，各国政府对职业健康和职业病救治负有责任。职业健康保护权的实现涉及三方的关系，即劳动者个人、雇主和国家。虽然雇主对劳动条件的不断改善是一个总的趋势，但是，从利益关系上看，雇主并不会主动地、必然地顾及劳动者的健康。因此，这就需要国家通过立法的形式规定雇主的劳动保护义务和劳动者的职业健康权利，主要包括：限制劳动者的年龄和不同工种的工作时间；规定劳动场所环境标准，针对不同职业采取特殊保护措施，对未成年人、女工实行特殊劳动保护措施；定期为劳动者查体和放假，制定职业病诊断治疗措施和经济救助措施；国家执法机构进行有效的劳动保护监督，对雇主的违法行为给予处

① 李朝林等. 国外职业卫生立法和我国面临的挑战 [J]. 中国劳动卫生与职业病杂志，2001（5）：327.
② 卫生部卫生监督司. 健康教育健康促进重要文献选编 [C]. 北京：人民卫生出版社，1999：56.

罚；规定劳动者健康损害后的司法救济权等。我国于 2002 年 5 月 1 日颁布实施《职业病防治法》，2011 年 12 月 31 日重新修订。根据《职业病防治法》，劳动者享有 9 项权利，分别是职业卫生教育培训权，知情权，职业卫生防护权，职业健康检查权，拒绝冒险作业权，批评、检举和控告权，参与决策权，特殊保障权，损害赔偿权。《职业病防治法》从立法层面对劳动者职业健康权做了比较全面的规定，从权利伸张上已经走在了国际前列。权利已经确定，保护和保障成为关键。但不可否认，目前我国职业病发病形势不容乐观。截至 2010 年，全国累计报告 749970 例。专家估计，实际患病人数远高于此，大量病人未发现或未报告。发病居高不下，一直呈上升趋势，2010 年与 2009 年相比增长约 50%。每年直接经济损失高达数千亿元，间接经济损失难以估计。职业危害具有群体性、致死致残率高、可防不可治等特点，一旦发病，往往对劳动者本人和家庭造成难以挽回的伤害和损失，易引发社会矛盾，成为社会不安定因素①。我国职业危害问题原因是多方面的，但主要归因于政府、企业和劳动者三个方面。一是政府角色淡化。地方政府和部门对职业危害的严重程度重视不够、职责不清、监管不力、执法不严，难以遏制违法势头。二是企业责任淡化。企业盲目追求经济利润，缺乏法律观念和社会责任意识，未按法律规定履行对劳动者进行教育培训、健康查体，未改善劳动条件、福利待遇，未提供劳保设施、进行工艺改造等。三是劳动者自我保护和依法维权意识淡化。劳动者对职业卫生法律、法规及相关知识知之甚少，不了解自身职业健康权利，缺乏识别和避免职业危害的常识和救生技能，也不愿或不敢维护自身合法权益。2009 年发生的"张海超开胸验肺事件"是一个典型案例。农民工张海超于 2004 年 8 月至 2007 年 10 月在郑州振东耐磨有限公司打工，接触大量粉尘。其间参加体检，但单位并未将复检要求通知本人；2007 年 8 月发现双肺有阴影，诊断为尘肺病，张海超开始申请职业病诊断，但当地职业病法定诊断机构却仅将其诊断为有尘肺表现。随后张海超"开胸验肺"，以证明自己确实患上了尘肺病。这一事件反映出，无论在用工企业职业健康保护、劳动者权益维护方面，还是在职业健康监管和职业技术服务方面，均存在有法不依、维权困难的漏洞。

---

① 徐少斗，彭广胜. 我国职业健康监管的现状与发展 [J]. 中国个体防护装备，2010（1）：77.

5.2.4 环境健康权

5.2.4.1 环境健康权概念

环境污染与健康有直接关系，环境污染对健康既有现实的危害，也有潜在的威胁。突发性污染事件可直接导致大批人群的健康危害。例如，20 世纪 30 年代到 80 年代间发生的"十大公害事件"，直接造成数万人患病。渐进性环境污染可导致慢性损害和致畸、致癌，例如，由于臭氧层的破坏可直接导致皮肤癌发病增多。所谓环境健康权，是指公民有生活在保持健康的环境中的权利。环境健康权是公民在环境方面维持健康最基本的要求，同其他健康权一样，国家对其实现承担重要责任。一般认为，"公民环境权，是指公民享有适宜健康和良好生活环境的权利"。综观各国有关公民环境权的立法，公民环境权除了包括前已述及的生命权、健康权、财产权外，还包括日照权、通风权、安宁权、清洁空气权、清洁水权和观赏权。从现代环境权的概念和内容上看，改善环境质量是保护公民健康不可缺少的重要措施。

5.2.4.2 环境健康权的权利要求

环境健康权的提出与环境污染日趋严重密切相关，一系列环境污染事件导致环境健康权理论的发展。1960 年，美国发生公民环境权争论，争论焦点是公民要求在良好环境中生活的权利的宪法依据。争论结果是认同了"环境公共财产说"和"公共委托说"的环境权理论。在此观点基础上，确立了公民享有在良好环境下生活的权利的原则[①]。公民环境权首先在美国和日本立法中得到确认。1969 年公布的美国《国家环境政策法》第 3 条规定："国会认为，每个人都应当享受健康的环境……"日本 1969 年制定的《东京都防止公害条例》序言中规定："所有市民，都有过健康、安全以及舒适生活的权利，这种权利不能因公害而受到侵害。"1970 年《东京宣言》提出："我们请求，每个人享有的健康和福利等不受侵害的环境权和当代人传给后代的遗产应是一种富有自然美的自然资源的权利。"[②]。1972 年《联合国人类环境宣言》第 26 条指出：人类有权在能够过尊严和福利生活的环境中，享有自由、平等和良好生活条件的基本权利。世界上大多数国家都制定了环境保护法，规定公民在环境保

---

① 曹艳春. 公民环境权的法律思考 [J]. 社会科学战线，2002 (4)：258.
② 金瑞林. 环境与资源保护法学 [M]. 北京：高等教育出版社，1999：70—71.

护中的权利。西班牙宪法第45条规定："国民有享受舒适环境的权利。"韩国宪法第35条规定："所有公民有在健康、舒适的环境中的权利,国家以及公民应当努力保护环境。"《葡萄牙共和国宪法》第66条规定："全体公民都有权享受不损害其健康的生活条件,同时也有义务保护环境的洁净。"《马里宪法》第15条规定："每个人都有拥有一个健康的环境的权利,国家和全国人民有保护、保卫环境及提高生活质量的义务。"其他将公民环境权写入宪法和环境保护基本法的国家有瑞士、泰国、古巴、罗马尼亚等。从以上宪法规定看,环境权设立的主要目的是保护公民健康。《经济、社会和文化权利国际公约》第12条关于"改善环境卫生和工业卫生的各个方面"的规定也包含了此项权利的含义。

5.2.5 心理健康权

5.2.5.1 心理健康权的权利保护要求

心理健康是指心理没有痛苦、行为符合社会规范、适应生活的一种良好状态。《经济、社会和文化权利国际公约》《儿童权利公约》《残疾人权利公约》等许多人权国际公约都对公民的心理健康权做出了明确规定,将人人有权享有能达到的最高的心理健康作为公民的一项基本权利。同时,国际上也制定了有关心理健康保护的技术标准,如《加拉加斯宣言》《马德里宣言》和《精神卫生保健法:十项基本原则》,其中《精神卫生保健法:十项基本原则》已成为各国制定精神卫生法律法规的指导原则。根据这些规定,可以推断出心理健康权是指人人享有能够达到的最高的心理健康标准所必需的,主要由国家提供的各种设施、商品、服务和条件的权利[1]。虽然国家不能对所有可能造成人类心理疾病的原因提供保护,但国家在保障心理健康方面负有不可推卸的责任和义务,尤其应当强调心理健康预防和治疗保健的义务。

5.2.5.2 心理健康权的权利保护现状

现代化过程既是经济发展、生活环境变化的过程,更是社会结构、生活方式、价值观念、行为模式变革的过程,是民族文化、国民性格变迁的过程。由于这种变革过多、过快、过猛,许多人难以适应,感到迷茫和困惑,导致众多心理不适、情绪障碍乃至精神疾病,精神病患病率急剧上升。据推断,每4人中就有1人在其一生

---

[1] 万传华. 论心理健康权 [D]. 广州:广东商学院, 2008.

中患上心理疾病。这一现象被多数国家忽视。在政策和法律保障层面，根据 WHO 2001 年报告，没有心理健康保护政策的国家，非洲占 52%、东南亚占 41%、欧洲占 37%；没有心理健康保护法律的国家，非洲占 41%、东南亚占 33%、欧洲占 4%。在实际保障层面则问题更为严重，全球约 4.5 亿患心理疾病或有心理健康问题的人，只有极少数能接受正常治疗，心理和行为疾病占全球疾病总负担的 12%，大多数国家精神健康年度预算不到国家健康支出的 1%；健康保险通常不包含心理健康医疗和服务。我国也不例外。20 世纪 80 年代中后期以来，社会心理失衡与个体心理健康状况恶化已成为一个严重的社会问题。2002 年，中国心理学会对 22 个省、市青少年心理健康的调查显示，大约 3000 万青少年处于心理亚健康状态，约有 13% 的青少年存在明显心理和行为问题。其中，中小学生的心理和行为障碍患病率为 21.6% 到 32%，大学生心理和行为障碍率占 16% 到 25.4%，并有上升趋势。但心理健康权和心理疾病概念尚未被中国公众普遍接受。甚至认为躯体疾病才是真正的疾病，心理疾病是与个人道德品质有关，是个人心理承受力不强或是个人欲望太强所致，在一定程度上忽视心理疾病，同时，我国心理卫生事业薄弱，受过专门训练、能够运用心理治疗技术对心理障碍患者实施心理咨询与治疗的医务人员很少。有必要尽快颁布精神卫生法，建立临床心理工作者的执业资格制度，增加医学院校精神医学和临床心理学课程设置，改革临床心理咨询与治疗收费制度等①。

5.3 我国健康权实现程度评价

"如果人身健康本身是权利，那么，法律和国家就应当制定一个健康标准，并向每一个未达此健康标准而要求达到此健康标准的人提供医疗保健服务。"② 健康权实现状况如何衡量？如何评价各国健康权实现状况？这是健康权研究必须面对的问题。虽然许多国家、区域和国际人权法中有大量关于健康权的规定和指标，但各国的实现程度存在很大差异。这一状况提醒人们，似应制定健康权实现的最低标准、中级标准和高级标准，提出不同的指标体系，将保障人类基本生活的最低标准作为有约

---

① 朱景文. 法理学研究（下册）［M］. 北京：中国人民大学出版社，2006：953.
② 郭继志，汪洋. 社会医学［M］. 青岛：中国海洋大学出版社，2004：37.

束力的强制性协议，以国内法的形式予以保障。同时，对健康权的考查不能仅仅局限在立法方面，还应考查法律实施情况和权利实现程度，应加强国际评估和监督，定期通报进展情况，以此促进人类健康事业的不断发展。应从健康服务的可提供性、健康服务的可获得性、健康服务的质量和健康服务的公平性四个方面做出定期评估①。

5.3.1 健康服务可提供性评价

5.3.1.1 健康服务可提供性基本概念

健康服务可提供性指一个国家向公民提供可以享受的健康服务，主要是指卫生资源的多少，考查指标主要包括国内生产总值（GDP）、卫生总费用占 GDP 比例、财政卫生支出占财政总支出的比、财政卫生总费用、财政卫生总费用占财政支出的比、卫生总费用个人负担比、每千人病床数、年开放总床日数、每千人卫生技术人员数、每千人医生数、每千人护士数、社区卫生服务中心覆盖人口数、每千人社区观察床位设置数、社区卫生服务中心平均日开放时间、每个人员工作时间等。健康服务的可提供性并不意味着公民可以享受这些服务，但是，可以肯定的是，在一个没有基本健康服务资源的国家，公民的健康权是无法实现的。虽然 WHO 对卫生总费用占国内生产总值（GDP）的比例有一个 5% 的建议指标，但关于国家要提供的健康服务总量和卫生资源总量，国际上并没有一个量化指标，不过有一个基本理念是一致的，即要与国民经济水平发展相适应。

5.3.1.2 我国健康服务可提供性现状

改革开放以来，伴随我国经济快速发展，我国卫生资源各项指标大幅提高，卫生总费用占国内生产总值（GDP）的比例由 1978 年 3.04% 上升到 2006 年的 4.67%，财政卫生支出占财政总支出的比从 3.16% 上升到 4.4%，人均医疗卫生费用从 11.45 元上升到 748.84 元，每千人病床数从 2.02 张上升到 2.53 张，每千人卫生技术人员数从 3.41 人上升到 3.58 人，反映了我国健康服务的量化可提供性在不断提高。但对作为衡量健康服务可提供性的重要指标的卫生总费用占 GDP 比例、财政卫生支出占

---

① 国际人权法教程项目组. 国际人权法教程（第一卷）［M］. 北京：中国政法大学出版社，2002：342.

财政总支出的比和卫生总费用个人负担比分析发现，虽然我国卫生总费用和财政卫生支出比都在不断上升，但是卫生费用筹资组成并不合理，个人卫生支出上升速度一直呈快速、大幅度上涨趋势，远远高于社会卫生支出和政府卫生支出。到 2006 年，公民个人卫生支出占据了卫生总支出的 49%，政府卫生支出仅占 18%，这表明大多数卫生服务支出由公民个人承担，并非政府提供，反映了健康服务的实际可提供性并不高。与其他国家相比，我国卫生资源无论是总量还是具体评价指标都处于相对不足状态。以卫生技术人员为例，我国执业医师数是 OECD 国家的一半，药剂人员数是其三分之一，护理人员仅为九分之一。可以说，虽然我国经济和卫生事业发展都取得很大成就，但总量不足、健康服务可提供性较差的局面仍未得到根本改观。（详见表 5 – 1）

表 5 – 1　部分国家卫生资源状况比较

国家	每千人口医师（人）	每千人口医院病床（张）	人均医疗卫生费用（美元）	医疗卫生费用占 GDP ％	卫生占中央财政支出 ％
	2000—2009	2000—2009	2000—2007	2000—2007	2000—2007
中　　国	1.4	3.0	233	4.3	9.9
日　　本	2.1	13.9	2696	8.0	17.9
泰　　国	0.3	2.2	286	3.7	13.1
印　　度	0.6	0.9	109	4.1	3.7
英　　国	2.1	3.9	2992	8.4	15.6
法　　国	3.7	7.2	3709	11.0	16.6
俄 罗 斯	4.3	12.1	797	5.4	10.2
波　　兰	2.0	5.2	1035	6.4	10.8
罗马尼亚	1.9	592	86	4.7	10.3
美　　国	2.7	3.1	7285	15.7	19.5
巴　　西	1.7	2.4	837	8.4	5.4
澳大利亚	1.0	3.9	3357	8.9	17.6
埃　　及	2.4	2.1	310	6.3	7.1
尼日利亚	0.4	0.5	131	6.6	6.5

5.3.2 健康服务可及性评价

5.3.2.1 健康服务可及性基本概念

健康服务的可及性，包括经济上的可获得性和地理上的可获得性等。经济上的可获得性要求健康服务是支付得起的，并且要为那些无力支付必要服务费用的人做出健康服务的支付安排。地理上的可获得性主要依赖卫生资源合理配置，如城市与乡村卫生资源的配置不合理，就会造成乡村居民就医的地理可获得性差，而城市医疗资源则出现闲置。

5.3.2.2 经济可及性评价

经济因素是导致健康服务获得的重要因素。健康服务分为提供方和需求方，与之相对应，经济因素也包括两个方面，分别为提供方的收费水平和需求方的承受能力。改革开放以来，总体而言，中国医疗服务费用过快增长，超过居民的心理和收入承受能力，导致了看病贵、看病难问题，使很多患者有病不医、应住院而未住院。以 2000 年至 2006 年为例，在这 6 年里，我国门诊医疗费用增长 1.3 倍，住院费用增长了 1.5 倍，平均每年门诊费用增长 13%，住院费用增长 11%；在此期间，我国人均 GDP 从 2001 年的 8622 元增长到 2006 年的 16084 元，年均增长 12.7%，其中，城镇居民人均可支配收入年均增长 11.99%，农村居民增长 8.08%，分别低于 GDP 年均增长 0.71 和 4.62 个百分点。相对于人均 GDP 的增长速度，医疗费用和居民收入增长的一高一低，凸显了医疗消费较快增长，超过了居民收入增长水平，给中低收入家庭带来了很大的压力，直接影响了居民对医疗服务消费的利用[①]。经济原因依然是影响居民利用医疗卫生服务的主要原因，也可以这样认为，经济的可获得性依然是居民获得健康服务的主要因素。

5.3.2.3 地理可及性评价

医疗资源配置不合理也是影响我国城乡居民获得健康服务的重要因素之一。我国卫生资源存在总量不足且分布不均的问题。据调查，卫生服务的社会需求大部分在基层，呈正三角形分布，而卫生资源的配置却呈倒三角形。目前全国 80% 的卫生资源集中在城市，城市卫生资源的 80% 又集中在大医院，人口众多的农村卫生资源

---

① 胡灵丽，刘竞．我国居民医疗消费中存在的问题和对策［J］．消费经济，2008（4）：37.

却极为有限，80%的农村人口只占有20%的医疗卫生资源，而且是技术水平和服务水平较低的医疗卫生资源。基层医疗卫生资源不足，特别是老、少、边、穷地区卫生资源的极度短缺，不仅使患者难以享受医疗卫生服务，而且直接影响预防第一的卫生工作方针的落实，居民的整体健康服务都处于无法获得或者难以获得的境地。根据第四次卫生服务调查，居民对就诊路途花费时间评价中，一般及以下的评价占42.6%，其中对到大城市就诊花费时间很长的占到10.6%，这说明了我国卫生服务地理可及性，尤其是优质卫生服务地理可及性不高。

5.3.3 健康服务质量评价

5.3.3.1 健康服务质量评价基本概念

健康服务质量是指卫生服务部门及其机构利用一定的卫生服务资源向其居民提供卫生服务以满足居民需求的综合特性，包括预防保健质量、医疗服务质量、器械药品质量、医疗技术质量等。其中最主要的是医疗服务质量。长期以来，对卫生服务质量评价的经典模式是结构—过程—结果模式。结构指标反映卫生服务的规模和潜在能力；过程指标是指卫生服务的过程如何；结果评价是指卫生服务的产出，就是卫生服务带来的健康状态变化。总体而言，卫生服务质量包括下列评价要素：技术性、安全性、效果、效率与效益、适宜度、及时性和满意度。不论何种类型、何种规格的卫生服务质量都必须考虑上述质量要素，只是不同类型、不同规格的卫生服务的各种质量要素比重不同。

5.3.3.2 健康服务质量评价理念的转归

从20世纪90年代开始，由于消费者权益保护意识的提高和对病人权利保障的重视，重视结果维度的指标逐渐成为卫生服务质量评价的新趋势。评价视角也从卫生服务的供方转向卫生服务的需方。原来的评价逻辑思路是结构—过程—结果，但是病人在看病之后，最关心的是"健康问题解决得怎么样"，即"结果"怎么样，然后才是"过程"和"结构"。因此结果—过程—结构回溯性逻辑思路更符合病人视角。对此，世界各国开始按照这一思路对卫生服务质量进行评价指标调整，美国在原有质量报告卡的基础上，新增病人视角的质量报告卡。英国也在国家卫生服务（NHS）中实施"论质计酬"。美国出版的《卫生服务质量的病人主张——实行"以病人为中心"战略》提出，卫生服务质量的持续提升和全面管理需要供方和需方视角的结合，其基于病人视角的卫生服务质量评价，是"以病人为中心"最直接、最有效的体现[1]。我国自 2005 年开始开展了"以病人为中心、以质量为核心"的医疗质量管理年活动，首次将病人和质量同时纳入卫生服务质量评价范畴。目前，我国最有影响力的卫生服务质量评价体系是中国医疗质量评价指标体系。该体系立足于卫生统计报表的指标、中国医院协会医院评审标准的指标以及卫计委《医院管理评价指南》中的指标，并参考国外指标制定，主要包括三大类、11 个一级指标、33 个二级指标、730 个单项指标、4610 个复合指标，专业性非常强。从整体而言，这个指标体系仍是站在供方视角上，缺乏病人视角的质量评价指标。其中作为病人质量评价的满意度评价指标，也是站在供方视角而非病人视角。以医患交流为例，国内使用的满意度指标是"对医生询问和检查病情时的态度是否满意"，而欧洲 Picker 机构采用的指标则是"当你有重要问题向医生询问时，他的回答你是否听得懂"。显然，相对于病人满意度评价，病人视角的质量评价更有利于实现卫生服务质量评价的导向功能。同时我国卫生服务质量评价还存在一个重要缺陷，即孤立性，缺乏将卫生服务质量评价与其他作用方式相结合的关联，特别是在服务质量信息公开中的作用方式和在医疗保险中"论质计酬"的作用方式。当前城镇职工医保和新农合所面临的财务风险，与欧美国家相比可能更严重。虽然近年来国内有少数地方对医保支付方式采用了质量校正系数，但也是站在供方视角上的指标，而供方道德风险的存在（如虚报治愈、好转率等），很可能影响评价结果。如果藉以此实施质量校正，则名不副实。且与欧美"论质计酬"相比，其评价指标和作用方式上也存在很大差别。

5.3.3.3 我国健康服务质量现状

根据我国第四次卫生服务调查，总体而言，我国卫生服务的质量还不高。以满意度指标为例，病人对医护人员解释病情清晰度的评价中，门诊病人一般及以下评价占到了 40.4%，住院病人为 28.7%；对医护人员征求治疗方案的评价中，门诊病人一般及以下占到了 43.1%，住院病人为 32.3%；对医护人员信任的评价中，门诊

---

① 龚言红，梁渊．卫生服务质量评价的发展趋势——从供方视角到需方视角的转变 [J]．中国卫生质量管理，2011（5）：46.

病人一般及以下占到了 18%，住院病人为 15.6%；在整体不满意率调查中，门诊病人整体不满意率为 41.2%，住院病人为 44.2%（详见表 5-2）。

表 5-2　2008 年调查地区住院者对所住医院最不满意的评价（%）

最不满意方面	城乡合计	城市合计	农村合计	大城市	中城市	小城市	一类农村	二类农村	三类农村
医疗费用	27.0	33.0	24.8	27.8	37.2	35.9	25.9	30.8	22.5
设备环境差	10.3	5.0	12.2	5.6	4.3	4.9	7.3	11.4	13.9
手续烦琐	7.5	6.8	7.8	7.3	9.3	3.5	8.1	8.5	8.2
态度差	4.4	4.9	4.2	4.8	5.9	4.2	2.5	4.4	4.7
水平低	3.9	3.6	4.0	4.4	2.7	3.3	2.1	3.4	4.8
不必要服务	3.5	6.7	2.3	6.3	8.5	5.4	2.0	3.9	1.2
等候时间长	3.5	5.4	2.9	7.0	6.5	2.1	3.3	3.2	2.5
药品种类少	3.0	1.5	3.5	2.2	1.2	0.8	1.7	3.5	4.1
其他	4.0	4.4	3.9	5.5	4.3	3.2	3.9	4.2	3.4

5.3.4 健康服务公平性评价

5.3.4.1 健康服务公平性基本概念

健康服务的公平性是评价一个国家保健制度合理性的指标。健康公平性实际包括卫生筹资的公平性、卫生服务利用的公平性和卫生服务结果的公平性三个方面，其中卫生筹资的公平性处于基础和关键地位，直接决定卫生服务利用和卫生服务结果的公平性。WHO 用健康保健筹资的公平性来衡量健康服务的公平性，即个人或家庭对健康的投入，应当按照其收入水平和支付能力而定，而不是根据其获得的健康服务成本而定。收入低的家庭对健康事业的贡献可以少些，甚至可以不贡献。但是，收入多的家庭对健康事业的贡献则应该多些。收入越多，贡献率越大，这就是累进性原则或垂直公平性原则，也是 WHO 评估世界各国健康公平性时所使用的基本方法。

5.3.4.2 公平健康服务的筹资范式

卫生筹资方式主要有税收筹资、社会保险、商业保险和个人自费四种。这四种筹资方式的公平性与它们的再分配程度呈正向关系。税收再分配性最强，社会保险方式次之，商业保险再分配程度更低。不过，这三种形式都具有一定的风险分担功能，因而是相对公平的筹资方式。而自费方式完全没有再分配，财产和收入的不平等必然转化为健康的不平等，因而是最不公平的。四种筹资方式对应着医疗保障制度的不同形式：普遍保障、社会保险、商业保险和自我保障，与这四种保障形式相对应的保障主体有三个：政府、社会、个人。卫生筹资公平性可以用一国医疗保障制度总体的公平性来衡量，公平不是简单的平等、均等化，而是强调根据个人支付能力承担卫生筹资责任，因此，根据保障能力看，公平的卫生筹资方式的保障主体排序应该是政府、社会、个人，与之相对应的公平的保障体制也就应该是以政府为主导，责任分担，社会化、多层次的健康保障体制①。

5.3.4.3 我国健康服务公平性现状评价

我国现行的卫生筹资结构恰恰与之相反，保障主体排序为个人、社会、国家，总体保障体制也是以个人自我保障为主、社会保障为辅，政府保障仅仅是补充的局面。以改革开放初期和卫生筹资公平最受质疑的 20 世纪末为例，我国卫生总费用从 1980 年的 132 亿元飙升到 2003 年的 5150.3 亿元，同期人均卫生费用也从 13.4 元上升至 403.6 元，从卫生总费用占 GDP 的比重看，也已超过了 WHO 5% 的建议标准和当时 5.3% 的国际平均水平，与之形成鲜明对比的是，政府卫生支出的绝对值有所增长，但无论卫生总费用还是政府支出的比例都呈现下降趋势。同时三项卫生费用（政府、社会、居民个人）在卫生总费用的比例也发生了颠覆性的变化，20 年里，政府卫生支出比例以每年 1% 的速度下降，而居民卫生支出比例则以每年 2% 的速度快速上升②。这一趋势直至发生非典疫情才得到控制，2004 年政府卫生支出开始上升到 17%，个人卫生支出下降到 53.2%，但是政府的低承担和个人的高负担仍未改变，直到医改的第二年——2010 年，政府才宣布我国卫生筹资水平发生结构式变化，政府卫生支出占 28.6%、社会占 35.9%、个人占 35.5%，卫生筹资结构恢复到 1990 年的水平。经过三年医改，卫生总费用快速增加，筹资结构不断优化。据卫生部《2011 年我国卫生事业发展情况简报》，2011 年，全国卫生总费用达 24269 亿元，卫

---

① 邹从清，卢启华. 略论卫生公平 [J] . 中国医学伦理学，2004 (5)：21.
② 乔煜. 卫生公平问题分析与政策建议 [J] . 卫生行政管理，2010 (5)：12.

生总费用占 GDP 比重达 5.1%，其中，个人卫生支出比重下降到 34.9%，政府预算和社会卫生支出的比重分别提高到 30.4% 和 34.7%。这一变化说明我国卫生筹资结构趋向合理，居民负担相对减轻，筹资公平性有所改善。根据 WHO 2009 年相关数据，世界低收入国家一般政府卫生支出占卫生总费用比重不足 40%，中低收入国家平均占 44.9%，中高收入国家平均占 53.2%，高收入国家平均占 60.1%，而且当经济发展到一定水平，卫生总费用筹资结果大致呈"六二二"结构（政府、社会和个人卫生支出各占 60%、20%、20%）。以上数据表明，无论与高收入组国家还是相同收入组国家相比，无论卫生单项费用支出还是卫生总体筹资机构相比，我国公共卫生筹资特别是政府卫生支出比重偏低，个人卫生筹资比重偏高，人群间的疾病风险分担机制不够完善，政府本应承担更多卫生费用中的缺位，对严重依赖健康等人力资源的中低收入者极不公平。

6 健康权实现论

作为一项基本人权，健康权应该不是为社会的强者而制定的，更应是维护社会正义、保护弱者健康和尊严的有力武器。目前，健康权保障水平低、不平等的严峻现状，已催生和加剧了社会的不平等和不稳定。对此，国家必须承担起更多的责任和义务，采取一切可能的实质性行动，促进健康权的实现，提高健康权享有水平。"法者，国之利器"，具有严格的规范性、约束性、稳定性和强制性，是国家治理社会的主要手段，也是保障公民权利最有效的屏障。健康权权利体系的广泛性、保障情形的复杂性和公民权益的直接相关性，要求国家必须发挥宪法、民法、刑法、行政法等各个法律渊源的重要作用，多管齐下，制修并举，构筑健康权保障完善、有力的法律体系，唤醒并强化全社会的健康权保障法律意识，从根本上保障公民健康权，提高公民健康水平。

6.1 健康权入宪

宪法是一国的根本大法。马克思说，宪法就是人权保护书。列宁也说，宪法是一张写着人民权利的纸。健康权是国际社会广泛承认的一项基本人权，是多个国际协议确认的各国公民广泛享有的一项基本权利。健康权入宪，对于改善中国人权状况、提高国民健康水平具有重要意义。

6.1.1 健康权入宪意义

6.1.1.1 健康权入宪必要性

在宪法中规定公民健康权，不仅彰显国家对公民健康权的重视，也为制定其他卫生法律法规奠定宪法基础，有助于公民健康权的最终实现。宪法作为公民权利的宣言和对国家权利的制约，能够界定国家义务和公民自由的边界。"由于宪法在法理上的基本特性是一种价值法，而宪法规范的内容是基于人民之间的政治契约产生的，所以凡是在宪法中所确立的公民权利，都不得被国家机关运用自身掌握的国家权力予以剥夺，宪法权利具有对抗国家权力的功能"，由此可将国家公权力纳入法治轨道，使权力的产生、运行受到宪法的规范和监督，促进政府民主法治化进程，实现真正意义上的宪政。健康权入宪有利于我国履行国际义务。我国于 2001 年 6 月 27 日批准了《经济、社会和文化权利国际公约》，自批准之日起，公约即对我国产生了法律约束力，从履行国际责任的角度，我国也应将健康权写进宪法，对公民健康权益实施更具权威性的保护。

6.1.1.2 健康权入宪可行性

世界上越来越多的国家从宪法层面确认健康权的基本权利地位，尤其是在健康权的国际性立法和区域性立法取得进展以后，健康权引起世界范围内的普遍关注。许多国家纷纷将健康权作为公民的一项基本权利载入宪法。1919 年德国《魏玛宪法》首先规定了健康保险制度。1925 年智利最早将国家卫生义务纳入宪法。1947 年意大利宪法第 32 条规定："共和国以健康作为基本人权和社会主要利益而予以保护，并对贫穷者保证免费医疗。"1961 年《委内瑞拉共和国宪法》第 76 条规定："人人有保护其健康的权利。当局应当监督国民健康的保持，并且应当为缺乏的人们供给预防和照料的经费。"1970 年《阿拉伯也门共和国永久宪法》第 33 条规定："也门人都享受保健服务的权利，国家保证在国家资源允许的条件下建立各类医院和保健机构。"1976 年的《阿尔及利亚民主人民共和国宪法》第 67 条规定："公民有保护自己健康的权利。国家通过普及的免费医疗，加强疾病预防，不断改善生活、劳动条件，以及促进体育、运动和业余活动来保证这一权利。"1993 年《俄罗斯联邦宪法》第 41 条规定："每个人都享有健康保护和医疗服务的权利。"迄今为止，世界上已有70 多个国家将公民健康权写入了宪法，将其作为公民基本权利。

6.1.2 我国健康权宪法保护现状

我国现行宪法尚未明确健康权的含义与概念，而是将健康保障分散在各个条款中。

第 33 条第 3 款规定了"国家尊重和保障人权"。公民权利可以分为固有权、宪法基本权利和一般法律层次。其中固有权又称原权，是人之为人而自然享有的权利。这种权利应当属于宪法保障范畴。此处的"人权"指的就是这种固有权，而生命权、健康权、人身自由、平等权等权利，都应属于固有权的范围。

第 21 条规定："国家发展医疗卫生事业，发展现代医药和我国传统医药，鼓励和支持农村集体经济组织、国家企业事业组织和街道组织举办各种医疗卫生设施，开展群众性的卫生活动，保护人民健康。"第 26 条第 1 款对保护环境、防治污染的规定，第 42 条对职业健康和安全的规定，第 45 条对医疗救助权的规定，都与健康权有密切关系。

根据联合国经济、社会和文化权利委员会 2000 年第 14 号一般性评论，宪法层面的健康权保障主要包括医疗权方面的内容、与获得健康的前提条件相关的内容两个方面。其中医疗权方面的内容包括医学上所要求的住院分娩医疗福利、紧急医疗权、为贫穷的艾滋病患者提供免费治疗、保护患者避免艾滋病的血液传播等。与获得健康的前提条件相关的内容包括精神残疾者的人道主义待遇、安全的饮用水、避免威胁健康的环境污染、拥有一个平衡的和有利于健康的生态、关闭影响健康的工厂、使工人获得有利于健康的工作条件、传染病危险和职业从业者的强制体检等。相对上述内容来说，我国宪法对健康权的规定还很笼统、不全面。

6.1.3 健康权入宪建议

6.1.3.1 选择合适方式

健康权入宪最有力的方式是建立起宪法层面的救济制度。我国宪法中的健康权，被看作国家政策指导原则和国家义务。很显然，作为国家政策指导原则的健康权当然是不可诉的。同时，由于我国宪法对健康权的规定集中在"方针条款"和"宪法委托"上，这就使健康权处于虚空状态，难以得到有效救济。从世界各国立宪看，健康权成为宪法层面上予以确认的权利，意味着国家不得干预、侵犯公民健康权，但其实现又必须以国家公权力主体的积极行为、履行责任为前提条件，国家应当是健康权的主要义务主体。健康权的入宪形式十分重要。根据 Eleanor D. Kinney 和 Brain Alexander Clark 对二战后世界各国宪法条款的研究，健康权入宪的方式可以分为五类：

一是目标型，即设定与公民健康相关的目标。如荷兰宪法第 22 条规定："政府应采取措施促进人民之健康。"

二是权利型，即规定公民享有健康权、健康照护权或获得公共健康服务权。如莫桑比克宪法第 94 条规定："所有公民在法律规定范围内享有医疗和健康照护负有促进并保持健康的义务。"

三是国家义务型，即规定国家负有提供健康服务的义务。如乌拉圭宪法第 44 条规定："国家应在与公共健康和卫生相关的领域制定法律，努力促进国内所有居民的身体、道德和社会生活的改善。"

四是方案纲领型，即通过方案纲领说明提供或规制医疗和公共健康服务的方法。例如保加利亚宪法第 52 条规定："根据法律规定的条件和程序，公民有权获得医疗保障。该权利保证他们获得有支付能力的医疗救护并享有免费医疗服务。公民的医疗费用依据法律规定的条件和程序由国家预算、雇主个人和集体社会保障费等提供。"

五是参照条约型，即把规定健康权或医疗权的国际性或区域性人权条约纳入国内法。如捷克宪法第 10 条。

这五种类型带有相对性，有些国家的宪法可能同时含有两种或两种以上性质的规定。就我国而言，建议综合使用以上几种方式。具体来说，就是用第一种方式来确定健康权目标，用第三种方式来规定健康权的国家义务，用第二种方式来确定公民在宪法中享有的具体健康权利，用第四种方式来明确国家保障健康权实现的方法等。

6.1.3.2 宪法应明确健康权概念

宪法中没有明确健康权概念，这容易使宪法层面的健康权概念和民法层面的健康权概念混淆。实际上，民法层面的健康权是一种公民健康权受到不法侵害时请求保护的权利，而宪法层面的健康权是一种基本人权，具有至上性和母体性。因此，建议在宪法中明确健康权概念，并体现以下要素：一是明确健康权是国家的一种法律义务。健康权入宪成了公民基本权利，意味着国家必须承担相应法律义务。国家对健康权实现负有积极的作为义务和消极的不作为义务，即尊重、保护和实现的义务。二是要明确健康权是一种基本人权，即每个人都应该受到合乎人权的对待，即在任何时间、任何地点、任何条件下，且不分种族、性别、年龄、职业、地位、身份和居住地等因素而为人人普遍享有，国家所有的卫生设施、物资和服务都必须向所有公民开放，不得有歧视。

6.1.3.3 合理确定健康权入宪内容

根据我国健康权入宪的方式以及健康权的含义，应从以下几个方面明确健康权的内容：首先，明确健康权入宪的目标，即所有公民平等地享有健康权。其次，明确健康权的范围。由于健康权是一项概括性的权利，它包括一系列具体的权利表现形式。其至少应该包括：公民的初级卫生保健权利得到实现，公民的基本医疗待遇得到保障，特殊群体的健康权利得到有效尊重，公共卫生权利得到有效实现。

6.2 关于卫生基本法

2019年12月28日，我国《基本医疗卫生与健康促进法》经十三届全国人大常委会第十五次会议表决通过，于2020年6月1日正式施行。这是我国卫生健康领域首部基础性、综合性的法律，对深化我国医药卫生体制改革和卫生与健康事业发展将起到规范、整合与引领作用，因此，该法具有里程碑的意义，是实施健康中国战略的坚实法律保障。

6.2.1 《基本医疗卫生与健康促进法》的立法目的

立法目的主要体现在三个方面：一是落实宪法关于国家发展医疗卫生事业、保护人民健康的规定；二是引领医药卫生事业改革和发展大局；三是推动和保障健康中国战略的实施。据此，《中华人民共和国基本医疗卫生与健康促进法》在条文结构上分为总则、基本医疗卫生服务、医疗卫生机构、医疗卫生人员、药品供应保障、健康促进、资金保障、监督管理、法律责任、附则，共十章110条。在明确"健康权是公民的基本权益、实施健康中国战略、建立基本医疗卫生制度、推进基本医疗服务实行分级诊疗"等基本制度的同时，又对社会办医、医患纠纷、特种药品需求等现实问题予以了明确回应。

6.2.2 《基本医疗卫生与健康促进法》的重点内容

全力推进"强基层"。《基本医疗卫生与健康促进法》分别从医疗机构配置、分级诊疗医疗服务下沉、医疗卫生人才建设、边远贫困地区保障等四个方面对促进基层医疗卫生发展进行了详细的规定。

明确医疗卫生事业应当坚持公益性原则，对非营利性医疗机构与营利性医疗机构在医疗卫生服务体系的地位作出明确定位。明确规定，医疗卫生事业应当坚持公益性原则；基本公共卫生服务由国家免费提供；医疗卫生服务体系坚持以非营利性医疗卫生机构为主体、营利性医疗机构为补充。政府举办非营利性医疗卫生机构，在基本医疗卫生事业中发挥主导作用，保障基本医疗卫生服务公平可及。

对社会力量举办医疗机构继续持鼓励政策，但从严监管并规范政府医院与社会力量合作办医。一方面，继续重申"鼓励社会力量依法举办医疗机构"的政策，明确规定社会力量举办的医疗卫生机构在基本医疗保险定点、重点专科建设、科研教学、等级评审、特定医疗技术准入、医疗卫生人员职称评定等方面享有与政府举办的医疗卫生机构同等的权利。另一方面，明确政府举办医疗机构"保基本"的职能定位，并强调政府举办的医疗机构应当坚持"公益性质"，对政府医院与社会资本合作进行了严格限制和监管，明确规定"政府举办的医疗卫生机构不得与其他组织投资设立非独立法人资格的医疗卫生机构，不得与社会资本合作举办营利性医疗卫生机构"。

明确药品供应保障制度。明确规定："国家建立健全药品价格监测体系，开展成本价格调查，加强药品价格监督检查，依法查处价格垄断、价格欺诈、不正当竞争等违法行为，维护药品价格秩序；国家加强药品分类采购管理和指导。"

建立立体化医疗卫生监管体系。明确规定："国家建立健全机构自治、行业自律、政府监管、社会监督相结合的医疗卫生综合监督管理体系。"这一规定打破了目前"医""药"两线、主管部门各负其责的分治格局，引入了行业自律和社会监督机制。

明确医保支付范围确定机制。明确规定："基本医疗保险基金支付范围由国务院医疗保障主管部门组织制定，并应当听取国务院卫生健康主管部门、中医药主管部门、药品监督管理部门、财政部门等的意见。"

明确并加强了对处理医患关系、保护医疗卫生人员的规定。明确规定："全社会应当关心、尊重医疗卫生人员，维护良好安全的医疗卫生服务秩序，共同构建和谐医患关系；医疗卫生人员的人身安全、人格尊严不受侵犯，其合法权益受法律保护。禁止任何组织或者个人威胁、危害医疗卫生人员人身安全，侵犯医疗卫生人员人格尊严。"相较历次审议稿，正式稿就处理医患关系、保护医疗卫生人员进行了更大篇幅的规定，明确了立法保护医疗卫生人员合法权益的坚决态度，为进一步从民事、行政、刑事立法领域细化制度措施打下了坚实的上位法基础。

保护个人健康信息。明确规定："国家保护公民个人健康信息，确保公民个人健康信息安全。任何组织或者个人不得非法收集、使用、加工、传输公民个人健康信息，不得非法买卖、提供或者公开公民个人健康信息。"同时，还规定了泄露个人健康信息的法律后果。

6.3 完善卫生行政法体系

行政法体系规模最大、法律法规数量最多，与公民健康权保障关系最直接、最密切。构建一个完整、全面、有序、有效的卫生行政法体系，对促进卫生事业发展、保障公民健康权具有至关重要的作用。

6.3.1 卫生行政立法历程回顾

真正意义的卫生法从 1978 年起步，以 1978 年国务院《药政管理条例》为标志，揭开了新时期卫生法制建设的序幕。30 多年来，卫生立法经历了重建、充实、完善三个发展阶段。

6.3.1.1 第一阶段：以恢复重建卫生法框架为主（1978—1990 年）

这一阶段卫生立法的重点在公共卫生和药品领域。20 世纪 70 年代末，卫生立法的重点是修订原有行政法规并重新颁布。1978、1979 年，国务院颁布和批准颁布了药政管理条例、麻醉药品管理条例、急性传染病管理条例、食品卫生管理条例等。从 80 年代初开始，卫生立法的重点转向卫生法律与行政法规并重。1982 年全国人大常委会通过《食品卫生法（试行）》，这是改革开放后我国第一部卫生法律。随后，卫生法律制定加快了步伐，《药品管理法》《国境卫生检疫法》《传染病防治法》相继出台，同时制定了 14 部行政法规，其中 13 部为公共卫生和药品法规，医疗法规仅有《医疗事故处理办法》。这一时期的医疗活动主要靠部门规章和大量规范性文件来规范，例如《综合医院组织编制原则（试行）》（1978 年）、《医院工作制度》（1982年）、《医院工作人员职责》（1982 年）、《医务人员医德规范及实施办法》（1988 年）

等，这些规范至今仍在使用。

6.3.1.2 第二阶段：以充实医疗服务和母婴保健立法为主（1991—2000 年）

这一时期共制定修订 5 部法律，分别为《红十字会法》《母婴保健法》《食品卫生法（修订）》《献血法》和《执业医师法》。同时还制定了 9 部行政法规。平均 1 年 1 部行政法规，两年 1 部法律。这一时期制定了我国卫生法沟史上具有重要意义的《执业医师法》《母婴保健法》《献血法》和《医疗机构管理条例》，以法律法规形式明确了"救死扶伤，防病治病，为公民健康服务"的医疗机构宗旨和"发扬人道主义精神，防病治病，救死扶伤，保护人民健康"的医师职责，较为系统地规定了医疗行为的一般法律要求，结束了医疗活动管理规范层次较低的被动局面。这一时期正值卫生事业以"放权、让利、搞活"为特征的改革时期，医疗卫生体制改革借鉴了国有企业改革经验，市场经济因素影响到立法思路，政府过度放权让利，致使依法监管有所弱化，医疗卫生机构出现重效益、轻公平的趋向。

6.3.1.3 第三阶段：以完善公共卫生法律体系为主（2001—2013）

这一时期卫生法律向综合平衡发展，共制定、修订 5 部法律：《药品管理法（修订）》《职业病防治法（修订）》《人口与计划生育法》《传染病防治法（修订）》《食品安全法（修订）》。新出台卫生行政法规 21 个。这一时期注重法律制度创新，注重从体制、机制层面解决问题。《医疗事故处理条例》第一次从患者角度规定病人权利，SARS 之后，《突发公共卫生事件应急条例》建立了我国第一套应急处理机制，《疫苗流通和预防接种条例》第一次以立法形式规定了适用公平原则补偿受害人，《人体器官移植条例》第一次确立了医疗活动中的医学伦理审查①。经过 30 多年努力，我国目前已有卫生法律 10 部、卫生行政法规 38 部、部门规章 173 部，以公共卫生法、医疗法和药事法为主要内容的卫生法律体系基本形成，基本实现了有法可依。

6.3.2 我国卫生行政法体系现状评析

6.3.2.1 完整性分析

目前我国药事法最完整，公共卫生法次之，医疗法还不健全。药事法由药品法律制度和医疗器械法律制度两部分组成，药品法律制度又包括一般药品法律制度和

---

① 汪建荣. 30 年卫生立法的发展进程［J］. 中国卫生法制，2009（1）：8—9.

特殊药品法律制度，目前有药品管理法 1 部，行政法规 7 个，体系比较完整。公共卫生法主要由传染病防治和其他公共卫生法律制度构成，包括 4 部专门法律和 20 个行政法规。传染病防治法律制度已成体系，特别是 2003 年非典流行之后，我国及时修订了传染病防治法，完善了卫生应急处理机制。近年来传染病防控应对得力，未发生大规模传染病流行也得益于传染病防治法律体系的完整。食品安全和职业卫生两个方面已有主体法，相关配套法律制度还有待完善。环境卫生包括宏观环境卫生和微观环境卫生，前者已纳入环境保护法律体系，制定了《环境保护法》等一系列法律；后者有《公共场所卫生条例》等行政法规。学校卫生和放射卫生也都有行政法规。精神卫生、生活饮用水卫生尚无法律和行政法规。医疗法虽有 4 部法律和 10 个行政法规，但健康保障制度、患者权益保护、医疗技术方面的法律制度还不完善。

6.3.2.2 有效性分析

虽然卫生法律法规的制定与更新不断加快，但是仍有部分法律和行政法规难以满足当前健康保障和卫生管理的需要。这主要表现在两个方面：一方面是一些法律制定时间过长，法律规定已经严重落后于现实需要，亟须修订。如作为医疗卫生管理法律制度核心的《医疗机构管理条例》，是 1994 年实施的，年代跨距太大，且历经多次医疗改革，已经难以适应当前工作需要。同样，公共场所卫生条例、尘肺病防治条例和学校卫生工作条例、化妆品卫生监督条例分别为 1987 年和 1990 年制定，已严重滞后。另一方面是经实践证明存在严重问题、需要修订的。2002 年，《医疗事故处理条例》对医疗事故争议处理做了比较系统的规定。但从实践看，医疗纠纷处理法律法规仍存在诸多漏洞。其规定的医疗纠纷三种处理方式，即医患协商、卫生行政部门调解和诉讼，因协商无度伴生医闹，调解的公正性和可信性得到怀疑，医疗诉讼赔偿举证难、成本大、周期长等问题说明三种方式都存在着致命缺陷，医疗纠纷处理走入死胡同，《医疗事故处理条例》迫切需要修订。再如 1994 年《食盐加碘消除碘缺乏危害管理条例》对当时碘缺乏危害产生很好的作用，但时过境迁，碘缺乏病已经急剧下降，食盐加碘已经产生负面效应，应及时修订，防止情况恶化。

6.3.2.3 立法质量分析

总体在好转，但也存在缺陷。一是 21 世纪以前制定的法律和行政法规普遍站在医疗卫生行政管理的角度，对公民健康权益的尊重和伸张不足。如《执业医师法》

对患者权利的规定体现在对医师义务的反向推断上；《献血法》和《血液制品管理条例》没有规定献血者和供血浆者的权利。这种情况在近年来已得到明显好转，如《食品安全法》《职业病防治法》《医疗事故处理条例》《艾滋病防治条例》《人体器官移植条例》等法律法规对公众和患者权利做了规定。二是对法律责任的规定普遍较弱，不足以产生应有的震慑作用。这主要存在四种情况：第一种情况是基本不规定法律责任，这主要体现在早期卫生行政法规，如《红十字会法》《全国麻风病防治条例》等。第二种情况是法律责任不明确。《公共场所卫生管理条例》《尘肺病防治条例》等行政法规均规定了罚款的处罚种类，但是没有规定罚款的额度。第三种情况是法律责任尤其是行政处罚条款力度较弱。《学校卫生工作条例》的法律责任仅限于警告和责令限期改进。《医疗机构管理条例》对未取得《医疗机构执业许可证》擅自行医的罚款额度仅为 1 万元。《医疗废物管理条例》的罚款额度也仅为 3 万元。第四种情况是以处分代替处罚。现行卫生法律法规对违法行为多采取区别对待的原则，即对行业内部机构和人员如医疗机构、疾控机构和采供血机构等多采取行政处分的处理方法，而对行业外、社会管理相对人的违法行为则规定了行政处罚。如《传染病防治法》《执业医师法》《艾滋病防治条例》《医疗废物处理条例》《疫苗流通和预防接种管理条例》等。这样致使一部分法律责任在公立机构能够得到实施，而在非公立机构难以实施；同时以行政处分代替行政处罚，降低了法律的可操作性，影响了法律权威。同时卫生法律和行政法规还普遍存在一个共性问题，即法律在注重规范性条款的同时，却忽视法律责任的对应，致使在执行过程中出现了有条款可遵守、却无依据来监管的现象，致使法律执行力大打折扣。

6.3.3 完善我国卫生行政法立法建议

卫生行政法是公民健康权保障的主要法律体系，发挥着关键作用，建立一个完善有效的卫生行政法体系至关重要。但是也应该看到法律的制定、修订是一个漫长的过程，需要长时间酝酿和研究，因此，卫生法体系的完善只能按照轻重缓急逐步进行，不可能一蹴而就。就我国目前而言，下列内容应当列入议事日程。

6.3.3.1 完善卫生行政法律体系

一是要制定基本卫生服务保健法，明确基本医疗卫生服务的范围、公民享有基本医疗保健与保障的权利和国家应承担的义务。二是要制定病人权益保障法，明确病人的权利和义务以及权利的实现方式和救济渠道，这对维护病人权利、强化"以病人为核心"理念、改善医患关系具有重要作用。同时，这部法的出台对扭转当前我国医疗卫生法律制度中患方权利缺位现象具有根本性作用。三是要制定生活饮用水卫生安全法，对我国公民（含城市居民和农村居民）的生活饮用水卫生安全管理制度做出系统规定，尤其是要强调政府的监管和保障责任，改变当前生活饮用水卫生安全的严重局面。

6.3.3.2 完善卫生行政法规体系

一是要修订《医疗机构管理条例》，将其升格为医疗机构管理法，重新定位医疗机构的定位、性质、任务和价值取向，加强医疗机构布局、规模和标准控制，明确医疗机构执业规则和管理制度，明确国家对医疗机构的责任，建立适应当前需要的医疗机构管理法律体系。二是要修订《医疗事故处理条例》，建立完善统一的医疗事故处理办法，强化医疗事故鉴定责任，建立全国统一的医疗事故和医疗侵权赔偿标准，推行强制医疗责任保险制度，将医疗事故处理真正纳入法治化管理轨道。三是抓紧完善精神卫生法配套法规。《中华人民共和国精神卫生法（草案）》历经27年起草10余次修改，终于在2012年10月26日经第十一届全国人民代表大会常务委员会第二十九次会议通过，该法系统规定了心理健康的促进，精神障碍的预防、诊断、治疗和康复以及相关保障措施和法律责任，对促进精神健康具有重要意义。为提高该法的操作性和实际效果，应抓紧出台相关配套法律法规，特别是：精神障碍分类、诊断标准和治疗规范，精神病病人的权利义务及其保障（如自愿入院患者的住院权利、出院权利，强制住院患者的人格权利，非精神病病人的精神筛查知情权、精神病病人权利受侵害时的赔偿方法特别是精神赔偿方法等），心理咨询与精神诊断、治疗的分类管理，精神疾病的社会认同和社会管理等。四是要修订《学校卫生工作条例》，针对学校卫生的新情况，重新明确学校卫生工作的内容、标准、方法、要求和法律责任，防止已经严重弱化的学校卫生工作再弱化下去。五是对目前已经过时的行政法规如《食盐加碘消除碘缺乏危害管理条例》《尘肺病防治条例》等予以取消。同时，应对所有卫生法律和行政法规进行评估，主要评估内容应是其合理性、合法性、有效性和可操作性等，对存在的问题应逐步加以修订。

6.3.3.3 提高立法质量

在法律的立改废过程中，应把握好以下几点：一是始终将保障公民健康权作为卫生法律法规制定、修订的立足点、出发点和落脚点，并将其作为各种价值取向和利益博弈评判的最高标准。二是科学理解正义在不同时期、不同领域、不同人群中的真实价值，将保障安全、促进公平、维护秩序、提高效率作为卫生法律法规制定、修订的基本理念和价值取向。三是坚持与经济社会发展相协调，确保卫生法律法规的规定与我国经济发展水平相适应，与我国社会现状和社会需求相适应，当前尤其是要与医药卫生体制改革的总体方向相一致，要用法的方式稳定医改方向，推进医改进程，固化医改成果，防止因政策的多变性和利益关系的复杂性使医改走入误区、发生偏离、导致失败。四是不断提高我国卫生立法水平和立法质量，使卫生法律法规不仅具有规范性，而且更具可行性、权威性和震慑力，使卫生法律法规真正成为保障公民健康权益的"善法"。

6.4 完善健康权民法保护

民法是保护公民私权最重要、最典型的法律，其调整的是平等主体之间的人身关系，目的是保障公民法人的合法权益。健康权作为公民一项必不可少的重要私权，民法保护发挥着重要作用。进一步加强公民健康权的民法保护力度，对于构建平等、有序的健康保障秩序发挥着不可替代的作用。

6.4.1 健康权民法保护的历程

在保障公民健康权方面，民法也一直扮演着先行者角色。在《民法典》颁布前，有关规定放在各项专门法律中，争议较大。《民法通则》第98条明确规定"公民享有生命健康权"，是我国所有法律体系中第一个明确公民健康权的法律，并且将这项权利放在该法第四节人身权所有权利之首，足见民法对健康权的重视。同时在该法第六章第六节侵权的民事责任中，确定了侵害公民健康权行为的基本情形：产品质量不合格（第122条）、高危作业（第123条）、环境污染（第124条）、地面施工（第125条）、物件（第126条）和饲养动物（第127条），并且规定了侵权责任："侵害公民身体造成伤害的，应当赔偿医疗费、因误工减少的收入、残废者生活补助费等费用；造成死亡的，并应当支付丧葬费、死者生前抚养的人必要的生活费等费用。"

2010 年 7 月 1 日起施行的《侵权责任法》对侵害健康权做了更加明确、更加详细、更加权威的规定，使健康权保护和救济力度进一步加大。该法第 2 条明确规定，侵害包括健康权在内的人身财产权益应当承担侵权责任。在健康权保障方面，该法在细化《民法通则》健康权侵权情形的同时，还有两个重大突破。一是明确规定了医疗损害责任。《侵权责任法》用一章 11 条的篇幅对医疗侵害责任做了系统规定，可以说是对当前医疗纠纷或医疗事故的民事责任认定和保护所面临的突出问题做了有针对性的解决。首先是确立了过错责任原则。该法第 54 条"患者在诊疗活动中受到损害，医疗机构及其医务人员有过错的，由医疗机构承担赔偿责任"，不仅颠覆了 2002 年 4 月 1 日起施行的《最高人民法院关于民事诉讼证据的若干规定》第 4 条第 8 款"因医疗行为引起的侵权诉讼，由医疗机构就医疗行为与损害后果之间不存在因果关系及不存在医疗过错承担举证责任"所确立的过错推定责任原则和举证责任倒置原则，重新回归于过错责任原则和《民事诉讼法》所规定的"谁主张谁举证"原则；同时这一条也否决了 2002 年 9 月 1 日《医疗事故处理条例》所规定的"不属于医疗事故的，医疗机构不承担赔偿责任"，确立了"有过错即有责任，无过错即无责任"原则，只要患者在诊疗活动中受到侵害，医疗机构及其医务人员有过错，不论是否构成医疗事故，医疗机构均应承担赔偿责任，扩大了医疗侵害赔偿的范围。更为关键的是将医疗损害事件从侵权责任和违约责任的竞合中，将医疗损害责任的性质拉向了侵权责任一边，更有利于医疗纠纷的解决。其次是确立了适度诊疗的原则。这主要体现在第 57 条"医务人员在诊疗活动中未尽到与当时的医疗水平相应的诊疗义务，造成患者损害的，医疗机构应当承担赔偿责任"和第 63 条"医疗机构及其医务人员不得违反诊疗规范实施不必要的检查"。要求医疗机构及其医务人员既要按照诊疗能力提供与其医疗水平相应的诊疗服务，又不能违反诊疗规范进行过度检查。第三是确立了药品、消毒药剂、器械和血液缺陷的连带责任。该法第 59 条"因药品、消毒药剂、医疗器械的缺陷，或者输入不合格的血液造成患者损害的，患者可以向生产者或者血液提供机构请求赔偿，也可以向医疗机构请求赔偿。患者向医疗机构请求赔偿的，医疗机构赔偿后，有权向负有责任的生产者或者血液提供机构追偿"。这一规定将对医疗机构与患者及其家属签订诊疗协议如输血协议、麻醉同意单、手术同意书等所规定的免责或限制责任条款产生重要影响。类似输血协议书中因输血感染艾滋病等传染病与医疗机构无关的免责条款，在"违法无效"原则下，将不能真正起到免除医疗机构责任的作用。二是扩大了健康权侵权责任。《民法通则》第119条规定"侵害公民身体造成伤害的，应当赔偿医疗费、因误工减少的收入、残废者生活补助费等费用"。而《侵权责任法》将这一条款加以拓展，第16条规定"侵害他人造成人身损害的，应当赔偿医疗费、护理费、交通费等为治疗和康复支出的合理费用，以及因误工减少的收入。造成残疾的，还应当赔偿残疾生活辅助具费和残疾赔偿金"。在原有基础上，增加了护理费、交通费等为治疗和康复支出的合理费用，对造成残疾的增加了残疾赔偿金等费用。同时还在第22条规定"侵害他人人身权益，造成他人严重精神损害的，被侵权人可以请求精神损害赔偿"。首次以立法的形式对侵权责任规定了精神赔偿，具有重大意义。

6.4.2 健康权民事诉讼种类

随着我国法治建设的不断完善，人们权利意识的普遍提高，卫生领域、卫生活动涉及公民健康的行为越来越多，卫生民事诉讼呈现种类多、涉及面广等特点，概括起来主要分为以下几类。

6.4.2.1 医疗侵权争议民事诉讼

医疗侵害引起的民事诉讼一直是民事诉讼的焦点。医疗事故民事争议具有诉讼当事人、诉讼请求和理由、诉讼证据特定、案情复杂、举证责任倒置、实体判决有别于一般民事案件的特点。实践中，医疗事故争议纠纷存在违约责任与侵权责任的竞合，采取哪一种诉讼主张对当事人有利原则，这就一直存在医疗侵害判决案例不一、依据不一、标准不一，不利于医疗纠纷的处理，不利于医患关系的改善，更不利于患者权益的最终保障。随着《侵权责任法》的出台，医疗侵权已经成为特殊侵权被写入法律中，包括医疗事故在内的医疗侵害被定性为侵权责任，实现了有法可依。

6.4.2.2 违反《食品安全法》的民事诉讼

违反《食品安全法》的民事诉讼是指生产经营者与消费者之间发生的因食品生

产经营单位违反《食品安全法》，生产和出售不符合卫生标准的食品，造成食品中毒和食源性疾患，引发的卫生民事诉讼。对此类诉讼可以适用《消费者权益保护法》，按照一般的民事诉讼程序审查。此类案件必须由卫生行政部门按照《食品卫生法》的有关规定，对食物中毒和食源性疾患做出确认，必要时需要通过专家鉴定，只有在确认的前提下，人民法院才有可能顺利解决案件。

6.4.2.3 违反《药品管理法》的民事诉讼

违反药品管理法的民事诉讼是指违反《药品管理法》，生产、经营、使用假劣药，或者其他违反《药品管理法》的行为造成公民权益受损的民事诉讼。主要包括：一是生产、销售、使用假劣药品损害公民健康甚至造成死亡或残疾的民事诉讼。二是生产、销售、使用假劣药影响治疗效果或造成公民财产损失的民事诉讼。三是私自进行新药临床试验和验证引发的民事诉讼。此类卫生民事诉讼的原告一般是受害者，被告可以是医疗机构、个体开业医师、药品生产或经营企业，也可能是医务人员或其他违法人员。

6.4.2.4 违反公共卫生法规的民事诉讼

违反公共卫生法规的民事诉讼主要包括违反《传染病防治法》，造成传染病流行或其他传染病感染，造成公共健康权益损害的民事诉讼；医疗机构违反传染病防治法律规定，造成医院内感染或者有关单位对传染病毒株菌液处理不当造成传染病感染，损害公民健康引发的民事诉讼；医疗机构或者有关单位违反医疗废物管理的有关规定，造成环境污染、疾病传播损害公民健康引发的民事诉讼等。

6.4.2.5 违反职业病管理法律规范的民事诉讼

此类诉讼主要指用人单位违反《职业病防治法》造成职业中毒事故或者导致职工患职业病引起的民事诉讼。此类诉讼的原告是受到职业中毒事故伤害或者患有职业病的职工和死亡职工的亲属，被告是违反《职业病防治法》造成职业中毒事故或者造成职工患职业病的用人单位。此类案件需要组织进行职业病鉴定、得出职业病诊断结论。

6.4.2.6 违反医疗保健和计划生育管理的法律法规的民事诉讼

此类诉讼主要是指非法行医行为引发的卫生民事诉讼；生产经营不符合卫生要求的与健康有关的产品，造成公民、法人或其他组织人身和财产损失而引发的民事诉讼；违反《献血法》和其他有关血液的管理法规，采供不合格血液或擅自采供血液等造成公民损害，或输血以外反应，输血性疾病等引起的卫生民事诉讼；违反其他公共卫生法律规范，造成公民、法人或其他组织健康权和财产损失引起的诉讼；计划生育技术问题或计划生育并发症等问题引发的诉讼。

6.4.3《民法典》关于保护健康权的规定

6.4.3.1 关于健康权的保护，《民法典》做了详细规定。一是人的健康权受保护。第1004条规定：自然人享有健康权。自然人的身心健康受法律保护。任何组织或者个人不得侵害他人的健康权。第1005条规定：自然人的生命权、身体权、健康权受到侵害或者处于其他危难情形的，负有法定救助义务的组织或者个人应当及时施救。

6.4.3.2 侵害他人造成人身损害必须赔偿。第1179条规定：侵害他人造成人身损害的，应当赔偿医疗费、护理费、交通费、营养费、住院伙食补助费等为治疗和康复支出的合理费用，以及因误工减少的收入。造成残疾的，还应当赔偿辅助器具费和残疾赔偿金；造成死亡的，还应当赔偿丧葬费和死亡赔偿金。

6.4.3.3 器官捐献应遵守的基本规则。第1006条规定：完全民事行为能力人有权依法自主决定无偿捐献其人体细胞、人体组织、人体器官、遗体。任何组织或者个人不得强迫、欺骗、利诱其捐献。完全民事行为能力人依据前款规定同意捐献的，应当采用书面形式，也可以订立遗嘱。自然人生前未表示不同意捐献的，该自然人死亡后，其配偶、成年子女、父母可以共同决定捐献，决定捐献应当采用书面形式。

6.4.3.4 诊疗活动中应当保障患者的知情同意权。第1219条规定：医务人员在诊疗活动中应当向患者说明病情和医疗措施。需要实施手术、特殊检查、特殊治疗的，医务人员应当及时向患者具体说明医疗风险、替代医疗方案等情况，并取得其明确同意；不能或者不宜向患者说明的，应当向患者的近亲属说明，并取得其明确同意。

6.4.3.5 紧急情况下知情同意有特殊规定。第1220条规定：因抢救生命垂危的患者等紧急情况，不能取得患者或者其近亲属意见的，经医疗机构负责人或者授权的负责人批准，可以立即实施相应的医疗措施。

6.4.3.6 医疗机构对患者在诊疗活动中受到损害的免责情形。第1224条规定：

患者在诊疗活动中受到损害，有下列情形之一的，医疗机构不承担赔偿责任：

（一）患者或者其近亲属不配合医疗机构进行符合诊疗规范的诊疗；

（二）医务人员在抢救生命垂危的患者等紧急情况下已经尽到合理诊疗义务；

（三）限于当时的医疗水平难以诊疗。

前款第一项情形中，医疗机构或者其医务人员也有过错的，应当承担相应的赔偿责任。

6.4.3.7 有关病历资料的规定。第 1225 条规定：医疗机构及其医务人员应当按照规定填写并妥善保管住院志、医嘱单、检验报告、手术及麻醉记录、病理资料、护理记录等病历资料。患者要求查阅、复制前款规定的病历资料的，医疗机构应当及时提供。

6.4.3.8 患者的隐私和个人信息受保护。第 1226 条规定，医疗机构及其医务人员应当对患者的隐私和个人信息保密。泄露患者的隐私和个人信息，或者未经患者同意公开其病历资料的，应当承担侵权责任。

6.4.3.9 禁止违规过度检查。第 1227 条规定：医疗机构及其医务人员不得违反诊疗规范实施不必要的检查。

6.4.3.10 法律保护医疗机构及其医务人员合法权益。第 1228 条规定：医疗机构及其医务人员的合法权益受法律保护。干扰医疗秩序，妨碍医务人员工作、生活，侵害医务人员合法权益的，应当依法承担法律责任。

6.5 强化健康权刑法保护

众所周知，刑法因所具有的严厉性等刚性因素，使其对健康权保护的力度最大。但是很多学者认为，只有那些严重侵害健康权的行为才能构成刑事犯罪，受到刑事法律惩罚，而且这类情况一般都产生了健康损害后果，因此都是事后救济，重点是事后处罚，而不是事前预防和保障①，因而忽视了刑法对健康权保护的另一个重要作用，那就是刑法是最严厉的法律，同时也是震慑性和威慑力最强的法律，危害健康权的情节进入刑法，能够产生巨大的震慑和阻止作用，使侵害者慑于刑事责任的严

---

① 赵彤彤，杨智红．试论健康权在我国的立法现状［J］．法制与社会，2009，(9)：22.

重后果而不敢实施侵害行为，从而从另一层面起到了预防和保障作用。

6.5.1 健康权刑法保护现状

我国刑法对侵害健康权犯罪采取分散立法模式，将一个或多个犯罪分置于几种犯罪种类中。总体而言，侵害健康权犯罪分为以下几类。

6.5.1.1 危害物品肇事罪。指违反爆炸性、易燃性、放射性、毒害性、腐蚀性物品的管理规定，在生产、储存、运输、使用中发生重大事故，造成严重后果的行为。

6.5.1.2 生产、销售伪劣产品罪。包括生产销售伪劣商品罪、假药罪、劣药罪、不符合《食品安全法》规定安全卫生标准的食品罪、有毒有害食品罪、不符合标准的医用器材罪、不安全产品罪、不符合卫生标准的化妆品罪。

6.5.1.3 危害公共卫生罪。包括妨碍传染防治罪，传染病菌种（毒种）扩散罪，妨碍国境卫生检疫罪，非法组织卖血罪，强迫卖血罪，非法采集、供应血液或者制作、供应血液制品罪，采集、供应血液或者制作供应血液制品事故罪，医疗事故罪，非法行医罪，擅自为他人进行计划生育手术罪，逃避动植物检疫罪。

6.5.1.4 传播性病罪。是指明知自己患有梅毒、淋病等严重性病仍然从事卖淫、嫖娼的行为。

6.5.1.5 毒品犯罪。包括走私、贩卖、运输、制造毒品罪，非法持有毒品罪，包庇毒品犯罪分子罪，非法运输、携带制毒物品罪，非法种植毒品原植物罪，引诱、教唆、欺骗他人吸食、注射毒品罪，非法提供麻醉药品、精神药品罪。

6.5.1.6 破坏环境资源保护罪。包括重大环境污染事故罪、非法处置进口固体废物罪等。

6.5.1.7 渎职罪。包括环境监管失职罪、传染病防治失职罪、动植物检疫徇私舞弊罪、动植物检疫徇私失职罪、放纵制售伪劣商品罪等。

6.5.2 健康权刑事诉讼案件种类

6.5.2.1 与健康相关产品有关的刑事诉讼。主要指生产、销售不符合卫生标准或有毒有害的，与健康相关产品数量较大或者已致人伤害的刑事案件。如制售假劣药品，制售有毒害或不符合卫生标准食品，制售不符合标准医用器材，制售不符合卫生标准化妆品，非法提供麻醉药品、精神药品等犯罪案件的刑事诉讼。

6.5.2.2 与公共卫生监督有关的刑事诉讼。主要指危害公共卫生的犯罪行为引起的刑事诉讼，如妨害传染病防治、妨害国境卫生检疫致使传染病菌种、毒种扩散、传播性病等犯罪案件的刑事诉讼。

6.5.2.3 与医疗机构和医务人员管理有关的刑事诉讼。主要指违反医疗法律规范、擅自行医的犯罪行为引起的刑事诉讼。如非法行医、非法进行节育手术等犯罪案件的刑事诉讼。

6.5.2.4 与公共健康权益有关的刑事诉讼。主要指侵犯公民生命健康权益的犯罪行为引起的刑事诉讼。如非法组织卖血，强迫卖血，非法采集、供应血液制品，医疗事故等犯罪案件的刑事诉讼。

6.5.2.5 与卫生行政执法和卫生管理有关的刑事诉讼。主要指卫生管理及执法人员的失职犯罪行为引起的刑事诉讼。如刑法规定的传染病防治失职，放纵制售假劣药品，放纵制售有毒、有害和不符合卫生标准的食品以及化妆品等犯罪案件的刑事诉讼。

6.5.3 完善健康权刑法保护立法建议

尽管我国刑法对健康权保护基本建立了一个框架体系，但是具体到健康权分支法律体系仍存在许多问题。

6.5.3.1 食品安全领域

近年来食品安全事件频频发生，食品安全问题成为举国关注话题。2011年通过的《中华人民共和国刑法修正案（八）》对食品犯罪立法做了进一步修改，加大了处罚力度，对保障食品安全具有里程碑意义。但是应该看到食品安全涉及范围广，在主体上涉及食品生产、加工、运输、销售和监管等人员，在对象上包括食品、食品添加剂、食品相关产品、食品运输工具等，在流程上包括生产、销售、运输、储存等多个环节。《刑法》规定的范围较窄，在流程上只涉及生产和销售环节，对食品流通过程中的包括运输、储存等其他环节没有规定；在主体上只规定生产、销售人员；在对象上仅规定了包括食品和少数在单行刑法中涉及的如盐酸克仑特罗等物质，未包括绝大部分的食品添加剂以及食品相关产品。同时，在生产、销售不符合食品标准的食品罪中，只有在"足以造成严重食物中毒事故或者其他严重食源性疾患"的情况下才能构成本罪大，在现实中可操作性差。在当前不安全食品泛滥的时期，应当将本罪从危险犯转化为行为犯，即只要具有符合法定条件的生产、销售不符合安全标准的食品的行为，便可追究刑事责任，如出现严重后果则加重其法定刑。

6.5.3.2 医疗卫生领域

《刑法》第335、336条规定了非法行医罪、医疗事故罪和非法进行节育手术罪三条医疗犯罪，其中医疗事故罪目前争议最大，争议的焦点不在于医疗事故罪是否有必要，而在于医疗事故罪法律责任太轻。根据我国《刑法》第335条规定："医务人员由于严重不负责任，造成就诊人死亡或者严重损害就诊人身体健康的，处三年以下有期徒刑或者拘役。"刑种仅两种，法定刑幅度也太低。"自从近代业务过失犯罪的刑事立法例产生以来，各国刑事立法及理论界莫不一致坚持或主张，业务过失犯罪较之普通过失犯罪，对之在刑事责任上应当贯彻从重的原则"，即对业务过失犯罪的处罚，在原则上应当重于普通过失犯罪，目前世界大多数国家都秉承这一原则。医疗事故罪属于典型的业务过失罪，《刑法》第115条的失火罪、第119条的过失破坏交通工具罪、第136条的危险物品肇事罪的基本法定刑是3年以上7年以下有期徒刑；而与之后果基本相同的医疗事故罪仅为3年以下有期徒刑或者拘役，刑罚太轻，不足以对当前频发的医疗事故产生威慑作用；但是也应该看到医疗技术有其有限性、特殊性和风险性等特点，当前医疗水平普遍较低，医务人员缺乏，过度加大医疗事故惩罚力度，会使医务人员在医疗行为上产生畏惧心理，有碍医疗技术发展，因此综上所述，对医疗事故罪有修订的必要，应当增加刑种，如管制、罚金等，适当扩大量刑幅度，但幅度不宜太大，建议以5年以下为宜。同时应该看到，《刑法》对医疗卫生领域诸多现象还存在立法空白。一是对病人紧急救治权的漠视。医疗机构紧急救治义务是医疗法律法规明文规定的强制义务，也应当成为《刑法》中规定的义务。医师怠于履行紧急救治义务，造成严重后果的，在实然法中，依其主观不同可能成立故意杀人罪、故意伤害罪或者医疗事故罪，其实这一实践操作并不符合法定逻辑。从应然角度看，在《刑法》中增加"见危不救罪"应当是解决这一问题的最佳出路。二是在尖端医疗领域的空白。主要表现在：不当运用和滥用人类辅助生殖技术的行为主要涉及代孕和克隆人。我国《人类辅助生殖技术管理办法》严格禁止实施代孕，但是《刑法》中没有适当的罪名可供适用，使代孕的刑事责任被虚置。

我国在克隆人问题上坚持严格禁止的立场，但是立法中仅有宣言性规定，却未规定任何罚则。禁止非医学需要的胎儿性别鉴定一直是我国计划生育法律法规关注的焦点，但是在刑法领域对于非法胎儿性别鉴定及选择性别终止妊娠的规制尚属空白。《人体器官移植条例》是我国首部专门规范人体移植的行政法规，禁止一切形式的买卖人体器官活动，但是刑法尚未建立有效的法律对接，应当增设"走私、销售、购买人体器官罪"。

6.5.3.3 职业卫生领域

我国《刑法》仅在 134 条和 135 条做了有限调整，调整的关注点是"安全生产"，并非"职业危害"。安全和卫生两个词并不具有等价性，安全是指没有危险、不受威胁、不出事故；而卫生则是指能防止疾病的情况；很显然安全是相对于事故使用的，而卫生则是相对于疾病而言的。无论是在国际条约还是在国内法中，安全和卫生都是并列使用的，如 1981 年的《职业安全和卫生公约》和我国《劳动法》第 92 条"用人单位的劳动安全设施和劳动卫生条件不符合国家规定或者未向劳动者提供必要的劳动防护用品和劳动保护设施的"。刑法也应对此并列使用，以彰显国家对劳动者职业健康权益保护的重视。鉴于职业病能防难治的特点，应当加强职业危害的源头控制，设立"扩散职业病危害罪"，进一步强化职业病危害预评价责任。健康检查是发现和治疗职业病的关键举措，对用人单位以规避赔偿和治疗责任为目的，阻碍劳动者健康检查或者隐瞒、篡改健康检查结果的，也应当增设"阻碍职业健康检查罪"①。

6.5.3.4 传染病防治领域

总体而言，《刑法》有关传染病防治的犯罪规定较为全面，在传染病防治犯罪方面共有 4 个罪名：妨害传染病防治罪，传染病菌种、毒种扩散罪，妨害国境卫生检疫罪，传染病防治失职罪。2003 年非典发生后，最高人民法院、最高人民检察院又颁布了《关于办理妨害预防、控制突发传染病疫情等灾害的刑事案件具体应用法律若干问题的解释》（以下称为《解释》），弥补了当时传染病防控之需。现在看来，传染病防控的刑法保护存在以下三个方面的缺憾：一是妨害传染病防治罪中，其犯

---

① 江献军. 论职业卫生的刑法保护［J］. 河北法学，2009，（6）：116.

罪构成仅限于引起甲类传染病传播或有严重传播危险的。如果引起乙类或丙类传染病传播或有严重传播危险，就无法以本罪加以处罚。甲类传染病仅有鼠疫、霍乱两种，并且基本消灭；真正侵害公共健康权的是非典、艾滋病、血吸虫病等乙类和丙类传染病。同时很多传染病属于新发传染病，如非典、甲型H1N1流感和人感染高致病性禽流感，在发病之初我们尚无法确定其传染病级别，这也使新发传染病传播危害处于无罪可处的境地，因此建议将此条修改，只要违反传染病防治法律法规，妨害传染病防治，引起传染病传播，造成严重后果的，都可以追究刑事责任。二是未规定故意的妨害传染病防治罪。虽然两高《解释》中第1条第1款规定："故意传播突发性传染病病原体，危害公共安全的，按照以危险方法危害公共安全罪定罪处罚"，但该解释与我国《刑法》分则各种犯罪的分类标准不协调。按照刑法规定，故意传播突发性传染病病原体是违反传染病防治的行为，如果构成犯罪，应当归类到《刑法》第六章"妨害社会管理秩序罪"中的"危害公共卫生罪"，不应归类为"危害公共安全罪"。同时也未规定故意传播常规传染病的法律责任，因此应当将故意妨害传染病防治的行为规定为独立的罪名与法定刑。三是刑法有关传染病防治的犯罪是与1989年《传染病防治法》相对接的，如妨害传染病防治罪来源于1989年《传染病防治法》第37条规定，传染病菌种、毒种扩散罪来源于1989年《传染病防治法》第38条规定，传染病防治失职罪来源于《传染病防治法》第39条的规定。这与现行的2004年《传染病防治法》并不完全适应，修订时应建立有效行政法和刑事法的对接机制。

结 语

近代以来，健康权从个人事务发展为基本人权，从应然权利发展为实然权利，从消极权利发展为积极权利，有着深刻的思想、法理和社会渊源。可以说，健康权是人维护自身尊严所不可缺少的固有权利，也是生存和发展不可或缺的基础权利。随着社会决定因素成为影响健康的主要因素，国家在尊重、保障和实现健康权方面承担着越来越多的义务，这是社会发展的必然趋势。但是，完全依赖国家主导的健康权保障，有可能导致对个人自由的侵犯，对个人责任的忽视。因此，强调国家义务不能忽视个人自由和个人责任。

健康权保障作为一项社会系统工程，需要形成健康权法律体系。宪法作为国家的根本大法，在国家法律体系中发挥着核心和引领作用，因而，健康权入宪对健康权保障具有重要意义，对促进公民健康权保障将产生深远影响。行政法对保障公民健康权发挥着直接的作用，应当健全和完善一套由基本法为统领、相关法律相配套的卫生行政法体系，强化公民的健康权保障。同时，应发挥民法、刑法对公民健康权保障的重要作用，使公民健康权保障法律体系得以健全和优化。

附录：有关健康权的国际公约和宣言

阿拉木图宣言

1978 年 9 月 12 日

于 1978 年 9 月 12 日在阿拉木图召开的国际初级卫生保健大会表述了所有政府、所有卫生及发展工作者及世界大家庭为保障并增进世界所有人民的健康而立即行动的必要性，兹特作宣言如下：

I

大会兹坚定重申健康不仅是疾病与体虚的匿迹，而是身心健康社会幸福的总体状态，是基本人权，达到尽可能高的健康水平是世界范围的一项最重要的社会性目标，而其实现，则要求卫生部门及其他多种社会及经济部门的行动。

II

人民健康状态特别是发达国家与发展中国家之间以及国家内部现存的严重不平等，在政治上、社会上及经济上是不能接受的，从而是所有国家关心所在。

III

以国际新经济秩序为基础的经济及社会发展对充分实现人人享有保健并缩短发展中及发达国家之间卫生状态的差距是首要的。增进并保障人民健康对持续的经济社会发展是首要的并有助于更为美好的生活质量及世界和平。

IV

人民有个别地及集体地参与他们的卫生保健的权利与义务。

V

政府为其人民的健康负有责任，而这只能备有充分的卫生及社会性措施方能实现。在 2000 年时使所有人民享有能使他们过着社会及经济富裕生活的健康水平应是今后数十年内各政府、国际组织及整个国际大家庭的一项主要的社会性目标。初级卫生保健是在社会公正精神下实现作为发展的一个部分的目标的主要渠道。

VI

初级卫生保健是基于切实可行、学术上可靠而又为社会所接受的方式与技术之上的主要的卫生保健，通过群众中个人及家庭的参与，并在本着自力更生及自决精神而发展的各个阶段上群众及国家能以维持的费用而使之遍及所有人等。它既是国家卫生体制的一个组成部分、一个功能的中心和活动的焦点，也是群众社会及经济总体发展的一个组成部分。它是个人、家庭、群众与国家保健系统接触的第一环，能使卫生保健尽可能接近于人民居住及工作场所；它还是卫生保健持续进程的起始一级。

VII

初级卫生保健：

反映着并产生于国家及其群众的经济条件及社会经济和政治特点，并建基于社会、生物医学及卫生服务研究有关结果的实施及公共卫生经验之上；

提出群众中的主要卫生问题，并相应地提供促进、预防、治疗及康复服务；

至少包括有：对当前流行的卫生问题以及预防及控制方法的宣传教育；改善食品供应及适当的营养；安全饮用水的适量供应及基本环境卫生；妇幼卫生保健、包括家庭计划；主要传染病的免疫接种；当地地方病的预防及控制；常见病伤的妥善处理；以及基本药物的提供；

除卫生部门外，还涉及国家及群众发展各有关部门及有关方面，特别是农业、畜牧、食品、工业、教育、住房、群众工作、交通及其他部门；并要求所有部门的协作；

要求并最大限度地推动个人自力更生并参与初级卫生保健的规划、组织、工作及管理，充分利用当地、本国及其他现有资源；为此目的而通过适宜的宣传教育以提高群众能力以便参与；

应有连贯的、相互结合、相互支持而有效的转诊制度从而导致循序渐进地为所有人等改善全面的卫生保健，而重点则是对之最感需要的人们；

在当地的及转诊的体制中依靠包括有医师、护士、助产士、助理人员，还包括在切实可行的情况下，群众卫生人员以及必要时的传统医，经适当的社会及业务培训后以医疗队的形式开展工作以满足群众中反映出来的卫生需求。

VIII

所有政府应拟订出国家的政策、战略及行动计划，在其他部门的协作下发起并持续开展作为国家全面的卫生制度组成部分之一的初级卫生保健。为此目的，便需发挥政治意志，合理调动国家资源并使用外来资源。

IX

由于任何一个国家实现全民健康都将直接作用于并有助于其他国家，因而，所有国家都应本着协同共事精神进行合作。在这方面，世界卫生组织/联合国儿童基金会就初级卫生保健的联合报告是世界范围内进一步发展及实施初级卫生保健的坚实基础。

X

2000年时使所有人民的健康达到令人满意的水平，将能通过更充分、更完善地使用世界资源予以实现，而现时资源中为数可观的一部分却耗费在军备及军事冲突上。一项真正的独立、和平、缓和及裁军政策将能并也应能挪出额外的资源真正用于和平的目的，特别是用作加速社会及经济发展进程，而作为其主要部分的初级卫生保健应拨付给相应的份额。

* * *

国际初级卫生保健大会号召国家及国际间迅速而有效的行动以便在世界范围内特别是发展中国家中按国际新经济秩序并本着加深合作精神控制并贯彻执行初级卫生保健。它敦请各政府、世界卫生组织和联合国儿童基金会、其他国际组织以及多边的和双边的机构、非政府性组织、资助机构、所有卫生工作者及整个世界大家庭支持各国及国际间对初级卫生保健所承担的义务，并沟通对之特别是对发展中国家提供更多的技术与财务支持的渠道。大会吁请上述人等本着宣言精神及内容协力推广、发展并坚持初级卫生保健。

世界人权宣言

1948 年 12 月 10 日，联合国大会通过第 217A（III）号决议并颁布

序 言

鉴于对人类家庭所有成员的固有尊严及其平等的和不移的权利的承认，乃是世界自由、正义与和平的基础，

鉴于对人权的无视和侮蔑视已发展为野蛮暴行，这些暴行玷污了人类的良心，而一个人人享有言论和信仰自由并免予恐惧和匮乏的世界的来临，已被宣布为普通人民的最高愿望，

鉴于为使人类不致迫不得已铤而走险对暴政和压迫进行反叛，有必要使人权受法治的保护，

鉴于有必要促进各国间友好关系的发展，

鉴于各联合国国家的人民已在联合国宪章中重申他们对基本人权、人格尊严和价值以及男女平等权利的信念，并决心促成较大自由中的社会进步和生活水平的改善，

鉴于各会员国业已誓愿同联合国合作以促进对人权和基本自由的普遍尊重和遵行，

鉴于对这些权利和自由的普遍了解对于这个誓愿的充分实现具有很大的重要性，

因此现在，大会发布这一世界人权宣言，作为所有人民和所有国家努力实现的共同标准，以期每一个人和社会机构经常铭念本宣言，努力通过教诲和教育促进对权利和自由的尊重，并通过国家的和国际的渐进措施，使这些权利和自由在各会员国本身人民及在其管辖下领土的人民中得到普遍和有效的承认和遵行。

第一条 人人生而自由，在尊严和权利上一律平等。他们赋有理性和良心，并应以兄弟关系的精神相对待。

第二条 人人有资格享受本宣言所载的一切权利和自由，不分种族、肤色、性

别、语言、宗教、政治或其他见解、国籍或社会出身、财产、出生或其他身份等任何区别。并且不得因一人所属的国家或领土的政治的、行政的或者国际的地位之不同而有所区别，无论该领土是独立领土、托管领土、非自治领土或者处于其他任何主权受限制的情况之下。

第三条　人人有权享有生命、自由和人身安全。

第四条　任何人不得使为奴隶或奴役；一切形式的奴隶制度和奴隶买卖，均应予以禁止。

第五条　任何人不得加以酷刑，或施以残忍的、不人道的或侮辱性的待遇或刑罚。

第六条　人人在任何地方有权被承认在法律前的人格。

第七条　在法律前人人平等，并有权享受法律的平等保护，不受任何歧视。人人有权享受平等保护，以免受违反本宣言的任何歧视行为以及煽动这种歧视的任何行为之害。

第八条　任何人当宪法或法律所赋予他的基本权利遭受侵害时，有权由合格的国家法庭对这种侵害行为作有效的补救。

第九条　任何人不得加以任意逮捕、拘禁或放逐。

第十条　人人完全平等地有权由一个独立而无偏倚的法庭进行公正的和公开的审讯，以确定他的权利和义务并判定对他提出的任何刑事指控。

第十一条

（一）凡受刑事控告者，在未经获得辩护上所需的一切保证的公开审判而依法证实有罪以前，有权被视为无罪。

（二）任何人的任何行为或不行为，在其发生时依国家法或国际法均不构成刑事罪者，不得被判为犯有刑事罪。刑罚不得重于犯罪时适用的法律规定。

第十二条　任何人的私生活、家庭、住宅和通信不得任意干涉，他的荣誉和名誉不得加以攻击。人人有权享受法律保护，以免受这种干涉或攻击。

第十三条

（一）人人在各国境内有权自由迁徙和居住。

（二）人人有权离开任何国家，包括其本国在内，并有权返回他的国家。

第十四条

（一）人人有权在其他国家寻求和享受庇护以避免迫害。

（二）在真正由于非政治性的罪行或违背联合国的宗旨和原则的行为而被起诉的情况下，不得援用此种权利。

第十五条

（一）人人有权享有国籍。

（二）任何人的国籍不得任意剥夺，亦不得否认其改变国籍的权利。

第十六条

（一）成年男女，不受种族、国籍或宗教的任何限制，有权婚嫁和成立家庭。他们在婚姻方面，在结婚期间和在解除婚约时，应有平等的权利。

（二）只有经男女双方的自由的和完全的同意，才能缔婚。

（三）家庭是天然的和基本的社会单元，并应受社会和国家的保护。

第十七条

（一）人人得有单独的财产所有权以及同他人合有的所有权。

（二）任何的财产不得任意剥夺。

第十八条　人人有思想、良心和宗教自由的权利；此项权利包括他的宗教或信仰的自由，以及单独或集体、公开或秘密地以教义、实践、礼拜和戒律表示他的宗教或信仰的自由。

第十九条　人人有权享有主张和发表意见的自由；此项权利包括持有主张而不受干涉的自由；和通过任何媒介和不论国界寻求、接受和传递消息和思想的自由。

第二十条

（一）人人有权享有和平集会和结社的自由。

（二）任何人不得迫使隶属于某一团体。

第二十一条

（一）人人有直接或通过自由选择的代表参与治理本国的权利。

（二）人人有平等机会参加本国公务的权利。

（三）人民的意志是政府权力的基础；这一意志应以定期和真正的选举予以表现，而选举应依据普遍和平等的投票权，并以不记名投票或相当的自由投票程序进行。

第二十二条　每个人，作为社会的一员，有权享受社会保障，并有权享受他的个人尊严和人格的自由发展所必需的经济、社会和文化方面各种权利的实现，这种实现是通过国家努力和国际合作并依照各国的组织和资源情况。

第二十三条

（一）人人有权工作、自由选择职业、享受公正和合适的工作条件并享受免于失业的保障。

（二）人人有同工同酬的权利，不受任何歧视。

（三）每一个工作的人，有权享受公正和合适的报酬，保证使他本人和家属有一个符合人的尊严的生活条件，必要时并辅以其他方式的社会保障。

（四）人人有为维护其利益而组织和参加工会的权利。

第二十四条　人人有享受休息和闲暇的权利，包括工作时间有合理限制和定期给薪休假的权利。

第二十五条

（一）人人有权享受为维持他本人和家属的健康和福利所需的生活水准，包括食物、衣着、住房、医疗和必要的社会服务；在遭到失业、疾病、残废、守寡、衰老或在其他不能控制的情况下丧失谋生能力时，有权享受保障。

（二）母亲和儿童有权享受特别照顾和协助。一切儿童，无论婚生或非婚生，都应享受同样的社会保护。

第二十六条

（一）人人都有受教育的权利，教育应当免费，至少在初级和基本阶段应如此。初级教育应属义务性质。技术和职业教育应普遍设立。高等教育应根据成绩而对一切人平等开放。

（二）教育的目的在于充分发展人的个性并加强对人权和基本自由的尊重。教育应促进各国、各种族或各宗教集团的了解、容忍和友谊，并应促进联合国维护和平的各项活动。

（三）父母对其子女所应受的教育的种类，有优先选择的权利。

第二十七条

（一）人人有权自由参加社会的文化生活，享受艺术，并分享科学进步及其产生的福利。

（二）人人以由于他所创作的任何科学、文学或美术作品而产生的精神的和物质的利益，有享受保护的权利。

第二十八条　人人有权要求一种社会的和国际的秩序，在这种秩序中，本宣言所载的权利和自由能获得充分实现。

第二十九条

（一）人人对社会负有义务，因为只有在社会中他的个性才可能得到自由和充分的发展。

（二）人人在行使他的权利和自由时，只受法律所确定的限制，确定此种限制的唯一目的在于保证对旁人的权利和自由给予应有的承认和尊重，并在一个民主的社会中适应道德、公共秩序和普遍福利的正当需要。

（三）这些权利和自由的行使，无论在任何情况下均不得违背联合国的宗旨和原则。

第三十条　本宣言的任何条文，不得解释为默许任何国家、集团或个人有权进行任何旨在破坏本宣言所载的任何权利和自由的活动或行为。

经济、社会及文化权利国际公约

序　言

本公约缔约各国，

考虑到，按照联合国宪章所宣布的原则，对人类家庭所有成员的固有尊严及其平等的和不移的权利的承认，乃是世界自由、正义与和平的基础，

确认这些权利是源于人身的固有尊严，

确认按照世界人权宣言，只有在创造了使人可以享有其经济、社会及文化权利，正如享有其公民和政治权利一样的条件的情况下，才能实现自由人类享有免于恐惧和匮乏的自由的理想，

考虑到各国根据联合国宪章负有义务促进对人的权利和自由的普遍尊重和遵行，

认识到个人对其他个人和对他所属的社会负有义务，应为促进和遵行本公约所承认的权利而努力，

兹同意下述各条：

第一部分

第一条

一、所有人民都有自决权。他们凭这种权利自由决定他们的政治地位，并自由谋求他们的经济、社会和文化的发展。

二、所有人民得为他们自己的目的自由处置他们的天然财富和资源，而不损害根据基于互利原则的国际经济合作和国际法而产生的任何义务。在任何情况下不得剥夺一个人民自己的生存手段。

三、本公约缔约各国，包括那些负责管理非自治领土和托管领土的国家，应在符合联合国宪章规定的条件下，促进自决权的实现，并尊重这种权利。

第二部分

第二条

一、每一缔约国家承担尽最大能力个别采取步骤或经由国际援助和合作，特别是经济和技术方面的援助和合作，采取步骤，以便用一切适当方法，尤其包括用立法方法，逐渐达到本公约中所承认的权利的充分实现。

二、本公约缔约各国承担保证，本公约所宣布的权利应予普遍行使，而不得有例如种族、肤色、性别、语言、宗教、政治或其他见解、国籍或社会出身、财产、出生或其他身份等任何区分。

三、发展中国家，在适当顾到人权及它们的民族经济的情况下，得决定它们对非本国国民享受本公约中所承认的经济权利，给予什么程度的保证。

第三条　本公约缔约各国承担保证男子和妇女在本公约所载一切经济、社会及文化权利方面有平等的权利。

第四条　本公约缔约各国承认，在对各国依据本公约而规定的这些权利的享有方面，国家对此等权利只能加以限制同这些权利的性质不相违背而且只是为了促进民主社会中的总的福利的目的的法律所确定的限制。

第五条

一、本公约中任何部分不得解释为隐示任何国家、团体或个人有权利从事于任何旨在破坏本公约所承认的任何权利或自由或对它们加以较本公约所规定的范围更广的限制的活动或行为。

二、对于任何国家中依据法律、惯例、条例或习惯而被承认或存在的任何基本人权，不得借口本公约未予承认或只在较小范围上予以承认而予以限制或克减。

第三部分

第六条

一、本公约缔约各国承认工作权，包括人人应有机会凭其自由选择和接受的工作来谋生的权利，并将采取适当步骤来保障这一权利。

二、本公约缔约各国为充分实现这一权利而采取的步骤应包括技术的和职业的指导和训练，以及在保障个人基本政治和经济自由的条件下达到稳定的经济、社会和文化的发展和充分的生产就业的计划、政策和技术。

第七条 本公约缔约各国承认人人有权享受公正和良好的工作条件，特别要保证：

（甲）最低限度给予所有工人以下列报酬：

（1）公平的工资和同值工作同酬而没有任何歧视，特别是保证妇女享受不差于男子所享受的工作条件，并享受同工同酬；

（2）保证他们自己和他们的家庭得有符合本公约规定的过得去的生活；

（乙）安全和卫生的工作条件；

（丙）人人在其行业中有适当的提级的同等机会，除资历和能力的考虑外，不受其他考虑的限制；

（丁）休息、闲暇和工作时间的合理限制，定期给薪休假以及公共假日报酬。

第八条

一、本公约缔约各国承担保证：

（甲）人人有权组织工会和参加他所选择的工会，以促进和保护他的经济和社会利益；这个权利只受有关工会的规章的限制。对这一权利的行使，不得加以除法律所规定及在民主社会中为了国家安全或公共秩序的利益或为保护他人的权利和自由所需要的限制以外的任何限制；

（乙）工会有权建立全国性的协会或联合会，有权组织或参加国际工会组织；

（丙）工会有权自由地进行工作，不受除法律所规定及在民主社会中为了国家安全或公共秩序的利益或为保护他人的权利和自由所需要的限制以外的任何限制；

（丁）有权罢工，但应按照各个国家的法律行使此项权利。

二、本条不应禁止对军队或警察或国家行政机关成员的行使这些权利，加以合法的限制。

三、本条并不授权参加一九四八年关于结社自由及保护组织权国际劳工公约的缔约国采取足以损害该公约中所规定的保证的立法措施，或在应用法律时损害这种保证。

第九条　本公约缔约各国承认人人有权享受社会保障，包括社会保险。

第十条　本公约缔约各国承认：

一、对作为社会的自然和基本的单元的家庭，特别是对于它的建立和当它负责照顾和教育未独立的儿童时，应给以尽可能广泛的保护和协助。缔婚必须经男女双方自由同意。

二、对母亲，在产前和产后的合理期间，应给以特别保护。在此期间，对有工作的母亲应给以给薪休假或有适当社会保障福利金的休假。

三、应为一切儿童和少年采取特殊的保护和协助措施，不得因出身或其他条件而有任何歧视。儿童和少年应予保护免受经济和社会的剥削。雇佣他们做对他们的道德或健康有害或对生命有危险的工作或做足以妨害他们正常发育的工作，依法应受惩罚。各国亦应规定限定的年龄，凡雇佣这个年龄以下的童工，应予禁止和依法应受惩罚。

第十一条

一、本公约缔约各国承认人人有权为他自己和家庭获得相当的生活水准，包括足够的食物、衣着和住房，并能不断改进生活条件。各缔约国将采取适当的步骤保证实现这一权利，并承认为此而实行基于自愿同意的国际合作的重要性。

二、本公约缔约各国既确认人人享有免于饥饿的基本权利，应为下列目的，个别采取必要的措施或经由国际合作采取必要的措施，包括具体的计划在内：

（甲）用充分利用科技知识、传播营养原则的知识、和发展或改革土地制度以使天然资源得到最有效的开发和利用等方法，改进粮食的生产、保存及分配方法；

（乙）在顾到粮食入口国家和粮食出口国家的问题的情况下，保证世界粮食供应，会按照需要，公平分配。

第十二条

一、本公约缔约各国承认人人有权享有能达到的最高的体质和心理健康的标准。

二、本公约缔约各国为充分实现这一权利而采取的步骤应包括为达到下列目标所需的步骤：

（甲）减低死胎率和婴儿死亡率，和使儿童得到健康的发育；

（乙）改善环境卫生和工业卫生的各个方面；

（丙）预防、治疗和控制传染病、风土病、职业病以及其他的疾病；

（丁）创造保证人人在患病时能得到医疗照顾的条件。

第十三条

一、本公约缔约各国承认，人人有受教育的权利。它们同意，教育应鼓励人的个性和尊严的充分发展，加强对人权和基本自由的尊重，并应使所有的人能有效地参加自由社会，促进各民族之间和各种族、人种或宗教团体之间的了解、容忍和友谊，和促进联合国维护和平的各项活动。

二、本公约缔约各国认为，为了充分实现这一权利起见：

（甲）初等教育应属义务性质并一律免费；

（乙）各种形式的中等教育，包括中等技术和职业教育，应以一切适当方法，普遍设立，并对一切人开放，特别要逐渐做到免费；

（丙）高等教育应根据成绩，以一切适当方法，对一切人平等开放，特别要逐渐做到免费；

（丁）对那些未受到或未完成初等教育的人的基础教育，应尽可能加以鼓励或推进；

（戊）各级学校的制度，应积极加以发展；适当的奖学金制度，应予设置；教员的物质条件，应不断加以改善。

三、本公约缔约各国承担，尊重父母和（如适用时）法定监护人的下列自由：为他们的孩子选择非公立的但系符合于国家所可能规定或批准的最低教育标准的学校，并保证他们的孩子能按照他们自己的信仰接受宗教和道德教育。

四、本条的任何部分不得解释为干涉个人或团体设立及管理教育机构的自由，但以遵守本条第一款所述各项原则及此等机构实施的教育必须符合于国家所可能规定的最低标准为限。

第十四条　本公约任何缔约国在参加本公约时尚未能在其宗主领土或其他在其管辖下的领土实施免费的、义务性的初等教育者，承担在两年之内制定和采取一个逐步实行的详细的行动计划，其中规定在合理的年限内实现一切人均得受免费的义务性教育的原则。

第十五条

一、本公约缔约各国承认人人有权：

（甲）参加文化生活；

（乙）享受科学进步及其应用所产生的利益；

（丙）对其本人的任何科学、文学或艺术作品所产生的精神上和物质上的利益，享受被保护之利。

二、本公约缔约各国为充分实现这一权利而采取的步骤应包括为保存、发展和传播科学和文化所必需的步骤。

三、本公约缔约各国承担尊重进行科学研究和创造性活动所不可缺少的自由。

四、本公约缔约各国认识到鼓励和发展科学与文化方面的国际接触和合作的好处。

第四部分

第十六条

一、本公约缔约各国承担依照本公约这一部分提出关于在遵行本公约所承认的权利方面所采取的措施和所取得的进展的报告。

二、（甲）所有的报告应提交给联合国秘书长；联合国秘书长应将报告副本转交经济及社会理事会按照本公约的规定审议；

（乙）本公约任何缔约国，同时是一个专门机构的成员国者，其所提交的报告或其中某部分，倘若与按照该专门机构的组织法规定属于该机构职司范围的事项有关，联合国秘书长应同时将报告副本或其中的有关部分转交该专门机构。

第十七条

一、本公约缔约各国应按照经济及社会理事会在同本公约缔约各国和有关的专门机构进行咨商后，于本公约生效后一年内，所制定的计划，分期提供报告。

二、报告得指出影响履行本公约义务的程度的因素和困难。

三、凡有关的材料业经本公约任一缔约国提供给联合国或某一专门机构时，即不需要复制该项材料，而只需确切指明所提供材料的所在地即可。

第十八条　经济及社会理事会按照其根据联合国宪章在人权方面的责任，得和专门机构就专门机构向理事会报告在使本公约中属于各专门机构活动范围的规定获得遵行方面的进展作出安排。这些报告得包括它们的主管机构所采取的关于此等履行措施的决定和建议的细节。

第十九条　经济及社会理事会得将各国按照第十六条和第十七条规定提出的关于人权的报告和各专门机构按照第十八条规定提出的关于人权的报告转交人权委员会以供研究和提出一般建议或在适当时候参考。

第二十条　本公约缔约各国以及有关的专门机构得就第十九条中规定的任何一般建议或就人权委员会的任何报告中的此种一般建议或其中所提及的任何文件，向经济及社会理事会提出意见。

第二十一条　经济及社会理事会得随时和其本身的报告一起向大会提出一般性的建议以及从本公约各缔约国和各专门机构收到的关于在普遍遵行本公约所承认的权利方面所采取的措施和所取得的进展的材料的摘要。

第二十二条　经济及社会理事会得提请从事技术援助的其他联合国机构和它们的辅助机构以及有关的专门机构对本公约这一部分所提到的各种报告所引起的任何事项予以注意，这些事项可能帮助这些机构在它们各自的权限内决定是否需要采取有助于促进本公约的逐步切实履行的国际措施。

第二十三条　本公约缔约各国同意为实现本公约所承认的权利而采取的国际行动应包括签订公约、提出建议、进行技术援助以及为磋商和研究的目的同有关政府共同召开区域会议和技术会议等方法。

第二十四条 本公约的任何部分不得解释为有损联合国宪章和各专门机构组织法中确定联合国各机构和各专门机构在本公约所涉及事项方面的责任的规定。

第二十五条 本公约中任何部分不得解释为有损所有人民充分地和自由地享受和利用他们的天然财富与资源的固有权利。

第五部分

第二十六条

一、本公约开放给联合国任何会员国或其专门机构的任何会员国、国际法院规约的任何当事国、和经联合国大会邀请为本公约缔约国的任何其他国家签字。

二、本公约须经批准。批准书应交存联合国秘书长。

三、本公约应开放给本条第一款所述的任何国家加入。

四、加入应向联合国秘书长交存加入书。

五、联合国秘书长应将每一批准书或加入书的交存通知已经签字或加入本公约的所有国家。

第二十七条

一、本公约应自第三十五件批准书或加入书交存联合国秘书长之日起三个月后生效。

二、对于在第三十五件批准书或加入书交存后批准或加入本公约的国家,本公约应自该国交存其批准书或加入书之日起三个月后生效。

第二十八条 本公约的规定应扩及联邦国家的所有部分,没有任何限制和例外。

第二十九条

一、本公约的任何缔约国均得提出对本公约的修正案,并将其提交联合国秘书长。秘书长应立即将提出的修正案转知本公约各缔约国,同时请它们通知秘书长是否赞成召开缔约国家会议以审议这个提案并对它进行表决。在至少有三分之一缔约国赞成召开这一会议的情况下,秘书长应在联合国主持下召开此会议。为会议上出席并投票的多数缔约国所通过的任何修正案,应提交联合国大会批准。

二、此等修正案由联合国大会批准并为本公约缔约国的三分之二多数按照它们各自的宪法程序加以接受后，即行生效。

三、此等修正案生效时，对已接受的各缔约国有拘束力，其他缔约国仍受本公约的条款和它们已接受的任何以前的修正案的拘束。

第三十条　除按照第二十六条第五款作出的通知外，联合国秘书长应将下列事项通知同条第一款所述的所有国家：

（甲）按照第二十六条规定所作的签字、批准和加入；

（乙）本公约按照第二十七条规定生效的日期，以及对本公约的任何修正案按照第二十九条规定生效的日期。

第三十一条

一、本公约应交存联合国档库，其中文、英文、法文、俄文、西班牙文各本同一作准。

二、联合国秘书长应将本公约的正式副本分送第二十六条所指的所有国家。

第 14 号一般性意见：
享有能达到的最高健康标准的权利

第二十二届会议（2000 年）第 14 号一般性意见：享有能达到的最高健康标准的权利（第 12 条）

1. 健康是行使其他人权不可或缺的一项基本人权。每个人都有权享有能够达到的、有益于体面生活的最高标准的健康。实现健康权可通过很多办法，彼此互相补充，如制定卫生政策、执行世界卫生组织制定的卫生计划，或采用具体的法律手段。而且，健康权还包括某些可以通过法律执行的内容。

2. 健康权在很多国际文书中得到承认。《世界人权宣言》第 25 条第 1 款规定："人人有权享受为维持他本人和家属的健康和福利所需的生活水准，包括食物、衣着、住房、医疗和必要的社会服务。"《经济、社会、文化权利国际公约》在健康权上规定了国际人权法最全面的条款。根据该公约第 12 条第 1 款，缔约国承认，"人人有权享有能达到的最高的体质和心理健康的标准"，第 12 条第 2 款又进一步列举了若干缔约国为实现这项权利应采取的步骤。此外，承认健康权的还有 1956 年的

《消除一切形式种族歧视国际公约》第 5 条（e）（4）、1979 年的《消除对妇女一切形式歧视公约》的第 11 条第 1 款（f）和第 12 条和 1989 年的《儿童权利公约》第 24 条。一些区域性人权文书也承认健康权，如修订的 1961 年的《欧洲社会宪章》（第 11 条）、1981 年的《非洲人权和人民权利宪章》（第 16 条）和 1988 年的《美洲人权公约关于经济、社会和文化权利领域的附加议定书》（第 10 条）。同样，人权委员会、1993 年的《维也纳宣言和行动纲领》和其他国际文书，也都提出过健康权。

3. 健康权与实现国际人权宪章中所载的其他人权密切相关又相互依赖，包括获得食物、住房、工作、教育和人的尊严的权利，以及生命权、不受歧视的权利、平等、禁止使用酷刑、隐私权、获得信息的权利，结社、集会和行动自由。所有这些权利和其他权利和自由都与健康权密不可分。

4. 在起草公约的第 12 条时，联合国大会第三委员会没有采用世界卫生组织宪章序言中对健康的定义，该定义的健康概念是："完全的身体、精神和社会安康，而不仅仅是没有疾病或衰弱。"然而，公约第 12 条第 1 款所讲的"享有能达到的最高的体质和心理健康的标准"，并不限于得到卫生保健的权利。相反，起草的过程和第 12 条第 2 款明确的措辞认为，健康权包括多方面的社会经济因素，促进使人民可以享有健康生活的条件，包括各种健康的基本决定因素，如食物和营养、住房、使用安全饮水和得到适当的卫生条件、安全而有益健康的工作条件，和有益健康的环境。

5. 委员会清楚，对世界各地数以百万的人来说，充分享有健康权仍是一个遥远的目标。而且在很多情况下，特别是对那些生活贫困的人，这个目标正变得越来越遥远。委员会承认，因各种国际和其他因素造成的严重结构和其他障碍，超出了一些国家的控制能力，妨碍了很多缔约国充分实现第 12 条。

6. 为了帮助缔约国执行公约和履行它们的报告义务，这份一般性意见着重阐述第 12 条（第一部分）的规范内容、缔约国的义务（第二部分）、违反（第三部分），和在国家范围内的落实（第四部分），缔约国以外的其他方面的义务，在第五部分中阐述。这份一般性意见是根据委员会多年来审查缔约国报告的经验提出的。

一、第 12 条的规范内容

7. 第 12 条第 1 款提出了健康权的定义，第 12 条第 2 款列举了——但并非全部——缔约国的一些义务。

8. 享有健康权，不应理解为身体健康的权利。健康权既包括自由，也包括权利。自由包括掌握自己健康和身体的权利，包括性和生育上的自由，以及不受干扰的权利，如不受酷刑、未经同意强行治疗和试验的权利。另一方面，应该享有的权利包括参加卫生保护制度的权利，该套制度能够为人民提供平等的机会，享有可达到的最高水平的健康。

9. 第 12 条第 1 款的"能达到的最高的健康标准"概念，既考虑进了个人的生理和社会经济先决条件，也考虑进了国家掌握的资源。有一些方面不可能完全在国家与个人之间的关系范围内解决，具体而言，国家不能保证健康，它也不能提供对所有可能造成人类疾病的原因提供保护。因此，遗传因素、个人是否易患疾病和追求不健康或危险的生活方式，都可能对个人的健康产生重要影响。因此，享有健康权必须理解为一项享有实现能够达到的最高健康标准所必需的各种设施、商品、服务和条件的权利。

10. 自 1966 年联合国通过两项国际公约以来，世界的卫生状况发生了巨大变化，健康的概念也经历了重大改变，范围也拓宽了。更多的健康决定因素被增加进来，如资源分配和性别差异。较宽的健康定义，还考虑进了暴力和武装冲突等社会方面的关注。此外，一些原先不知道的疾病，如人类免疫缺陷病毒和艾滋病（HIV/AIDS），和其他一些传播较广的疾病，如癌症，以及世界人口的迅速增长，都造成了实现健康权的新的障碍，在解释第 12 条时必须加以考虑。

11. 委员会对健康权的解释，根据第 12 条第 1 款的规定，是一项全部包括在内的权利，不仅包括及时和适当的卫生保健，而且也包括决定健康的基本因素，如使用安全和洁净的饮水、享有适当的卫生条件、充足的安全食物、营养和住房供应、符合卫生的职业和环境条件，和获得卫生方面的教育和信息，包括性和生育卫生的教育和信息。另一个重要方面，是人民能够在社区、国家和国际上参与所有卫生方面的决策。

12. 健康权的各种形式和层次，包括以下互相关联的基本要素，其具体实施将取决于具体缔约国的现实条件：

（a）便利。缔约国境内必须有足够数量的、行之有效的公共卫生和卫生保健设施、商品和服务，以及卫生计划。这些设施、商品和服务的具体性质，会因各种因素而有所不同，包括缔约国的发展水平。但它们应包括一些基本的卫生要素，如安全和清洁的饮水、适当的卫生设施、医院、诊所和其他卫生方面的建筑、经过培训工资收入在国内具有竞争力的医务和专业人员，和世界卫生组织必需药品行动纲领规定的必需药品。

（b）获得条件。缔约国管辖范围内的卫生设施、商品和服务，必须面向所有人，不得歧视。获得条件有四个彼此之间相互重叠的方面：

①不歧视：卫生设施、商品和服务必须在法律和实际上面向所有人，特别是人口中最脆弱的部分和边缘群体，不得以任何禁止的理由加以歧视。

②实际获得的条件：卫生设施、商品和服务，必须是各部分人口能够安全、实际获得的，特别是脆弱群体和边缘群体，如少数民族和土著人、妇女、儿童、青少年、老年人、残疾人和患有艾滋病/携带病毒的人。获得的条件还包括能够安全、切实得到医疗服务和基本的健康要素，如安全和洁净的饮水、适当的卫生设施等，包括农村地区。获得的条件还包括建筑物为残疾人配备适当的进入条件。

③经济上的获得条件（可支付）：卫生设施、商品和服务必须是所有人能够承担的。卫生保健服务以及与基本健康要素有关的服务，收费必须建立在平等原则的基础上，保证这些服务不论是私人还是国家提供的，应是所有人都能承担得起的，包括社会处境不利的群体。公平要求较贫困的家庭与较富裕的家庭相比不应在卫生开支上负担过重。

④获得信息的条件：获得条件包括查找、接受和传播有关卫生问题的信息和意见的权利。然而，获得信息的条件不应损害个人健康资料保密的权利。

（c）接受条件。所有卫生设施、商品和服务，必须遵守医务职业道德，在文化上是适当的，即尊重个人、少数群体、人民和社区的文化，对性别和生活周期的需要敏感，遵守保密的规定，和改善有关个人和群体的健康状况。

（d）质量。卫生设施、商品和服务不仅应在文化上是可以接受的，而且必须在科学和医学上是适当和高质量的。这要求除其他外应有熟练的医务人员、在科学上经过批准、没有过期的药品，医院设备，安全和洁净的饮水，和适当的卫生条件。

13. 第 12 条第 2 款并不完全的举例，规定了各国采取行动的准则。它提出了一些具体措施的通用例子，这些措施都属于第 12 条第 1 款中对健康权的广泛定义范围内，从而说明了这项权利的内容，如以下各段示。

第12条第2款（a）产妇、儿童和生育卫生权

14. "减低死胎率和婴儿死亡率，和使儿童得到健康的发育"［第12条第2款（a）］，可理解为需采取措施，改善儿童和母亲的健康、性和生育卫生服务，包括实行计划生育、产前和前后保健、紧急产科服务和获得信息，以及根据获得的信息采取行动所需的资源。

第12条第2款（b）享有健康的自然和工作场所环境的权利

15. "改善环境卫生和工业卫生的各个方面"［第12条第2款（b）］，主要包括在职业事故和疾病方面采取预防措施；必须保证充分供应安全和洁净的饮水和基本卫生条件；防止和减少人民接触有害物质的危险，如放射性物质和有害化学物质，或其他直接或间接影响人类健康的有害环境条件。此外，工业卫生指在合理可行的范围内，尽量减少在工作环境中危害健康的原因。第12条第2款（b）还包括适当的住房和安全、卫生和工作条件，充分供应食物和适当的营养，劝阻酗酒和吸烟、吸毒和使用其他有害药物。

第12条第2款（c）预防、治疗和控制疾病的权利

16. "预防、治疗和控制传染病、地方病、职业病和其他的疾病"［第12条第2款（c）］，要求对行为方面的健康关注建立预防和教育计划，如性传播疾病，特别是艾滋病/病毒，及有害于性卫生和生育卫生的行为，改善健康的社会要素，如安全的环境、教育、经济发展和性别平等。得到治疗的权利，包括在事故、流行病和类似健康危险的情况下，建立一套应急的医疗保健制度，及在紧急情况下提供救灾和人道主义援助。控制疾病，指各国单独或共同努力，特别是提供相关技术、使用和改善分类的流行病监督和数据收集工作，执行和加强免疫计划，和其他传染病的控制计划。

第12条第2款（d）享受卫生设施、货物或服务的权利

17. "创造保证人人在患病时能得到医疗照顾的条件"［第12条第2款（d）］，包括身体和精神两个方面，要求平等和及时地提供基本预防、治疗、康复的卫生保健服务，以及卫生教育；定期检查计划；对流行病、一般疾病、外伤和残疾给予适当治疗，最好是在社区一级；提供必需药品；和适当的精神保健治疗

和护理。另一个重要的方面，是改善和进一步加强民众参与，提供预防和治疗保健服务。如卫生部门的组织、保险系统等，特别是参与社区和国家一级的有关健康权的政治决定。

第12条：具有广泛适用性的特别专题

不歧视和平等待遇

18. 根据第2条第2款和第3条，公约禁止在获得卫生保健和基本健康要素方面，以及在获得的手段和条件上，不得有任何种族、肤色、性别、语言、宗教、政治或其他见解、国籍或社会出身、财产、出生、身体或精神残疾、健康状况（包括艾滋病/病毒）、性倾向，以及公民、政治、社会和其他地位上的任何歧视，可能或实际上抵消或妨碍平等享有或行使健康权。委员会强调，可采取很多办法，如很多旨在消除健康方面歧视的计划和方案，并无须太多的资源，如通过、修订或废除某些法律，或开展宣传。委员会忆及第三号一般性意见的第12段，该段指出，即使在资源严重困难的情况下，也必须通过采取费用相对较低的特别方案，保护社会脆弱群体的成员。

19. 在健康权方面，必须强调公平获得卫生保健和卫生服务的条件。国家负有特殊义务，为没有足够能力的人提供必要的卫生保险和卫生保健设施，在提供卫生保健和卫生服务方面防止出现任何国际上禁止的歧视现象，特别是在健康权的基本义务上。卫生资源分配不当，可造成隐形的歧视。例如，投资不应过分偏重于昂贵的治疗保健服务，那方面的服务常常只有少数享有特权的人能够得到，而是应当偏重初级和预防卫生保健，使更大多数的人口受益。

性别观点

20. 委员会建议，各国在它们有关卫生的政策、规划、方案和研究中，增加性别观点，促进改善妇女和男人的健康。基于性别的方针承认，生理和社会文化因素在影响男人和妇女的健康方面起着重要作用。按性别对卫生和社会经济数据进行分类，对发现和纠正卫生方面的不平等现象十分重要。

妇女和健康权

21. 为了消除对妇女的歧视，必须制定和执行综合性国家战略，在妇女的整个一生中促进她们的健康权。该计划应包括采取行动，预防和治疗影响妇女的疾病，以及制定政策，提供全面的高质量且能够支付的卫生保健，包括性和生育服务。主要目标是减少妇女的健康危险，特别是降低产妇死亡率和保护妇女免受家庭暴力。实现妇女的健康权，必须清除所有影响获得卫生服务、教育和信息的障碍，包括在性和生育卫生方面。另一个重要问题，是采取预防、促进和补救行动，保护妇女免受那些使她们不能充分享有生育权的有害传统文化习俗和规定的影响。

儿童和青少年

22. 第12条第2款（a）规定，必须采取措施，降低婴儿死亡率，促进婴儿和儿童的健康发育。之后通过的国际人权文书承认，儿童和青少年有权享有最高标准的健康，和得到治疗疾病的设施。《儿童权利公约》要求各国保证，为儿童和他们的家庭提供基本卫生服务，包括对母亲的产前和产后护理。该公约还在这些目标上要求确保能够获得对儿童有益的预防和增进健康行为的信息，支持家庭和社区将之付诸实施。落实不歧视的原则，要求男孩子和女孩子一样，享有平等的机会，得到充分的营养、安全的环境，以及身体和精神的卫生服务。必须采取有效和适当的措施，废除影响儿童，特别是女童健康的有害传统习俗，包括早婚、女性生殖器残割、偏袒喂养和照顾男童。残疾儿童应给予机会，享受有意义和体面的生活，参与社区生活。

23. 缔约国应为青少年提供安全和有帮助的环境，保证能够参与影响他们健康的决定，有机会学习生活技能、获得相关的信息、得到咨询，和争取他们自己做出的健康行为选择。实现青少年的健康权，取决于建立对青年有帮助的卫生保健，该套制度应尊重保密和隐私，并包括适当的性和生育卫生服务。

24. 在所有保证儿童和青少年健康权的政策和方案上，儿童和青少年的最大利益应为首要考虑。

老年人

25. 在实现老年人的健康权方面，委员会根据1995年的第6号一般性意见的第34和第35段，重申综合方针的重要性，结合预防、治疗和康复性保健治疗等要素。这方面的基本措施包括对男女老年人定期身体检查；身体和精神康复措施，保持老年人的活动能力和自主；治疗和照看患慢性病和不治之症的人，帮助他们免除可以避免的痛苦，和使他们能够体面地去世。

残疾人

26. 委员会重申第 5 号一般性意见的第 34 段，该段在身体和精神健康权方面讲到残疾人的问题。此外，委员会还强调，必须保证不仅公共卫生部门，而且私营提供卫生服务和设施的人也必须遵守对残疾人不歧视的原则。

土著人

27. 根据新产生的国际法和国际惯例，以及各国对土著人最近采取的措施，委员会认为需要确定一些有助于确定土著人健康权的主要问题，使有土著人的各国能够更好地执行公约第 12 条的规定。委员会认为，土著人有权享有具体措施，改善他们获得卫生服务和医疗的条件。这方面的卫生服务在文化上应当是适宜的，考虑进传统的预防护理、康复和传统医学。各国应为土著人提供资源，安排、提供和管理这方面的服务，使他们能够享有可以达到的最高水平的身体和心理健康。土著人充分享有健康所需的重要医用植物、动物和矿物，也应给予保护。委员会指出，在土著人社区，个人的健康常常与整个社会的健康连在一起，因此，有一个集体的影响。在这方面，委员会认为，与发展有关的活动导致违反土著人的意愿，迫使他们离开传统的土地和环境，剥夺他们的营养来源，打破他们与土地的共生关系，将对他们的健康产生有害影响。

限制

28. 公共卫生问题时常被一些国家用来作为限制行使其他基本权利的理由。委员会强调，公约的限制条款第 4 条，主要目的是保护个人的权利，而不是允许国家施加限制。因此，举例而言，以国家安全或维护公共秩序为借口，限制患有传染疾病的人，如艾滋病/病毒的人行动自由，或将之禁闭，拒绝让医生治疗被认为反对政府的人，或不给某个社区进行重要传染病的预防接种，有关缔约国均有责任对第 4 条中提出的每项内容说明此种严重措施的理由。这类限制必须符合法律，包括国际人权标准，符合公约保护的权利的性质，符合追求的合法目标，且必须是促进民主社会总体福祉所必须的。

29. 根据第 5 条第 1 款，这类限制必须是适当的，即在有几种限制可做选择的情况下，必须选择限制性最小的办法。即使以保护公共健康为理由这种限制基本上是允许的，这些措施也应是短时间的，并需加以审查。

二、缔约国的义务

一般法律义务

30. 虽然公约提出了逐步实现，并且承认由于可资利用的资源有限造成了各种困难，但公约还是为缔约国规定了一些立即有效的义务。缔约国在健康权方面即有一些立即生效的义务，如保证行使这项权利不得有任何歧视（第2条第2款），和采取措施充分实现第12条的义务（第2条第1款）。这些措施必须是深思熟虑的、具体的和目标明确的——充分实现健康权。

31. 在一段时间内逐步实现健康权，不应解释为缔约国的义务已失去一切有意义的内容。相反，逐步实现意味着缔约国有一项具体和始终存在的义务——尽可能迅速和切实地充分实现第12条。

32. 与公约中的所有其他权利一样，一个重要的假定是，不允许在健康权上采取倒退措施。如果蓄意采取了任何倒退措施，缔约国必须证明，有关措施是在认真权衡所有其他选择之后提出的，而且从公约规定的所有权利角度讲，为了充分利用缔约国最大限度可资利用的资源，采取这些措施是完全有理由的。

33. 健康权与各项人权一样，要求缔约国承担三类或三个层次的义务：尊重、保护和实现的义务。依次下来，实现的义务包括便利、提供和促进的义务。尊重的义务，要求缔约国不得直接或间接地干预享有健康权。保护的义务，要求缔约国采取措施，防止第三方干预第12条规定的各项保证。最后，实现的义务，要求缔约国为全面实现健康权采取适当的法律、行政、预算、司法、促进和其他措施。

具体的法律义务

34. 具体而言，各国有义务尊重健康权，特别是不能剥夺或限制所有人得到预防、治疗和减轻痛苦的卫生服务的平等机会，包括囚犯和被拘留者、少数群体、寻求庇护者和非法移民；不得作为一项国家政策采取歧视性做法；也不得对妇女的健康状况和需要推行歧视性做法。此外，尊重的义务还包括国家有义务不得禁止或阻挠传统的预防护理、治疗办法和医药，不得销售不安全的药品和采用带有威胁性的治疗办法，除非是在特殊情况下为治疗精神病，或预防和控制传染病。这种特殊情况必须符合具体而限制性的条件，考虑到最佳做法和适用国际标准，包括"保护精神病患者和改进精神保健的整套原则"。此外，各国不应限制得到避孕和其他保持性

健康和生育卫生手段的途径，不应审查、扣押或故意提供错误的健康信息，包括性
教育及有关信息，也不得阻止人民参与健康方面的事务。各国也不得违法污染空气、
水和土壤等，如因国有设施的工业废料，不得使用或试验核武器、生物武器或化学
武器，如那类试验造成释放有害人类健康物质的话，不得作为惩罚性措施限制得到
卫生服务，如在武装冲突期间违反国际人道主义法。

35. 保护的义务，主要包括各国有责任通过法律或采取其他措施，保障有平等的
机会，得到第三方提供的卫生保健和卫生方面的服务；保证卫生部门的私营化不会
威胁到提供和得到卫生设施、商品和服务，以及这些设施、商品和服务的可接受程
度和质量；控制第三方营销的医疗设备和药品；和保证开业医生和其他卫生专业人
员满足适当的教育、技能标准和职业道德准则。各国还必须保证，有害的社会或传
统习俗不能干预获得产前和前后护理和计划生育；阻止第三方胁迫妇女接受传统习
俗，如女性生殖器残割；和采取措施，在性暴力表现上，保护社会中的各种脆弱和
边缘群体，特别是妇女、儿童、青少年和老年人。各国还应保证，第三方不得限制
人民得到卫生方面的信息和服务。

36. 实现的义务，要求缔约国除其他外在国家的政治和法律制度中充分承认健康
权，最好是通过法律的实施，并通过国家的卫生政策，制定实现健康权的详细计划。
各国必须保证提供卫生保健，包括对主要传染病的免疫计划，保证所有人都能平等
地获得基本健康要素，如富于营养的安全食物和清洁饮水、基本的卫生条件和适当
的住房和生活条件。公共卫生基础设施应提供性和生育卫生服务，包括母亲的安全
知识，特别是在农村地区。各国必须保证医生和其他医务人员经过适当培训，提供
足够数量的医院、诊所和其他卫生设施，促进和支持建立提供咨询和精神卫生服务
的机构，并充分注意到在全国的均衡分布。其他义务包括提供所有人都能支付得起
的公共、私营或混合健康保险制度，促进医务研究和卫生教育，以及开展宣传运动，
特别是在艾滋病/病毒、性和生育卫生、传统习俗、家庭暴力、酗酒和吸烟、使用毒
品和其他有害药物等方面。各国还需采取措施，防止环境和职业健康危险，和流行
病资料显示的任何其他威胁。为此，他们应制定和执行减少或消除空气、水和土壤
污染的国家政策，包括重金属的污染，如汽油中的铅。此外，缔约国还应制定、执
行和定期检查协调的国家政策，尽量减少职业事故和疾病的危险，并在职业安全和

卫生服务方面制定协调的国家政策。

37. 实现（促进）的义务，要求各国除其他外采取积极措施，帮助个人和社区并使他们能够享有健康权。缔约国还必须在个人或群体由于他们无法控制的原因而不能依靠自身的力量实现这项权利的情况下，依靠国家掌握的手段，满足（提供）公约所载的一项具体权利。实现（促进）健康权的义务，要求各国采取行动，创造、保持和恢复人民的健康。这方面的义务包括：（一）促进了解有利健康的因素，如研究和提供信息；（二）确保卫生服务在文化上是适当的，培训卫生保健工作人员，使他们了解和能够对脆弱群体或边缘群体的具体需要做出反应；（三）确保国家在有益健康的生活方式和营养、有害的传统习俗和提供的服务方面，满足它在传播适当信息方面的义务；（四）支持人民在他们的健康上做出了解情况的选择。

国际义务

38. 委员会在第 3 号一般性意见中，提请注意各缔约国有义务采取措施，单独或通过国际援助和合作，特别是经济和技术合作，充分实现公约承认的各项权利，如健康权。本着《联合国宪章》第 56 条、公约的一些具体规定（第 12、第 2、第 1、第 22 和第 23 条），和关于初级卫生保健的《阿拉木图宣言》的精神，缔约国应承认国际合作的重要作用，履行它们的承诺，共同和单独采取行动，充分实现健康权。在这方面，请缔约国注意《阿拉木图宣言》，宣言说在人民健康状况上存在的严重不平等情况，特别是发达国家与发展中国家之间，以及在各国内部，在政治、社会和经济上都是不能令人接受的，因此是各国的共同关注。

39. 缔约国遵守对第 12 条承担的国际义务，必须尊重在其他国家享有健康权，并根据《联合国宪章》和适用的国际法，阻止第三方，如果他们能够通过法律或政治手段影响第三方的话，阻止他们在第三国违反这项权利。缔约国应根据资源情况，在可能的情况下为在其他国家得到基本卫生服务、商品和服务提供便利，并在接到要求时提供必要的援助。缔约国应保证，在国际协议中充分注意到健康权，并应为此考虑制定进一步的法律文书。在缔结其他国际协议方面，缔约国应采取措施，保证有关文书不会对健康权产生不利影响。同样，缔约国还有义务保证，它们作为国际组织的成员采取的行动充分考虑到健康权。作为国际金融机构成员的缔约国，如国际货币基金组织、世界银行、各区域开发银行等，也应在这些机构的借贷政策、信贷协议和国际性措施上发挥影响，加强对保护健康权的重视。

40. 根据《联合国宪章》和联合国大会、世界卫生大会的有关决议，缔约国有共同和单独的责任，在发生紧急情况时，在提供救灾和人道主义援助方面进行合作，包括援助难民和国内流离失所者。各国应尽其最大能力为这项工作作出贡献。在提供国际医疗援助、分配和管理资源等方面，如安全和洁净的饮水、食物和医疗物资，以及在财政援助中，应优先考虑人口中最脆弱和边缘的群体。此外，鉴于有些疾病很容易跨过国家的边界传播，国际社会都有责任解决这个问题。经济发达的缔约国有特殊的责任和利益，在这方面帮助较穷的发展中国家。

41. 缔约国在任何时候都不应实施禁运或采取类似措施，限制向另一个国家提供充足的药品和医疗设备。对这类货物的限制绝不能用来作为施加政治和经济压力的手段。在这方面，委员会提醒它在第 8 号一般性意见中在经济制裁和尊重经济、社会、文化权利之间的关系问题上阐明的立场。

42. 虽然只有国家才是公约的缔约国，从而对遵守公约负有最终责任，但社会的所有成员——个人，包括卫生专业人员、家庭、地方社区、政府间和非政府组织、公民社会组织，及私营企业部门——在实现健康权方面也都负有责任。因此缔约国应为履行这方面的责任提供一个便利的环境。

核心义务

43. 委员会在第 3 号一般性意见中明确表示，缔约国有一项根本义务，即保证公约提出的每一项权利，至少要达到最低的基本水平，包括基本的初级卫生保健。结合更新的文书来看，如人口与发展国际会议的行动纲领，《阿拉木图宣言》在第 12 条产生的核心义务上提供了明确的指导。因此，委员会认为，这些核心义务至少包括以下方面：

（a）保证在不歧视的基础上有权得到卫生设施、商品和服务，特别是脆弱和边缘群体；

（b）保证能够得到最基本的、有充足营养和安全的食物，保证所有人免于饥饿；

（c）保证能够得到基本住所、住房和卫生条件，及保证充分供应安全的饮用水；

（d）根据世界卫生组织随时修订的《必需药品行动纲领》，提供必需药品；

（e）保证公平地分配一切卫生设施、货物和服务；

（f）根据流行病学的实际情况，采取和实施国家公共卫生战略和行动计划，解决整个人口的卫生关注；该项战略和行动计划应在参与和透明的基础上制定，并定期审查；战略和计划应包括一些方法，如健康权的指标和标准，用以随时监测取得的进展；制定战略和行动计划的过程及其内容，都应特别注意各种脆弱和边缘群体。

44. 委员会还确认，以下是一些比较优先的义务：

（a）确保生育、产妇（产前和产后）和孩子的卫生保健；

（b）对社区出现的主要传染病进行免疫接种；

（c）采取措施预防、治疗和控制流行病和地方病；

（d）提供有关社区主要健康问题的教育和信息，包括预防和控制的方法；

（e）为卫生工作人员提供适当的培训，包括卫生和人权教育。

45. 为了避免有任何疑问，委员会愿强调，缔约国和其他能够给予帮助的角色尤其有责任提供"国际援助和合作，特别是经济和技术援助和合作"，使发展中国家能够履行上文第43和44段讲到的核心义务和其他义务。

三、违反

46. 在第12条规范内容（第一部分）适用于缔约国的义务（第二部分）时，便启动了一个动态过程，帮助确定违反健康权的情况。以下各段说明了何为违反第12条。

47. 在确定哪些行动或不行动违反了健康权时，重要的是必须区分缔约国没有能力和不愿遵守它对第12条的义务。这要根据公约第12条第1款，该款讲到能够达到的最高健康标准，和第2条第1款，该款要求各缔约国尽最大能力采取必要步骤。不愿最大限度地利用其现有资源实现健康权的国家，即违反了第12条规定的义务。如果资源上的困难使得一国无法完全履行公约的义务，它必须证明，它已尽了一切努力，利用一切可资利用的资源作为优先问题满足上述义务。然而必须强调，在任何情况下缔约国均不能为没有遵守上文第43段提出的核心义务辩解，这些核心义务是不能减损的。

48. 发生违反健康权的情况，可以是国家直接所为，也可能是国家管理不严的其他实体。上文第43段讲到的采取任何违背健康权核心义务的任何倒退措施，都是对健康权的违反。委任行为造成的违反，包括正式取缔或暂停继续享有健康权所必需的法律，或通过明显不符合在健康权方面原先存在的国内或国际法律义务的法律或政策。

49. 违反健康权还可发生在国家不行为或没有采取法律义务要求的必要措施的情况下。不行为引起的违反，包括未采取适当措施，充分实现人人享有能达到的最高的体质和心理健康的标准的权利，没有制定关于职业安全和健康的国家政策及提供职业健康服务，和没有执行相关的法律。

违反遵守的义务

50. 违反公约第 12 条规定的标准，或有可能造成身体伤害、不必要的疾病和可预防的死亡，此类国家行为、政策或法律，即是违反遵守的义务。这方面的例子包括由于法律上或事实上的歧视，拒绝某些个人或群体得到医疗设施、商品和服务；蓄意隐瞒或歪曲对保护健康或治疗极为重要的信息、中止法律或实行妨碍享有一切健康权的法律或政策；或国家在与其他国家、国际组织和其他实体，如跨国公司，签订双边或多边协议时，未能在其法律义务中考虑到健康权。

违反保护的义务

51. 违反保护的义务，是国家未能采取一切必要措施，保护其管辖权内的人健康权不得受到第三方的侵犯。这一类情况包括未能对个人、群体或公司的活动做出规定，使之不得侵犯他人的健康权；未能保护消费者或工人的健康受到雇主、药品或食物的制造商行为的伤害；没有劝阻生产、销售和消费烟、毒品和其他有害药物；没有保护妇女免于暴力，或起诉施暴的人；没有劝阻继续遵守有害的传统医学或文化习俗；和没有颁布或实施法律，防止水、空气和土壤受到开采和制造业的污染。

违反履行的义务

52. 违反履行的义务，是缔约国未能采取一切必要措施，保证实现健康权。这方面的例子包括没有采取或执行旨在保护所有人健康权的国家卫生政策；公共资源的开支不足或分配不当，造成个人或群体不能享有健康权，特别是脆弱和边缘群体；没有在国家一级监督健康权的实现，例如通过提出健康权的指标和基本标准；没有采取措施减少卫生设施、商品和服务分配不公平的现象；在卫生方面没有采取性别敏感的方针；和没有降低婴儿和产妇死亡率。

四、国家一级的执行

框架立法

53. 落实健康权最适宜又可行的措施，因国而异，差别很大。每个国家在权衡哪些措施最适合它的具体情况上，都有一定斟酌处理的余地。然而公约明确规定，每个国家都有责任采取一切必要措施，保证人人都能得到健康设施、商品和服务，使他们能够尽快地享有能够达到的最高标准的身心健康。这要求实行一项国家战略，在确定该项战略目标的人权原则基础上，确保所有人享有健康权，还要制定政策和相应的健康权指标和基准。国家卫生战略还应确定实现规定目标可以利用的资源，以及使用那些资源成本效益最高的办法。

54. 制定和执行国家卫生战略和行动计划，应特别遵守不歧视的原则和人民参与的原则。具体而言，个人和群体参与决策过程的权利，可能影响他们的发展，因此必须作为履行政府对第 12 条义务所制定的一切政策、方案或战略的重要组成部分。促进健康必须在确定优先问题、决策、计划、执行和评估改善健康的战略上，采取有效的社区行动。有效提供健康服务，只有在国家保证人民参与的情况下，才有可能得到保证。

55. 国家卫生战略和行动计划还应建立在责任制、透明和司法独立的原则基础上，因为正确的管理是有效落实各项人权的关键，包括实现健康权。为了创造有利于实现该项权利的气候，缔约国应采取适当措施，私营企业部门和公民社会在它们的活动中要想到健康权，认识到它的重要性。

56. 各国应考虑通过一套法律纲要，实施它们的健康权国家战略。这套法律纲要法应建立监督执行国家健康战略和行动纲领的国家机制。该机制应包括规定实现的目标和时间；实现健康权的手段；准备如何与公民社会，包括卫生专家、私营部门和国际组织的合作；对执行健康权国家战略和行动纲领的体制责任；和可能的追索程序。在监督实现健康权取得的进展方面，缔约国应确定影响履行它们义务的各种因素和困难。

健康权的指标和基本要求

57. 国家卫生战略应提出适当的卫生权指标和基本要求。制定指标的目的，是在国家和国际上监督缔约国履行第 12 条义务的情况。各国可从世界卫生组织和联合国儿童基金会在这个领域正在开展的工作中得到有关适当健康权指标的指导，解决健康权不同方面的问题。健康权指标要求对禁止的各种歧视分别列出。

58. 在提出适当的健康权指标后，缔约国应确定相对于每一指标的适当的国家基本水准。在提出定期报告过程中，委员会将与缔约国一道加以全面审查。审查包括缔约国和委员会共同审议指标和国家基本水准，然后定出下一个报告期应实现的目标。在以下的五年里，缔约国将采用新的国家基本水准，帮助监测第12条的执行情况。之后，在下一个报告程序中，缔约国和委员会将审议基本水准是否已经达到，以及可能遇到的任何困难原因何在。

补救办法和责任

59. 健康权受到侵犯的任何受害个人或群体，都应有机会在国家和国际上得到有效的司法或其他适当补救。所有这方面违反行为的受害人，均应有权得到适当赔偿，赔偿可采取复原、赔偿、道歉或保证不再重犯等形式。国家意见调查官、人权委员会、消费者论坛、病人权利组织或类似机构，应解决侵犯健康权的问题。

60. 本国法律制度中收入承认健康权的国际文书，可大大增加补救措施的范围和效果，因此在任何情况下均应给予鼓励。收入这方面的文书，可使法院能够直接引用公约，审判侵犯健康权的问题，或至少其基本义务。

61. 缔约国应鼓励法官和其他法律从业人员，在他们的工作中加强对侵犯健康权的重视。

62. 缔约国应尊重、保护、便利和促进人权倡导者和公民社会其他成员的工作，帮助易受害或边缘群体实现他们的健康权。

五、非缔约国角色的义务

63. 联合国各机构和方案的作用，特别是世界卫生组织在国际、区域和各国实现健康权的主要职能，以及联合国儿童基金会在儿童健康权方面的作用，具有十分重要的意义。缔约国在制定和执行它们的健康权国家战略时，应利用世界卫生组织的技术援助和合作。此外，缔约国在编写它们的报告时应利用世界卫生组织在收集资料、分类，和制定健康权指标和基本要求等方面的广泛信息和咨询服务。

64. 此外，应在实现健康权方面进行协调，加强所有有关方面的互动，包括公民社会的各个组成部分。根据公约第22和第23条，世界卫生组织、国际劳工组织、联合国开发计划署、联合国儿童基金会、联合国人口基金、世界银行、各区域开发银行、国际货币基金组织、世界贸易组织和联合国系统内的其他有关机构，均应在国家一级落实健康权方面与各缔约国进行有效的合作，发挥它们各自的专长，同时适当注意到它们本身的职权范围。具体而言，国际金融机构，特别是世界银行和国际货币基金组织，应在它们的借贷政策、信贷协议和结构调整方案中更加重视保护健康权。在审查缔约国的报告和它们履行第 12 条义务的能力时，委员会将考虑所有其他方面提供援助的效果。联合国各专门机构、方案和组织，采取以人权为基础的方针，将大大有利于健康权的落实。委员会在审议缔约国的报告过程中，也将审议卫生专业组织和其他非政府组织在缔约国对第 12 条义务方面的作用。

65. 世界卫生组织、联合国难民事务高级专员办事处、国际红十字会/红新月会委员会和联合国儿童基金会，以及各种非政府组织和国家的医务界组织在紧急情况下救灾和人道主义援助方面的作用极为重要，包括对难民和国内流离失所者的援助。提供国际医疗援助、分配和管理资源，如安全和洁净的饮水、食物和医疗物资、财政援助等，应优先安排给人口中最脆弱和边缘的群体。

世界卫生组织组织法

（世界卫生组织宪章）

本组织法的签字国以联合国宪章为依据，宣告下列各项原则为各国人民幸福、和睦与安全的基础。

健康是身体、精神与社会的全部的美满状态，不仅是免病或残弱。

享受可能获得的最高健康标准是每个人的基本权利之一，不因种族、宗教政治信仰、经济及社会条件而有区别。

全世界人民的健康为谋求和平与安全的基础是有赖于个人的与国家的充分合作。

任何国家在增进和维护健康方面的成就都是对全人类有价值的。

各国在增进健康及控制疾病——特别是传染病——方面的不平衡发展是一种共同的危害。

儿童的健全发育是为基本重要；在不断变化的总环境中具有融洽生活的能力，

是这种发育所不可缺少的。

在全世界人民中推广医学、心理学及其有关知识，对于充分获得健康是必要的。

群众的正确意见与积极合作对于增进人民的健康至关重要。

各国政府对人民健康负有一定的责任，唯有采取充分的卫生与社会措施。

各签字国接受上述原则，并为达成相互间及与其他机构的合作，以增进和维护各国人民的健康起见，同意本组织法，并依照联合国宪章第五十七条，作为一个专门机构，成立世界卫生组织。

第一章　目　的

第一条　世界卫生组织（以下简称"本组织"）的目的是使全世界人民获得可能达到的最高的健康水平。

第二章　任　务

第二条　为达到其目的，本组织的任务应为：

1. 担任国际卫生工作的指导与协调主权。

2. 与联合国、专门机构、各国政府卫生行政主管，各学术或职业团体及其所认为适当的其他组织建立并维持有效的关系。

3. 根据申请，协助各国政府加强卫生业务。

4. 根据各国政府申请，或愿予接受的情况下，提供适当的技术援助，并在紧急情况下给予必要的救济。

5. 根据联合国申请，对特殊组合，例如联合国托管区人民，提供或协助提供卫生业务与设备。

6. 在需要时，设置并维持行政与技术业务，包括流行病学及统计业务。

7. 促成并推进消灭流行病、地方病及其他疾病的工作。

8. 必要时，与其他专门机构合作，加强防止意外创伤事故。

9. 必要时，与其他专门机构合作，促成增进营养、住宅建设、环境卫生、文娱、经济或工作的条件以及其他环境方面的保健工作。

10. 促成致力于增进健康的科学与职业团体间的合作。

11. 提议国际公约、协定与规章的签订及对其他国际卫生事态，提出建议并执行由此授予与本组织目的相一致的各项任务。

12. 促进妇幼卫生及福利，并培育其在不断变化的总环境中具有融洽生活的能力。

13. 促进在精神卫生方面的活动，特别是影响人类的和睦关系的活动。

14. 促进并执行卫生研究工作。

15. 促进医学、卫生及其有关专业方面的教学与培训标准的改进。

16. 从预防与治疗的观点出发，必要时同其他专门机构合作，对各项足以影响公共卫生与医疗保健的行政管理及社会设施的技术，包括医院业务及社会安全方面进行研究并提出报告。

17. 提供卫生领域的情报、咨询及协助。

18. 协助培养各国人民对于卫生问题的正确舆论。

19. 根据需要，制定并修订有关疾病、死因及公共卫生实施方面的国际定名。

20. 按需要，规定诊断程序标准。

21. 发展、建立并促进食品、生物制品、药物及其他类似制品的国际标准。

22. 总之，采取各种必要措施，达到本组织的目的。

第三章　会员与准会员

第三条　所有国家均有资格参加本组织为会员。

第四条　联合国各会员，按本组织第十九章规定，并依照各该国立法程序签署或以其他方式接受本组织法者，均得为本组织会员。

第五条　应邀派遣观察员出席一九四六年在纽约召开的国际卫生会议的各国政府，在本组织首届卫生大会召开前根据本组织法第十九章规定并依各该国立法程序签署或以其他方式接受本组织法者，均得为本组织会员。

第六条　在不违背本组织根据组织法第十六章规定与联合国所达成的任何协议的情况下，凡未能依照本组织法第四、五两条规定参加为会员者，均可申请为会员，经卫生大会以过半数通过即可为本组织会员。

第七条　会员不能履行承担本组织会费的义务或有其他特殊情况时，卫生大会在其认为适当的情况下，可停止该会员的表决权及会员所应得的受益与权利。但卫生大会也有权恢复该会员的表决权与受益权。

第八条　不能自行负责处理国际关系的领土或领土群，经负责对该领土或领土群国际关系的会员国或政府当局代为申请，并经卫生大会通过，得为本组织准会员。出席卫生大会的准会员代表，应具有卫生技术方面的能力，并应由该领土或领土群的本地人中选出代表。准会员权利与义务的性质及其范围由卫生大会决定。

第四章　机　　构

第九条　本组织的工作由下列机构执行：

1. 世界卫生大会（以下简称卫生大会）；

2. 执行委员会（以下简称执委会）；

3. 秘书处。

第五章　世界卫生大会

第十条　卫生大会由各会员的代表组成。

第十一条　各会员的代表最多不得超过三人。其中一人应由会员指定为首席代表。这些代表应就卫生领域内技术能力最强的人员中选拔，并以能代表该会员的国家卫生行政部门为合宜。

第十二条　副代表及顾问可随同代表出席。

第十三条　卫生大会每年举行一次例会，必要时得召开特别会议。特别会议应在执委会或多数会员的要求下召开。

第十四条　卫生大会在每年例会中应选定下届例会在某一国家或地区举行，具体开会地点由执委会最后决定。每次特别会议的召开地点亦由执委会决定。

第十五条　执委会经与联合国秘书长商洽后，决定每届年度例会及特别会议的召开日期。

第十六条　卫生大会于每届年度例会开始时应选出主席及其他职员，其任期至继任人被选出时为止。

第十七条　卫生大会应自行制定议事规程。

第十八条　卫生大会的任务如下：

1. 决定本组织的政策。

2. 选定派遣代表参加执委会的会员。

3. 任命总干事。

4. 审查执委会与总干事的工作报告及业务活动，并指示执委会关于应需采取行动、调查研究或报告的事项。

5. 设置本组织工作所必需的各种委员会。

6. 监督本组织的财务政策，并审查和通过预算。

7. 指示执委会及总干事，就卫生大会认为适当的任何卫生事项，提请各会员、各政府或非政府的国际组织给予注意。

8. 邀请与本组织职责有关的任何国际的或全国性的组织，政府的或非政府的组织派遣代表，在卫生大会所指定的条件下，参加卫生大会、委员会或由卫生大会召开的会议，但无表决权。至于全国性的组织，须经有关政府同意后始得邀请。

9. 考虑联合国大会、经济及社会理事会、安全理事会或托管理事会所提出的有关卫生问题的建议，并向其报告本组织就上项建议所采取的步骤。

10. 根据本组织与联合国的协定，向经济及社会理事会提出报告。

11. 提倡并指导本组织工作人员进行有关卫生的研究工作。自行设立研究机构，或经会员国政府同意与其官方的或非官方的机构合作进行。

12. 设置其他必要的机构。

13. 采取其他适当的行动以进一步实现本组织的目的。

第十九条 卫生大会有权通过有关本组织职权范围内的任何公约或协定。通过此项公约或协定，须经卫生大会三分之二的多数票决定。经各个会员依照各该国立法程序予以接受后，此项公约或协定即可生效。

第二十条 各会员在上述公约或协定通过后十八个月内，应采取步骤，决定是否接受，并通知总干事。如于规定期限内不接受此项公约或协定，应书面申诉其不接受的理由。如已接受，会员应同意按照第十四章的规定，向总干事提出年度报告。

第二十一条 卫生大会有权通过关于下列各项规章：

1. 防止国际间疾病蔓延的环境卫生及检疫方面的要求和其他程序。

2. 疾病、死因及公共卫生设施的定名。

3. 可供国际通用的诊断程序标准。

4. 在国际贸易中交流的生物制品、药品及其他类似制品的安全、纯度与效能的标准。

5. 在国际贸易中交流的生物制品、药品及其他类似制品的广告与标签。

第二十二条　依照第二十一条通过的规章，经它们在卫生大会通过的相应通知转送各会员后，即属生效。在上项通知所规定的期限内向总干事提出保留或拒绝接受的会员，不在此例。

第二十三条　卫生大会有权就本组织职责内的任何有关事项向会员提出建议。

第六章　执行委员会

第二十四条　执委会由二十四个会员指定的同样人数组成。卫生大会应考虑到地区的适当分配，选出有权指派人员参加执委会的会员。当选的会员应委派一名具有卫生专业资历的人员参加执委会，并可指派候补人员及顾问随同参加。

第二十五条　执委会成员的任期为三年，连选得连任。但在本组织法经修改后决议执委会由十八名成员增至二十四名成员的规定生效以后的第一届卫生大会中选出的二十个会员中，其中两名任期为一年，两名为二年，均以抽签方式决定之。

第二十六条　执委会每年至少召开会议两次，会议地点自行决定。

第二十七条　执委会由其成员中推选主席一人，并自行制定其议事规程。

第二十八条　执委会的任务为：

1. 执行卫生大会的决议与方针。

2. 充任卫生大会的执行机构。

3. 执行卫生大会所委托的其他任务。

4. 就卫生大会向它提出的问题及由于公约、协定和规章的规定由本组织负责的事项，向卫生大会提出意见。

5. 主动向卫生大会提出意见或建议。

6. 拟订卫生大会议程。

7. 拟订定期一般卫生规划纲要，提请卫生大会考核。

8. 研讨其权限内的一切问题。

9. 在本组织任务及财源范围内，采取紧急措施，以应付必须采取立即行动的事件。在特殊情况下，执委会可授权总干事采取必要步骤，扑灭流行病，参加组织受灾难民的卫生救济工作，并对任何会员或总干事提请执委会注意的紧急事态，进行调查研究。

第二十九条　执委会应代表卫生大会行使大会所委托的各项职权。

第七章　秘书处

第三十条　秘书处由总干事及本组织所必要的技术与行政人员所组成。

第三十一条　总干事由卫生大会根据执委会提名任命之，其任用条件由卫生大会决定。总干事在执委会的授权下，为本组织的技术及行政首长。

第三十二条　总干事应为卫生大会、执委会、本组织的所有理事会委员会以及由本组织召开的各种会议的当然秘书。总干事得指定其他职员代行其职务。

第三十三条　总干事或其代表得通过与各会员成立协定，建立办事程序，使他为完成其职责，能直接与各国有关部门，尤其是与各会员国卫生行政部门以及全国性的政府的或非政府的卫生机构建立关系。他并得与本组织职权有关的国际组织建立直接关系。其涉及各区域的有关事项，总干事应通知各有关的区办事处。

第三十四条　总干事应负责编制并每年向执委会提出本组织财务报告及预算。

第三十五条　总干事应根据卫生大会制定的人事条例任用秘书处的职员。任用职员的最重要的考虑是保证秘书处的工作效率、正直廉洁及国际代表性的品质能保持在最高水平。并应适当顾及从广泛地区选聘人员的重要性。

第三十六条　本组织职员的服务条件应力求与联合国其他机构的条件取得一致。

第三十七条　总干事及职员在执行其职务时不应寻求或接受本组织以外的任何政府或当局的指示，并应避免任何损及国际公务员身份的行为。本组织的每个会员国应承诺尊重总干事及职员的国际独特性，不对他们施加影响。

第八章　委员会

第三十八条　执委会应根据卫生大会指示，设置各种委员会，并主动建议或依照总干事的建议，设置在本组织职权范围内所需要的其他委员会。

第三十九条　执委会应随时或至少每年一次审议各委员会有无继续存在的必要。

第四十条　执委会可与其他机构建立或由本组织参加的联合委员会或混合委员

会，并可代表本组织参加由其他机构所成立的各种委员会。

第九章 会 议

第四十一条 卫生大会或执委会可召开地方性的、综合性的、技术性的或其他特别会议，商讨本组织权限内的任何问题，并可派代表参加国际机构召开的上述各项会议，并在有关政府同意下，参加国家召开的政府的与非政府的上述各种全国性会议。派遣代表的方式应由卫生大会或执委会决定。

第四十二条 执委会可规定本组织的代表参加其认为对本组织有利的各种会议。

第十章 总 部

第四十三条 本组织总部的所在地由卫生大会与联合国商洽后确定。

第十一章 区域安排

第四十四条

1. 卫生大会应随时划定地理区域，按需要设立区组织。

2. 卫生大会可就其所划分的每个区域内多数会员的同意，设立区组织，以适应该区的特殊需要。每个区域只应设一个区组织。

第四十五条 依据本组织法，每个区组织应是本组织整体组成的一个部分。

第四十六条 每个区组织应包括区委员会（以下简称区委会）和区办事处。

第四十七条 区委会应由该区域内的会员和准会员的代表组成。区内不能负责处理国际关系而同时又不是准会员的领土或领土群，亦应有代表权，并得参加区委会。上述领土或领土群在区委会内的权利及义务的性质与范围应由卫生大会与对上述领土或领土群负责国际关系的会员或其他当局以及在该区内的会员国磋商后确定之。

第四十八条 区委会应视需要随时召开会议，每次会议地点自行决定。

第四十九条 区委会应自行制定其议事规程。

第五十条 区委会的任务如下：

1. 制定纯属区域性问题的管理方针。

2. 监督区办事处的业务活动。

3. 建议区办事处召开技术性会议及其他卫生业务方面的工作或调查。这类工作按区委会的意见能在这区域内促进本组织的目的。

4. 与联合国的各有关区委会，其他专门机构的区委会以及其他与本组织有共同利益的区域性国际组织进行合作。

5. 通过总干事，向本组织提出对于比区域性具有更广泛意义的国际卫生问题的意见。

6. 如本组织总部所拨的区预算经费不足以执行该区任务时，建议有关区域内各会员国政府追加拨款。

7. 其他由卫生大会、执委会或总干事可能授予的任务。

第五十一条　依照本组织总干事的一般性职权，区办事处应为区委会的行政机关。此外区办事处应就本区范围内执行卫生大会与执委会的决议。

第五十二条　区办事处的主管应为区主任，由执委会商经区委会同意后聘任之。

第五十三条　区办事处职员应由区主任与总干事商定办法聘任之。

第五十四条　由泛美卫生局及泛美卫生会议所代表的泛美卫生组织以及在本组织法签署前即已存在的所有其他政府间的区域性卫生组织，均应在适当时机与本组织合并。此项合并应在有关主管当局通过各有关组织表示相互同意的基础上，采取共同行动，尽早在可行时实现。

第十二章　预算及开支

第五十五条　总干事应编拟并向执委会提出本组织的年度经费预算。执委会应对此项预算进行审查，并连同其认为适当的任何建议，一并转送卫生大会。

第五十六条　遵照本组织与联合国所签订协议的原则下，卫生大会应审查并批准预算，并应按照卫生大会所定的比例准则分配由各会员分别承担经费开支。

第五十七条　卫生大会或由执委会代表卫生大会，可接受并处理送给本组织的捐赠或遗产。但此项捐赠或遗产的附带条件必须为卫生大会或执委会所能接受并符合本组织的目的与政策。

第五十八条　为应付紧急事项及偶然事故，应设立一项特别基金由执委会酌情使用。

第十三章　表　决

第五十九条　每会员在卫生大会中有一票表决权。

第六十条

1. 卫生大会对于重要问题的决议须有出席及投票会员的三分之二多数的表决。此类重要问题包括：批准公约或协定；依照本组织法第六十九、七十及七十二条的规定，批准本组织与联合国及与政府间的组织或机构发生关系的协定；以及本组织法的修改问题。

2. 对于其他问题的决议，包括须经三分之二多数通过的其他各项问题，须经出席及投票的会员半数以上表决通过。

3. 执委会与本组织各委员会对于与上项类似问题的表决，应遵照本条上述（1）（2）两段执行。

第十四章　各国提交的报告

第六十一条　每个会员应就其增进本国人民健康所采取的措施与所得的成就向本组织提出年度报告。

第六十二条　每个会员应就本组织向其提出的建议以及执行各种公约、协定与规章所采取的措施提出年度报告。

第六十三条　每个会员应就其本国已发表的有关卫生方面的重要法律、规章、官方报告与统计，及时送交本组织。

第六十四条　每个会员应根据卫生大会所制定的格式，提出有关统计与流行病学的报告。

第六十五条　在执委会要求下，每个会员应尽可能提供有关卫生的其他情报。

第十五章　法律地位、特惠权、豁免权

第六十六条　本组织为实现其目的与行使其职权，在各个会员国领土内应享有其所必需的法律地位。

第六十七条

1. 本组织为实现其目的与行使其职权，在各个会员领土内应享有其所必需的特惠权及豁免权。

2. 会员代表、执委会成员以及本组织的技术与行政人员，应同样享有为独立执行本组织的任务所必需的特惠权与豁免权。

第六十八条　此种法律地位、特惠权与豁免权应在经本组织与联合国秘书长商洽后拟订，并经各会员间议定的专项协定中明确规定。

第十六章　与其他组织的关系

第六十九条　本组织应与联合国建立关系，成为联合国宪章第五十七条中所指的专门机构之一。本组织与联合国建立关系的一种或多种协定，应由卫生大会三分之二多数票决通过。

第七十条　本组织认为必要时，应与其他政府间的组织建立有效关系，并与其密切合作。与上述组织达成的正式协定必须经卫生大会以三分之二多数票决通过。

第七十一条　本组织可就其职权内的事项采取适当办法，同非政府的国际组织进行磋商与合作；并经有关政府同意后，亦可与该国的政府的或非政府的全国性组织进行磋商与合作。

第七十二条　经卫生大会三分之二多数票决批准，本组织可接收其目的与业务活动属于本组织职权范围内的任何其他国际组织或机构的任务、资源及义务，此项接收系通过国际协定或经有关双方当局达成相互可接受的办法实行之。

第十七章　修　正

第七十三条　对本组织法修正案的全文应由总干事在卫生大会审议前至少六个月送达各会员。此项修正案经卫生大会以三分之二多数票决通过并由三分之二多数会员依照其各国立法程序批准后，即应生效。

第十八章　解　释

第七十四条　本组织法的中文本、英文本、法文本、俄文本及西班牙文本具有同等效力。

第七十五条　有关本组织法的解释或引用而发生的未能通过谈判或卫生大会解决的任何问题或争端，除当事国同意用其他方式解决外，应转交国际法庭遵照该法庭的法规解决。

第七十六条　经联合国大会认为或经本组织与联合国之间的协定认可，本组织可就其职权范围内所产生的任何法律问题，请国际法庭提咨询性意见。

第七十七条　由于上述申请咨询性意见的需要，总干事可代表本组织出席国际法庭。总干事并应设法申诉案情，包括对本问题争执的不同意见。

第十九章 生 效

第七十八条 依照第三章规定，本组织法应向所有国家公开征求签署或接受。

第七十九条

1. 各国通过下述方式，可成为本组织法的成员：

甲、签署，无保留地接受；

乙、签署，但须经批准后接受；

丙、接受。

2. 本组织法的接受应用正式文件递交联合国秘书长存档后，始能生效。

第八十条 本组织法自二十六个联合国会员国依据第七十九条规定成为本组织法成员国之日起生效。

第八十一条 依照联合国宪章第一百零二条联合国秘书长应将本组织法登记备案，当有一个国家无保留地接受本组织法或有第一个正式接受文件递交到联合国。

第八十二条 联合国秘书长将本组织法生效日期通知本组织法的签订国。其他国家如成为本组织法签订国时，联合国秘书长亦将其签订日期通知各签订国。

下署各国代表，在各该国授权签署之下，在本组织法上签字，以昭信守。

1946 年 7 月 22 日于纽约。中文、英文、法文、俄文、西班牙文各文本组织法各一本，具有同等效力。各正本保存于联合国档案库，副本由联合国秘书长送交出席大会的各国政府各一份。

精神药物公约

序 文

各缔约国，

关怀人类之健康与福利，

察及因滥用某等精神药物而起之公共社会问题，至表关切，

决心预防并制止该等物质之滥用及从而引起之非法产销，

认为必须采取强力措施，将该等物质之使用限于合法用途，

确认精神药物在医学与科学用途上不可或缺，且其仅供此种用途应不受不当限制，

深信有效之防杜滥用精神药物措施须有协调及普遍行动，

承认联合国在精神药物管制方面之职权，并欲将各关系国际机关置于该组织体系之内，

确认必须有一国际公约以达此目的，

爰议定条款如下：

第一条　用语

本公约内之各项用语，除另经指明或按上下文义须另做解释者外，其意义如下：

一、称"理事会"者，谓联合国经济及社会理事会。

二、称"委员会"者，谓理事会下辖之麻醉品委员会。

三、称"管制局"者，谓 1961 年麻醉品单一公约所规定设置之国际麻醉品管制局。

四、称"秘书长"者，谓联合国秘书长。

五、称"精神药物"者，谓附表一、附表二、附表三或附表四内之任何天然或合成物质或任何天然材料。

六、称"制剂"者，谓：

1. 任何不论其物理状态为何而含有一种或多种精神药物之混合物或溶剂，或

2. 已成剂型之一种或多种精神药物。

七、称"附表一""附表二""附表三"及"附表四"者，谓附于本公约后依第二条规定修订之各该号精神药物表。

八、称"输出"及"输入"者，谓各依其本义，将精神药物自一国实际移转至他国。

九、称"制造"者，谓所有可能借以取得精神药物之过程，包括精炼以及将精神药物转变为他种精神药物等之过程，该制造一词亦包括精神药物制剂之配制，唯调配所凭处方所作之配制不在此列。

十、称"非法产销"者，谓违反本公约各项规定从事精神药物之制造或贩运。

十一、称"区域"者，谓就本公约而言，依第二十八条规定作为个别单位处理

之一国任何部分。

十二、称"房地"者，谓建筑物或其各部分，包括所属土地在内。

第二条　物质之管制范围

一、一缔约国或世界卫生组织倘有关于某一尚未受国际管制之物质之情报资料，而认为有将该物质增列于本公约任一附表内之需要时，应通知秘书长并附送其通知所依据之情报资料。如一缔约国或世界卫生组织获有情报资料显示须将某一物质自某一附表改列另一附表、或将某一物质自附表中剔除时，亦适用上述程序。

二、秘书长应将此项通知及其认为有关之任何情报资料转送各缔约国及委员会，且于此项通知系由缔约国提出时，亦以转达世界卫生组织。

三、倘此项通知所附送之情报资料显示有关物质宜依本条第四项规定列入本公约附表一或附表二时，各缔约国应参酌现有一切有关情报资料，审查可否将适用于附表一或附表二内各项物质之一切管制措施斟酌暂行适用于该项有关物质。

四、倘世界卫生组织认定：

（一）有关物质具有性能引起

1. 成瘾之依药性，与

2. 中枢神经系统之兴奋或抑郁，以致造成幻觉，或对动作机能，或对思想，或对行为，或对感觉，或对情绪之损害，或

3. 与附表一、附表二、附表三或附表四内物质之同样滥用与同样恶果，以及

（二）业已有充分证据，证明有关物质正被滥用或可能被滥用，从而构成公共卫生与社会之问题，故须将该项物质置于国际管制之下时，则世界卫生组织应将对该项物质所做之判断，包括其滥用之范围与可能，其危害公共卫生与社会问题之严重程度，以及该项物质在医药治疗上所具效用之大小，连同依据其判断认为宜就有关管制措施提具之任何适当建议，一并通知委员会。

五、世界卫生组织对于有关医学与科学事项之判断应具决定性，委员会得计及世界卫生组织之有关通知，并念及其认属有关于经济、社会、法律、行政及其他因素，将有关物质增列附表一、附表二、附表三或附表四。委员会且得向世界卫生组织或其他适当来源索取进一步之情报资料。

六、如有一依第一项规定之通知系就一种业已列载一附表之物质而发，世界卫

生组织应即将其新认定、依第四项规定得对该项物质所做之新判断，以及其依此新判断认属适当之任何有关管制措施之新建议一并通知委员会。委员会得依第五项规定及世界卫生组织之该项通知，并念及第五项所开之各项因素，决定将该项物质自某一附表改列另一附表，或将该项物质自各附表中剔除之。

七、委员会依据本条规定所做任何决定均应由秘书长通知联合国全体会员国，非会员国之本公约缔约国、世界卫生组织及管制局。此项决定对每一缔约国而言，应于此项通知之日起180日后充分生效，但任何缔约国如于该期限内，就增列或改列某一物质于附表三或附表四之决定，向秘书长递送书面通知，表示由于特殊情形无法就该物质实施本公约适用于该附表内各项物质之全部规定者，不在此限。此种通知应说明采取此项非常行动之理由。每一缔约国虽经递送其此项通知，最低限度仍应施用下列各项管制措施：

（一）已就某一前此未受管制物质增列附表一内事提出此项通知之缔约国应尽量计及第七条所列举之各项特别管制措施，并应就该项物质：

1. 依第八条规定附表二内各项物质之制造、贸易及分配须凭执照，

2. 依第九条规定附表二内各项物质之供应或配发须凭处方，

3. 履行第十二条所定有关输出与输入之各项义务，唯对另一业已就关系物质提出此项通知之缔约国可不履行该等义务，

4. 履行第十三条所定对附表二内物质禁止并限制输出与输入之各项义务，

5. 依第十六条第四项（一）款之规定，将统计报告供与管制局，并

6. 依第二十二条之规定采取措施，对违反各项应履行上述义务所订法律或规章之行为加以取缔。

（二）已就某一前此未受管制物质增列于附表二内事提出此项通知之缔约国应：

1. 依第八条规定制造、贸易与分配须凭执照，

2. 依第九条规定供应或配发须凭处方，

3. 履行第十二条所定有关输出与输入之各项义务，唯对另一业已就关系物质提出此项通知之缔约国可不履行该等义务。

4. 履行第十三条所定有关禁止并限制输出与输入之各项义务，

5. 依第十六条第四项（一）款、（三）款及（四）款之规定，将统计报告供与

管制局，并

6. 依第二十二条之规定采取措施，对违反各项因履行上述义务所订法律或规章之行为加以取缔。

（三）已就某一前此未受管制物质增列附表三内事提出此项通知之缔约国应：

1. 依第八条规定制造、贸易与分配须凭执照，

2. 依第九条规定供应或配发须凭处方，

3. 履行第十二条所定有关输出与输入之各项义务，唯对另一业已就关系物质提出此项通知之缔约国可不履行该等义务，

4. 履行第十三条所定有关禁止并限制输出与输入之各项义务，并

5. 依第二十二条之规定采取措施，对违反各项因履行上述义务所订法律或规章之行为加以取缔。

（四）已就某一前此未受管制物质增列附表四内事提出此项通知之缔约国应：

1. 依第八条规定制造、贸易及分配须凭执照，

2. 履行第十三条所定有关禁止并限制输出与输入之各项义务，并

3. 依第二十二条之规定采取措施，对违反各项因履行上述各项义务所订法律或规章之行为加以取缔。

（五）已就某一物质改列定有较严管制与义务之附表事提出此项通知之缔约国，应对该项物质，最低限度施用本公约内适用于其所移出附表内物质之全部规定。

八、

（一）委员会依本条规定所做成之决定，遇任一缔约国于接获决定通知后一百八十日内提出请求时，应由理事会复核。其复核请求应连同所依据之全部有关情报资料一并送至秘书长。

（二）秘书长应将复核请求及有关情报资料之副本转送委员会、世界卫生组织及全体缔约国，请其于九十日内提出评议。所接获之一切评议概应提请理事会审议。

（三）理事会得认可、变更或取消委员会之决定。理事会所做之决定应通知联合国全体会员国、非会员国之本公约缔约国、委员会、世界卫生组织及管制局。

（四）以不违反第七项之规定为限，在复核尚无决定前，委员会之原来决定应继续有效。

九、对凡属不在本公约范围之内而可用以非法制造精神药物之各种物质，各缔约国均应尽其最大努力采取可行之监督措施。

第三条　制剂管制之特别规定

一、除本条下列各项另有规定外，对制剂适用与其所含精神药物相同之管制措施，倘制剂含有一种以上之此种物质时，则施行各该物质中所适用之最严格管制措施。

二、倘一制剂含有附表一以外之一种精神药物，而其配合方法并无滥用危险或仅有微不足道之危险且该项物质不能随时藉轻易方法收回易滋滥用之数量，故不引起公共卫生与社会之问题时，本公约所规定之若干管制措施得对该制剂依下开第三项之规定豁免之。

三、一缔约国如就某一制剂依前项规定有所认定，得决定在其本国或其所属区域之一对该制剂豁免本公约所规定之任何或全部管制措施，但下列各项规定除外：

（一）第八条（执照）适用于制造之规定，

（二）第十一条（记录）适用于对制剂豁免管制之规定，

（三）第十一条（禁止及限制输出与输入），

（四）第十五条（检查）适用于制造之规定，

（五）第十六条（缔约国提供之报告书）适用于对制剂豁免管制之规定，及

（六）第二十一条（罚则）视必要程度适用于取缔违反应履行上述义务所订法律或规章之行为。

缔约国应将任何此种决定、有关豁免管制之制剂名称与成分及对该制剂豁免之管制措施一并通知秘书长。秘书长应将该项通知转送其他各缔约国、世界卫生组织及管制局。

四、一缔约国或世界卫生组织倘有关于依上文第三项规定豁免管制之一种制剂之情报资料，从而依其意见认须全部或部分终止该项豁免时，应即以之通知秘书长，并检送其通知所依据之情报资料。秘书长应将此项通知及认属有关之任何情报资料转送各缔约国及委员会，且于有关通知系由缔约国提出时以之转送世界卫生组织。世界卫生组织应将其就有关第二项所开各事项而对有关制剂所做之判断，连同其就该制剂应终止豁免之管制措施而提具之任何建议，一并通知委员会。世界卫生组织

对于有关医学与科学事项之判断应具决定性，委员会得计及世界卫生组织之有关通知，并念及其认属有关于经济、社会、法律、行政及其他因素，决定对该制剂予以任何管制措施之豁免或全部豁免。委员会依本项规定所做之任何决定均应由秘书长通知联合国全体会员国、非会员国之本公约缔约国、世界卫生组织及管制局。全体缔约国均应自秘书长通知日起计一百八十日之内采取措施，终止对有关各项管制或某种管制之豁免。

第四条　关于管制范围之其他特别规定

就附表一以外各种精神药物而言，各缔约国得准许：

（一）国际旅客携带少量制剂供个人使用，唯每一缔约国自仍有权查明此等制剂确经合法取得，

（二）在工业上使用此等物质以制造非精神药物或产品，唯在各该精神药物实际上已处于不致滥用或无法收回之状态前，仍须施用本公约所规定之管制措施，及

（三）由主管当局特准使用此等物质捕捉动物者为此目的作此使用，唯仍须施用本公约所规定之各项管制措施。

第五条　专供医学与科学用途之限定

一、每一缔约国均应依第七条规定对附表一内物质限定使用。

二、除第四条另有规定外，每一缔约国均应采其认属适当之措施，对附表二、附表三及附表四内各种物质之制造、输出、输入、分配、贮存、贸易、使用及持有，限定其专供医学与科学用途。

三、各缔约国对附表二、附表三及附表四内各项物质之持有，除依法许可者外，宜不予准许之。

第六条　特别管理机关

每一缔约国为实施本公约之规定，允宜设置并维持一特别管理机关，该机关可因利就便即为依各项管制麻醉品公约规定所设置之同一特别管理机关或为与之密切合作之机关。

第七条　关于附表一内物质之特别规定

就附表一内物质而言，各缔约国应：

（一）禁止其一切使用，但受缔约国政府直接管制或由其特别核准之医学与科学

机构内依法奉准人员为科学及其有限之医学目的所作之使用，不在此限。

（二）规定其制造、贸易、分配及持有须凭特别执照或事先领有许可证，

（三）规定对（一）款及（二）款所开活动与行为之严密监察办法，

（四）规定向依法奉准人员之供应限于其所奉准目的之需要数量，

（五）规定凡使用此等物质执行医学或科学业务者应备存记录、列载此等物质之取得及其使用详情，此等记录自其所载最后一次使用日期起须至少保存两年，并

（六）禁止其输出与输入，但于输出人与输入人双方分别系输出与输入国家或区域之主管或其他机关或其国家或区域之主管当局为此目的特许之人或企业时，不在此限。第十二条第一项关于附表二内物质之输出与输入须凭许可证之规定对附表一内物质亦适用之。

第八条　执照

一、各缔约国应规定附表二、附表三及附表四内所列物质之制造、贸易（包括输出及输入贸易）及分配须凭执照或受其他类似措施管制。

二、各缔约国应：

（一）管制所有依法奉准进行或从事第一项所指物质之制造、贸易（包括输出及输入贸易）及分配业务之人及企业，

（二）凭核发执照或其他类似管制措施管制可能进行此种制造、贸易或分配业务之机构及房地，

（三）规定对此等机构及场地采取安全措施以防止贮存品被盗窃或作其他挪移。

三、本条第一项及第二项有关执照或其他类似管制措施之规定无须适用于依法奉准执行而又正在执行医疗或科学职务者。

四、各缔约国应规定凡依本公约规定领有执照者或依本条第一项或第七条（二）款规定另奉核准者，均应具备有效忠实履行依本公约所制定各项法律及规章条款之充分资格。

第九条　处方

一、各缔约国应规定附表二、附表三及附表四内之物质唯凭处方始得供应或配给个人使用，但个人依法奉准执行医疗或科学职务所可合法取得、使用、配给或施用各该物质者，不在此限。

二、各缔约国应采取措施，以确保附表二、附表三及附表四内各项物质之处方系依正当医疗业务并遵保障公共卫生与福利之规章尤其有关处方可作重配次数与处方有效期之规章而签发。

三、虽有第一项之规定，各缔约国如认为当地情况有此需要，且在其所定包括备存记录在内之各项条件下，仍得授权领有执照之药剂师、或由负责其全国或国内部分地区公共卫生事务当局所指定之其他领有执照之零售分配人，酌量不凭处方，将缔约国所定限量范围内之少量附表三与附表四内物质，供应个人于特殊情形下作医疗目的之使用。

第十条 包装上之警语及广告

一、每一缔约国应参照世界卫生组织之任何有关规章或建议，规定制备其认为使用人安全所必需之精神药物使用方法说明，包括将注意事项及警语，于可在其零售包装之标签上载明时载明于标签，且在任何情形下均应在随附之仿单上做此载明。

二、每一缔约国应在适当顾及其宪法规定之情形下禁止利用广告向公众推销精神药物。

第十一条 记录

一、就附表一内物质而言，各缔约国应规定制造人及所有其他依第七条奉准进行此等物质之贸易及分配业务者须遵每一缔约国所作规定备存记录，列载制造数量及贮存数量之细节，并按每次取得与处置，列载数量、日期、供应人及收受人各项细节。

二、就附表二及附表三内物质而言，各缔约国应规定制造人、批发人、输出人及输入人须遵每一缔约国所做规定备存记录，列载制造数量之细节，并按每次取得与处置列载数量、日期、供应人及收受人各项细节。

三、就附表二内物质而言，各缔约国应规定零售分配人、医疗与护理机构及科学院所须遵每一缔约国所做规定备存记录，按每次取得与处置，列载数量、日期、供应人及收受人各项细节。

四、各缔约国应以适当方法、并计及本国专业与贸易习惯，确保有关零售分配人、医疗与护理机构及科学院所取得与处置附表三内物质之情报可随时备查。

五、就附表四内物质而言，各缔约国应规定制造人、输出人及输入人须遵每一缔约国所作规定备存记录，列载制造、输出及输入之数量。

六、各缔约国应规定依第三条第三项规定豁免管制制剂之制造人应备存记录、载明制造豁免管制制剂所用每一种精神药物之数量与用以制成之豁免管制制剂之性质，总量及其初步处置情形。

七、各缔约国应确保本条所称记录与情报，其依第十六条规定为报告书所需要者，应至少保存两年。

第十二条　关于国际贸易之规定

一、

（一）凡准许输出或输入附表一或附表二所列物质之每一缔约国应规定每次为此种输出或输入，不论其包括一种或多种物质，均须分别领取由委员会规定之输出或输入准许证。

（二）此项准许证应载明有关物质之国际非专用名称，或于无此种名称时载明附表内所用名称，且载明将予输出或输入之数量、药型、输出人或输入人之名号与地址及输出或输入之期限。如输出或输入之物质为制剂，其有名称者并应加列其名称。输出准许证并应载明有关输入准许证之号码、日期及发证机关。

（三）缔约国在核发输出准许证前，应规定缴验输入国家或输入区域主管当局所核发之输入证以证明内载之一种或多种物质之输入业经核准。此项准许证应由声请输出准许证之人或机构缴验。

（四）每批货品均应附有输出准许证之副本一份，核发输出准许证之政府且应将一份副本送至输入国家或输入区域之政府。

（五）输入国家或输入区域之政府于有关输入办妥后，应在输出准许证上加签，证明实际输入之数量，以之送还输出国家或输出区域之政府。

二、

（一）各缔约国应规定输出人每次输出附表三内所列物质均须填具由委员会制定之申报书一式三份，内载下列情报资料：

1. 输出人与输入人之名号与地址，

2. 有关物质之国际非专用名称或于无此种名称时附表内之名称，

3. 有关输出物质之数量与药型，且于其系制剂而有名称时，该制剂之名称，及

4. 交运日期。

（二）输出人应将申报书副本一式两份缴送其本国或区域之主管当局，并检附第三份副本于交运之货品。

（三）一缔约国应于附表三内物质业已自其领土输出时，尽速而不迟于交运日期之后九十日将自输出入所收到之申报书副本一份，以双挂号邮寄输入国或输入区域之主管当局。

（四）各缔约国得规定输入人于收到有关货品时须将交运货品所附之申报书副本经照章加签，注明所收数量及收受日期后，送至其本国或区域之主管当局。

三、就附表一与附表二内各项物质而言，应并适用下列之附加规定：

（一）在自由港、区，各缔约国应施行与其领土其他部分相同之监督及管制，唯仍得采取更严格之措施。

（二）将货品运交邮政信箱或运交银行存入非输出准许证所指明收货人账户之输出，概应禁止。

（三）对交运之附表一内货物禁止向保税仓库输出。对交运之附表二内物质亦禁止向保税仓库输出，但申声输出准许证之人或机构所呈缴之输入证经输入国政府注明准为寄存保税仓库而输入者，不在此限。遇此情形输出准许证应证明该项货品系为此目的输出。每次自保税仓库提货均须凭该仓库之管辖当局所发之许可证，且所提货品之运往外国者，应作为另一次本公约所称之输出处理。

（四）运出或运入一缔约国领土之货品未检附输出准许证者，应由主管当局扣留之。

（五）一缔约国对于通过其国境运往另一国家之任何物质，不论在过境时已从其装运工具移出与否，除非向该缔约国主管当局缴验所运货品之输出准许证副本，应一律不准放行。

（六）准许精神药物货品过境之任何国家或区域，其主管当局应照章采取一切适当措施，防止此项货品运往其随附之输出准许证副本所列目的地以外地点，但其转运业经过境国家或过境区域之政府核准者，不在此限。过境国家或过境区域之政府对于任何转运请求概应视同自该过境国家或该过境区域向新目的地国家或区域之输出处理之。该项转运如经核准，本条第一项（五）款之规定即应在过境国家或过境区域与货品原输出国家或区域之间同样适用。

（七）交运之各项物质，在运输途中或寄存保税仓库期间，概不得以任何方法改变性质。其包装非经主管当局许可亦不得有所改动。

（八）有关货品由未在过境国家或过境区域降落之航空器运输者不适用本项（五）至（七）各款关于此等物质在一缔约国领土过境之规定。如该航空器在任何此等国家或区域降落时，则各该款规定之适用应视情况需要酌定之。

（九）本项规定不碍及任何国际协定限制任何缔约国对此等过境物质所得施行管制之规定。

第十三条　禁止及限制输出与输入

一、一缔约国得经由秘书长通知所有其他缔约国禁止其通知中所开之附表二、附表三或附表四内一种或多种物质向其本国或其区域之一输入。任何此种通知，概应开示附表二、附表三或附表四所列之有关物质名称。

二、一缔约国于接获依第一项规定所作之禁止通知后，应采取措施，确保该项通知所开物质不向发出通知之缔约国或其区域输出。

三、虽有上开各项规定，一缔约国于业已依照第一项规定发出通知后，仍得每次分别核发特别输入执照，准许输入特定数量之有关物质或含有此等物质之制剂。输入国发照机关应将载明输出人与输入人名号与地址之特别输入执照副本一式两份检送输出国家或输出区域之主管当局，然后该主管当局方得准许输出人启运货品。所运货品应附有经输出国家或输出区域主管当局照章加签之特别输入执照副本一份。

第十四条　关于行驶国际间船舶、航空器或其他各种公共交通工具上急救箱内携带精神药物之特别规定

一、凡船舶、航空器或其他各种国际公共交通工具如国际铁路火车或长途汽车等，在国际间携带航程中救护或紧急情况所需有限数量之附表二、附表三或附表四内物质，应不视为本公约所指输出、输入或过境。

二、有关登记国应采取适当防备办法，以杜绝第一项所称物质之不当使用或流于非法用途。委员会应洽商主管国际组织，提出此种防备办法之建议。

三、船舶、航空器或其他各种国际公共交通工具如国际铁路火车或长途汽车等依第一项规定所携带之物质应受其登记国法律、规章、许可证及执照之管制，唯此

不碍及主管地方当局在此等交通工具上实行查核、检查及其他管制措施之任何权利。此等物质为急救而施用应不得视为违反第九条第一项之规定。

第十五条　检查

各缔约国应对精神药物之制造人、输出人与输入人及批发人与零售分配人以及使用此种物质之医学与科学院所保有一种检查制度，并应对有关房地、贮存品及记录规定办法作其认为必要之经常检查。

第十六条　缔约国提供之报告书

一、各缔约国应向秘书长提具委员会得为执行职务所请提供之必要情报资料，并尤应提具关于本公约在其领土内实施情形之常年报告书，包括载入下列情报资料：

（一）其有关精神药物各项法律与规章之重要修改，及

（二）其有关精神药物在其领土内滥用与非法产销之重大发展。

二、各缔约国并应将第七条（六）款、第十二条及第十三条第三项所指各政府当局之名称与地址通知秘书长。此等情报资料应由秘书长供所有缔约国运用。

三、各缔约国应就精神药物之任何非法产销或此种非法产销之辑获案件，因：

（一）其所揭露之新趋向，

（二）其所涉及之数量，

（三）其对此种物质取得来源所显示之线索，或因

（四）非法产销人所使用之方法，而认为情节重大者，事后向秘书长尽速提具报告。此项报告之副本应依第二十一条（二）款之规定分送之。

四、各缔约国应依管制局拟定之格式向管制局提具常年统计报告，内列：

（一）就附表一与附表二内每项物质而言，关于制造、向每一国家或区域输出及从其输入之数量，以及制造人所存之贮存量，

（二）就附表三与附表四内每项物质而言，关于制造之数量，以及输出与输入之总量，

（三）就附表二与附表三内每项物质而言，关于用以制造豁免管制制剂之数量，及

（四）就附表一以外物质之每项物质而言，依第四条（二）款规定所应列入之工业目的使用数量。

又，本项（一）款及（二）款所开之制造数量不包括制剂之制造数量。

五、缔约国如经管制局请求，应即循请在未来期间，将有关附表三与附表四内任一物质向每一国家或区域输出及从其输入之补充统计资料供与管制局。该缔约国得请管制局将该局所作提供资料之请求以及依本项规定所提供之资料均作为保密事项处理之。

六、各缔约国应依委员会或管制局所请求之方式与期限提供本条第一项与第四项所指之资料。

第十七条　委员会之职责

一、委员会得审议一切有关本公约目标及其各项规定实施之事项并提具有关建议。

二、委员会依本公约第二条与第三条之规定有所决议概应以委员会委员 2/3 之多数为之。

第十八条　管制局报告书

一、管制局应拟具关于其工作之常年报告书，内载其所具统计资料之分析，并于有政府提出或依请求提出任何说明时，斟酌适当情形，将其内容连同管制局所欲提出之任何意见与建议一并载列。管制局得提具其认属必要之此种增列报告书。此等报告书应经由委员会提交理事会，委员会得提出其认为适当之意见。

二、管制局报告书应分送各缔约国并嗣后由秘书长发表。各缔约国应准予无限制分发。

第十九条　确保执行本公约规定之管制局措施

一、

（一）管制局于审查各国政府依本公约规定向该局提出之情报资料或联合国各机关所送达关于此等规定范围内所发生问题之情报资料后，如有理由认为某一国家或区域未曾施行本公约之规定，致本公约宗旨大受妨碍时，该局有权请该国家或区域之政府提出解释。管制局除有权提请缔约国、理事会及委员会注意本项（三）款所称情事外，该局对于其依本款向政府索取情报资料或解释之请求，应守秘密。

（二）管制局在依本项（一）款采取行动后，如认为确有必要时，得促请关系政府采取在实际情况下为执行本公约规定所认为必要之救济办法。

（三）如管制局断定关系政府虽经依本项（一）款请其解释而未曾提出使其满意之解释，或虽经依本项（二）款请其采取救济办法而未曾照办时，则该局得将此情事提请缔约国、理事会及委员会注意。

二、管制局于依照本条第一项（三）款提请缔约国、理事会及委员会注意某一情事时，如认为此举确系必要，到建议缔约国停止自关系国家或区域输入某种精神药物或停止向该国或区域输出该种物质，或两者均予停止，停止期限或予明定，或至管制局对该国或该区域内之情况认为满意时为止。关系国家得将此事提出于理事会。

三、管制局应有权就其依本条规定所处理之任何情事发表报告书，送致理事会，由理事会转致所有各缔约国。如管制局在此报告书中公布其依本条所为之决议或有关该项决议之任何情报，则遇关系政府请求时，并应在报告书中将该政府之意见公布。

四、管制局依本条所公布之决议倘系未经一致同意，则少数方面之意见应予述明。

五、任何国家对管制局会议依本条所议之问题直接关心者，应被邀派代表列席该会议。

六、管制局依本条所作决议应以全体委员2/3多数同意为之。

七、管制局如有理由认为因某一国家依第二条第七项规定采取决定之结果致本公约宗旨大受妨害时，上文各项规定亦应适用之。

第二十条　防止滥用精神药物之措施

一、各缔约国应采取一切可行措施，以防止精神药物滥用，并对关系人早做鉴别、治疗、教育、善后护理、复健并使之重新与社会融为一体。各缔约国并应协力达此目的。

二、在使精神药物滥用者获得治疗、善后护理、复健及重新与社会融为一体方面，各缔约国应尽可能促进有关工作人员之训练。

三、各缔约国应协助因工作需要了解精神药物之滥用及其防止问题者获此了解，并应于此种物质滥用情况有蔓延危险时，促进一般民众之此种了解。

第二十一条　取缔非法产销之行动

在适当顾及其本国宪法、法律及行政制度之情形下，各缔约国应：

（一）就防止及查禁非法产销之行动，在全国之范围内设法协调，缔约国为此目的得指定一主管机关负责此项协调以利事功；

（二）相互协助共同取缔精神药物之非法产销，且尤应就查悉非法产销或辑获案件，立即向其他各直接关系缔约国经由外交途径递送依第十六条规定送致秘书长之任何报告书副本；

（三）相互密切合作并与其所参加之主管国际组织密切合作，以经常协力取缔非法产销；

（四）确保各主管机关间之国际合作以迅捷方式进行；并

（五）确保为司法案件在国际间递送法律文书时，其递送应以迅捷方式向缔约国指定之机关为之；此项规定应不损及一缔约国要求将法律文书循外交途径递送该国之权利。

第二十二条 罚则

一、

（一）以不违背缔约国本国宪法上之限制为限，每一缔约国对于违反为履行本公约义务所订法律或规章之任何行为，其系出于故意者，悉应作为可科处刑罚之犯罪行为处分之，并应确保其罪行情节重大者受充分刑罚，尤其受徒刑或其他剥夺自由之处分。

（二）虽有前项规定，于精神药物之滥用者犯有上开罪行时，缔约国仍得自订规定，使其依第二十条第一项之规定获得治疗、教育、善后护理、复健并重新与社会融为一体，此可作为判罪或科处刑罚之替代措施，亦可作为科处刑罚之附加措施。

二、以不违背缔约国宪法上限制、法律制度及本国国内法为限。

（一）

1. 倘一系列构成本条第一项所开罪行之各项关联行为系在若干不同国家境内实施时，应依其每项行为分别论罪，

2. 对任何此等犯罪行为故意参与、共谋实施、实施未遂及从事与本条所指各项犯罪行为有关于预备行为及财务活动皆属依第一项规定应罚之罪，

3. 此等犯罪行为在外国判定有案者应予计及，以确定是否累犯，

4. 本国人或外国人犯有上述罪行之情节重大者，应由犯罪地缔约国诉究之，如罪犯系在另一缔约国领土内发觉，虽经向该国请求引渡、而依该国法律不能引渡、且该罪犯尚未受诉究与判决者，应由该所在地缔约国诉究之。

（二）第一项及第二项（一）款(2)目所称各项犯罪行为宜列为各缔约国间已订或今后可能订立之引渡条约内开应予引渡之罪，在不以条约之存在或互惠为引渡条件之缔约国间亦宜承认为应予引渡之罪，但引渡之许可应依受请求之缔约国法律为之，又遇主管当局认为罪行未臻严重时，该缔约国有权拒绝实行逮捕或引渡。

三、凡拟用于实施第一项及第二项所称犯罪行为之任何精神药物或其他物质及器具悉应缉获并没收之。

四、本条之规定以不违背关系缔约国国内法关于管辖问题之规定为限。

五、本条所指各项犯罪行为应依缔约国国内法认定，诉究与处罚之原则不受本条之影响。

第二十三条　采取较本公约规定更为严格之管制措施

一缔约国如认为宜采取或必须采取较本公约规定更为严格或严厉之措施以保障公共卫生与福利时，得采取此等措施。

第二十四条　国际管制机关之经费

委员会与管制局各为执行本公约所赋职责之经费应由联合国依大会议定之方式负担之。非联合国会员国之缔约国对于此项经费，应按大会随时与各该国政府商洽后所摊派之公平数额分担之。

第二十五条　缔约资格、签署、批准及加入之程序

一、联合国会员国、非联合国会员国之专门机关或国际原子能总署会员国或国际法院规约当事国以及经理事会邀请之任何其他国家，得借下列方式成为本公约缔约国：

（一）签署公约，或

（二）于签署后须经批准时批准公约。

（三）加入公约。

二、本公约于 1972 年 1 月 1 日前听由签署，尔后听由加入。

三、批准书或加入书应存放于秘书长处。

第二十六条　生效条款

一、本公约应自第二十五条第一项所开国家中四十国业已作不附有关批准保留之签署或已存放批准书或加入书后之第九十日起生效。

二、对于其他任何国家之不附有关批准保留而签署者或在前项所述国家中最迟签署或作存放以后，始存放批准书或加入书者，本公约之生效应在该国签署或作存放后之第九十日。

第二十七条　适用领土

本公约之适用，应及于任何缔约国所负责代管国际关系之一切非本部领土，唯依该缔约国或关系领土之宪法或习惯须事先征得该领土之同意者除外。该关系缔约国于此除外情形，应尽可能在最短期间，设法征取该领土之同意，并于征得同意后通知秘书长，其通知内开之领土应即自秘书长接获通知之日起适用本公约。至另对不须事先征得同意之非本部领土，则关系缔约国应在签署、批准或加入之时，即声明该当领土适用本公约。

第二十八条　为本公约而设定之区域

一、任何缔约国得通知秘书长，为本公约所作之设定，将其领土划为两个以上之区域，或将其两个以上之区域合并为一个区域。

二、两个以上之缔约国得通知秘书长，由于其彼此间成立关税联盟之结果，为本公约所作之设定该等缔约国合为一个区域。

三、凡依上文第一项或第二项所为之通知，均应于通知后之次年1月1日起生效。

第二十九条　退约条款

一、本公约生效之日起满两年后，任何缔约国皆得为本身或代表由其负国际责任而业已撤回依第二十七条所表示同意之领土向秘书长交存文书，宣告退约。

二、退约书经秘书长于任何一年之7月1日以前收到者应于次年1月1日起生效。退约书于7月1日之后收到者，其生效日期与次年7月1日以前收到者同。

三、倘因依第一及第二项退约之结果，第二十六条第一项所规定本公约发生效力之条件不复存在时，本公约应告废止。

第三十条　修正条款

一、任何缔约国均得对本公约提出修正案。此项修正案及理由书应送交秘书长转致各缔约国及理事会。理事会得决定采取下列程序之一：

（一）依联合国宪章第六十二条第四项之规定召集会议审议所提议之修正案，或

（二）查询各缔约国是否接受所提议之修正案，并请其向理事会提出关于此项提议之意见。

二、依本条第一项（二）款所分发之修正案于分发之后十八个月内未受任何缔约国反对者，应随即发生效力。唯所提议之修正案如遭任何缔约国反对，理事会得参酌缔约国所提具之意见，决定应否召集会议审议此项修正案。

第三十一条　有关争端

一、两缔约国或两个以上之缔约国间，如对本公约之解释或适用发生争端时，应彼此会商，俾以谈判、调查、调停、和解、公断、区域机关之利用、司法程序或该缔约国自行选择之其他和平方法，求得解决。

二、依照此种争端倘不能依照上开之方式解决争端两方中之任何一国作此请求时，应提交国际法院裁决。

第三十二条　保留条款

一、除本条第二项、第三项及第四项所规定者外，不得提出任何保留。

二、任何国家得于签署、批准或加入时对本公约下列各项规定提出保留：

（一）第十九条第一项及第二项。

（二）第二十七条及

（三）第三十一条。

三、凡原为缔约国但欲获准另提本条第二项及第四项所定保留以外之其他保留者，得将此种意向通知秘书长。除非在秘书长就此项保留发出通知之日起满十二个月时，有业已不附批准保留而签署公约、已批准或加入本公约之国家中 1/3 对此项保留提出异议，则该项保留应视为已获准许。唯并须了解者，即曾对该项保留提出异议之国家毋需对提出该项保留之国家承担任何因该项保留而涉及之本公约所定法律义务。

四、凡境内有野生植物之国家，其该植物含有附表一所列精神药物，且在传统上为某种明白确定之小团体用于神道宗教仪式者，得在签署、批准或加入时，对本

公约第七条各项规定提出有关此等植物之保留，唯各项有关国际贸易之规定不在保留之列。

五、提出保留之国家得随时以书面通知秘书长撤回其所提保留之全部或一部分。

第三十三条　通知条款

秘书长应将下列事项通知第二十五条第一项所称之一切国家：

（一）依第二十五条所为之签署、批准及加入，

（二）依第二十六条本公约生效之日期，

（三）依第二十九条宣告之退约，及

（四）依第二十七条、第二十八条、第三十条及第三十二条所为之声明及通知。

为此，下列代表各秉本国政府正式授予之权，谨签字于本公约，以昭信守。

公历 1971 年 2 月 21 日订于维也纳，正本一份，其中文、英文、法文、俄文及西班牙文各文本同一作准，应存放于联合国秘书长处，其正式副本由秘书长分送联合国全体会员国及第二十五条第一项所开其他国家。

国际劳工组织关于职业安全、健康和工作环境的公约

（第 155 号公约）

国际劳工组织全体大会，经国际劳工局理事会的召集，于 1981 年 6 月 3 日在日内瓦举行第 67 届会议，经议决采纳本届会议议程第六项关于职业安全、健康和工作环境的若干提议，经决定这些提议采取国际公约的形式，于 1981 年 6 月 20 日通过下列公约，此公约称为 1981 年关于职业安全和健康的公约。

第一部分　实施范围和定义

第一条

1. 本公约适用于各个经济活动部门。

2. 凡批准本公约的成员国，在诸如海运或捕鱼业等特殊部门的经济活动中，如因产生实质性的特殊问题，经尽早与有关雇主和工人代表组织协商后，可部分或全部免于实施本公约。

3. 每个批准本公约的成员国，在按照国际劳工组织章程第 22 条所提出实施公约

的首次报告中，应详列按本条第 2 款免于实施公约的各个部门和理由，并说明为适当保护这些部门的工人而采取的措施，在其后的报告中，应指出争取扩大实施范围所取得的进展。

第二条

1. 凡适用本公约的各个经济活动部门，其一切工人均适用本公约。

2. 凡批准本公约的成员国，对特定范围的工人实施本公约有特殊困难者，经尽早与有关雇主和工人代表组织协商后，可部分或全部免于实施本公约。

3. 每个批准本公约的成员国，在按照劳工组织章程第 22 条所提出的实施公约的首次报告中，应详列按本条第 2 款免于实施本公约的特定范围的工种和理由，并在其后的报告中指出争取扩大实施所取得的进展。

第三条

对于本公约：

1. "经济活动部门"一词，系指雇佣工人的一切部门，其中包括机关、事业单位。

2. "工人"一词，系指一切受雇佣的人员，其中包括公务人员。

3. "工作场所"一词，包括工人在雇主直接或间接监督下进行工作而应在或应去的一切地方。

4. "规定"一词，指所有由一个或几个主管机关赋予法律效力的规定。

5. "健康"一词，与工作有关，不仅指没有疾病或残疾，而且包括与工作安全、卫生直接有关的、影响健康的物理和心理因素。

第二部分　国家政策的原则

第四条

1. 各成员国应根据国家条件与惯例，并与最有代表性的雇主组织和工人组织协商，制定、实施和定期审查有关职业安全、健康和工作环境的国家政策。

2. 这种政策的目的是在合理和切实可行的范围内，把工作环境中的危险因素减少到最低限度，以预防来源于工作、与工作有关，或在工作过程中发生的事故和对健康的危害。

第五条

上述第四条提到的政策，在对职业安全、健康和工作环境有影响的范围内，应考虑以下几个主要方面：

1. 劳动的物质要素（劳动场所、工作环境、工具、机器和材料、化学、物理和生物物质和制剂、劳动过程）的设计、试验、选择、取代、装置、安排和维修。

2. 在劳动的物质要素与进行或监督劳动的人之间存在的关系，以及机器、材料、劳动时间、劳动组织和劳动过程对工人身心能力的适应。

3. 对有关人员进行培训和必要的补充训练，使其安全、卫生知识达到适当水平。

4. 在劳动班组和企业一级，以及在其他所有相应的各级，直到国家一级，进行联系和合作。

5. 保护工人及其代表，免受因他们按照上述第四条所说的政策采取正当行动而产生的纪律措施。

第六条

在制定上述第四条所提到的政策时，应明确指出公共机关、雇主、工人和其他有关人员在有关职业安全、健康和工作环境方面，各自担负的职能和责任，但要考虑到这些责任的补充性以及国家条件和惯例。

第七条

对于有关职业安全、健康状况工作环境的情况，每隔适当时间，应全面地或针对某些特殊范围进行一次审查，以确定一些重要的问题，逐步找到解决这些问题的有效措施和措施的先后次序，并评价他们的效果。

第三部分　国家一级采取的措施

第八条

各成员国应通过法律或条例，或通过其他一切符合国家条件和惯例的方法，并与有关雇主和工人代表组织协商后，采取必要的措施，以实施上述第四条规定。

第九条

1. 对有关职业安全、健康和工作环境的一些法律和规定的实施，应有切实可行的监察制度予以保证。

2. 对于违反法律或规定的情况，监察制度应规定适当的制裁。

第十条

应采取措施为雇主与工人提供指导，以帮助他们遵守其法定的义务。

第十一条

为了实施上述第四条所说的政策，各有关主管机关应保证逐步贯彻下列职能：

1. 如为危险的性质与程度所需，确定企业的设计、施工、布局和条件、竣工验收、重大方案变更和工作中所用技术设备的安全以及由各主管机关确定的程序表。

2. 确定哪些劳动方法和暴露于哪些物质和制剂应予禁止或限制，或须经一个或几个主管机关批准或管理，考虑同时暴露于几种物质或制剂对健康的危害。

3. 制定和实施由雇主（如果合适，由保险机构和其他直接有关机构）报告工伤事故和职业病的程序，并对工伤事故和职业病提供年度统计。

4. 对发生于工作过程或与工作有关的工伤事故、职业病或对健康的其他损害，如属情况严重者，均应进行调查。

5. 每年公布有关实施上述第四条所说政策而采取的措施，以及在工作过程中发生或与该工作有关的工伤事故、职业病和对健康的其他损害等情况。

6. 根据国家情况和可能性，采用和推广对有害于工人健康的化学、物理和生物制剂的检验制度。

第十二条

应按照国家法律和惯例，采取措施，以使设计、制造、引进、提供或转让业务上使用的机器、设备或物质的人：

1. 在合理可行的范围内，确信有关机器、设备或物质对正确使用它们的人的安全和健康不会出现危险。

2. 对机器、设备、材料以及产品等提供正确使用资料和预防其对人伤害的措施指导。

3. 进行调查研究，了解科学技术知识的发展情况，以便履行上述 1、2 两项所赋予他们的义务。

第十三条

在正当理由认为工作情况出现了对其生命或健康有紧急和严重的危险而撤出的

工人，应按照国家条件和惯例，受到保护，以避免不好的后果。

第十四条

应采取措施，以符合国家条件和惯例的方式，鼓励将安全、健康和工作环境问题列入各级教育和训练计划，也列入高等教育、医学和职业教育中，以满足所有工人的训练需要。

第十五条

1. 为了保证上述第四条所说政策与实施这项所采取措施的一致，各成员国应尽早地经与最有代表性的雇主组织和工人组织，必要时也可与其他合适机构协商后，做出符合国家条件与惯例的安排，以保证实施本公约第二与第三部分规定的各机关和各机构之间必要的协作。

2. 如果情况需要并为国家条件与国家惯例所许，这些安排应包括建立一个中心机构。

第四部分　企业一级采取的措施

第十六条

1. 在合理与切实可行的情况下，雇主必须做到其管理下的工作环境、机器、设备与工作过程是安全的，并且对健康没有危险。

2. 在合理与切实可行的范围内，雇主必须做到使在其管理下的化学、物理和生物物质与制剂，提供适当的保护措施，以保障工人的安全。

3. 如果需要，雇主必须提供适当的防护服装和防护设备，以便在合理和切实可行的范围内，预防事故，保障健康。

第十七条

如果有几个企业在同一劳动场所同时进行作业时，它们应合作实施本公约。

第十八条

如果需要，雇方必须提供能够应付紧急情况和防止事故的各种措施。

第十九条

应在企业一级做出以下安排：

1. 工人在其工作过程中，协助雇主履行所负的责任。

2. 企业中的工人代表在职业安全、健康方面与雇主合作。

3. 企业中的工人代表得到有关雇主为保证安全和健康所采取措施的足够报告，他们能够就这些报告与其代表组织进行协商，但不得泄露商业机密。

4. 企业中的工人及其代表应受到职业安全、卫生方面的适当训练。

5. 企业中的工人或其代表，必要时，其代表组织按照国家法律和国家惯例，检查与其工作有关的安全与健康的各个方面，并就此受到雇主的协商，为此目的，经双方同意，可从企业以外聘请技术顾问。

6. 工人立即向其直接上级报告他有充分理由认为出现对其生命和健康有紧急和严重危险的各种情况，直至雇主为补救这些情况而采取措施，雇主不能要求工人在对其生命和健康存在紧急和严重危险的情况下恢复工作。

第二十条

对以上第十六至十九条的实施，企业中雇主与工人及其代表的合作，是各有关组织应采用的一个重要措施。

第二十一条

有关职业安全卫生的措施，不得给工人增加任何支出。

第五部分　最后条款

第二十二条

本公约对现有国际劳工公约或建议书不做任何修改。

第二十三条

对本公约的正式批准书应送请国际劳工局长登记。

第二十四条

1. 本公约仅对其批准书已经局长登记的国际劳工组织成员国有约束力。

2. 本公约应自两个成员国的批准书已经局长登记十二个月后生效。

3. 此后，对每个成员国，本公约应自其批准书登记之日起十二个月后生效。

第二十五条

1. 凡批准本公约的成员国，自本公约开始生效之日起满十年后，得向国际劳工局长通知并由其登记而废除之。此项废除通知自登记之日起满一年后生效。

2. 凡批准本公约的成员国，在前项所述十年期满后的一年内，如未行使本条所规定的废除通知权者，须再受其约束十年，此后每满十年得依本条规定的条件通知废除本公约。

第二十六条

1. 国际劳工局长应将国际劳工组织各成员国所送达的一切批准书和废除通知的登记情况，通知本组织的全体成员国。

2. 局长在把第二个国家批准书的登记通知本组织各成员国时，应请各成员国注意本公约开始生效的日期。

第二十七条

国际劳工局长应将他按照以上各条规定所登记的一切批准书和废除通知的详细情况送请联合国秘书长，按联合国宪章第102条进行登记。

第二十八条

国际劳工局理事会在认为必要时，应向大会提交本公约实施情况的报告，并审查是否将本公约的全部或局部修正问题列入大会议程。

第二十九条

1. 如大会通过的新公约对本公约做出全部或局部的修正时，除新公约另有规定外：

（1）在新修正的公约生效后，对于批准新修正的公约的成员国，将不受上述第二十五条的规定，依法立即废除本公约。

（2）自新修正公约生效之日起，本公约应立即停止接受成员国的批准。

2. 对于已批准本公约而未批准新修正公约的成员国，本公约在任何情况下，仍按现有的形式及内容继续有效。

第三十条

本公约的英文与法文本具有同等效力。

关于患者权益的里斯本宣言

世界医学会

（一）接受良好品质医疗的权利

1. 接受医疗不能有歧视。

2. 专业人员的判断不能受临床或是伦理之外的干扰因素影响。

3. 根据被认可的医疗原则与病人的最佳利益给予治疗。

4. 医师必须负起医疗照护质量的责任。

5. 分配稀有医疗资源时，必须根据医疗准则和无歧视原则，来进行治疗步骤的选择。

6. 医师必须相互协调、做全面的相关安排，以保证医疗照护的连续性。

（二）自由选择的权利

1. 自由选择医师及医疗机构的权利。

2. 随时都有征询其他意见的权利。

（三）自主决定的权利

1. 病人有自主决定的权利。

2. 有知道有关自主决定相关信息的权利。

3. 有权利拒绝参与研究或是教学。

（四）失去意识的病人

1. 失去意识的病人必须寻求法定代理人的同意。

2. 除非病人曾有明确的表示，否则，在危急的状态法定代理人不可得时，可将病人的同意视为当然。

3. 即使是自杀失去意识的病人，医师应该尽量尝试挽救其生命。

（五）法定失能的病人

1. 即使是法定失能的病人也要让她/他在过程中尽量参与决策。

2. 当法定失能的病人做出合理的决定时必须予以尊重，并享有拒绝让法定代理人知悉相关信息的权利。

3. 如果病人的代理人做出违反病人最佳利益的决定时，医师有义务在相关的法律机构挑战这项决定，如在危急时则以病人的最佳利益从事医疗行为。

（六）违反病人意愿的医疗程序

仅有在法律授权或是符合医疗伦理时，可以采取违反病人意愿的诊断或是治疗步骤。

（七）知悉的权利

1. 病人有权知道病历上有关她/他的讯息与医疗健康状况，但病历上如有有关第三者的保密资讯，则应征得第三者的同意才能透露给病人。

2. 只有在讯息披露可能对病人造成重大生命或是健康危害时，才是可隐蔽资讯的例外状况。

3. 必须以符合地方文化的方式来合适地给予资讯，确保病人能够理解。

4. 病人有明确表达不要被告知的权利，除非是基于保护其他人的生命。

5. 决定何人可被告知的权利。

（八）保密的权利

1. 即便在病人死后都应落实保密原则，除非后代子孙需要获得有关他们健康风险的资讯。

2. 除非是法律明确的规范或是病人明确的意愿表达，保密讯息才得以披露，提供给其他的健康服务人员是在专业必须的基础上，否则仍应征得病人明确的同意。

3. 所有可辨认出病人的资料都必须被保护，资料储存的方式必须符合保密原则，可衍生出辨别病人资讯的人体物质都必须被保护。

4. 每人都有获得健康教育的权利，内容包括健康的生活模式、疾病预防与早期发现的方法，其中必须强调个人对于自身健康的责任，医师有义务积极参与相关的教育活动。

5. 必须根据病人的文化与价值观来保障其尊严与隐私权，有权利根据现存的知识来减轻其痛苦。

（九）人道与舒适的安宁疗护

病人有权利接受或是拒绝心灵或是道德上的安慰，包括她/他所选择宗教之牧师（神职人员）所提供的帮助。

中华人民共和国基本医疗卫生与健康促进法

2019 年 12 月 28 日，第十三届全国人民代表大会常务委员会第十五次会议通过

第一章　总则

第一条　为了发展医疗卫生与健康事业，保障公民享有基本医疗卫生服务，提高公民健康水平，推进健康中国建设，根据宪法，制定本法。

第二条　从事医疗卫生、健康促进及其监督管理活动，适用本法。

第三条　医疗卫生与健康事业应当坚持以人民为中心，为人民健康服务。

医疗卫生事业应当坚持公益性原则。

第四条　国家和社会尊重、保护公民的健康权。

国家实施健康中国战略，普及健康生活，优化健康服务，完善健康保障，建设健康环境，发展健康产业，提升公民全生命周期健康水平。

国家建立健康教育制度，保障公民获得健康教育的权利，提高公民的健康素养。

第五条　公民依法享有从国家和社会获得基本医疗卫生服务的权利。

国家建立基本医疗卫生制度，建立健全医疗卫生服务体系，保护和实现公民获得基本医疗卫生服务的权利。

第六条　各级人民政府应当把人民健康放在优先发展的战略地位，将健康理念融入各项政策，坚持预防为主，完善健康促进工作体系，组织实施健康促进的规划和行动，推进全民健身，建立健康影响评估制度，将公民主要健康指标改善情况纳入政府目标责任考核。

全社会应当共同关心和支持医疗卫生与健康事业的发展。

第七条　国务院和地方各级人民政府领导医疗卫生与健康促进工作。

国务院卫生健康主管部门负责统筹协调全国医疗卫生与健康促进工作。国务院其他有关部门在各自职责范围内负责有关的医疗卫生与健康促进工作。

县级以上地方人民政府卫生健康主管部门负责统筹协调本行政区域医疗卫生与健康促进工作。县级以上地方人民政府其他有关部门在各自职责范围内负责有关的

医疗卫生与健康促进工作。

第八条 国家加强医学基础科学研究，鼓励医学科学技术创新，支持临床医学发展，促进医学科技成果的转化和应用，推进医疗卫生与信息技术融合发展，推广医疗卫生适宜技术，提高医疗卫生服务质量。

国家发展医学教育，完善适应医疗卫生事业发展需要的医学教育体系，大力培养医疗卫生人才。

第九条 国家大力发展中医药事业，坚持中西医并重、传承与创新相结合，发挥中医药在医疗卫生与健康事业中的独特作用。

第十条 国家合理规划和配置医疗卫生资源，以基层为重点，采取多种措施优先支持县级以下医疗卫生机构发展，提高其医疗卫生服务能力。

第十一条 国家加大对医疗卫生与健康事业的财政投入，通过增加转移支付等方式重点扶持革命老区、民族地区、边疆地区和经济欠发达地区发展医疗卫生与健康事业。

第十二条 国家鼓励和支持公民、法人和其他组织通过依法举办机构和捐赠、资助等方式，参与医疗卫生与健康事业，满足公民多样化、差异化、个性化健康需求。

公民、法人和其他组织捐赠财产用于医疗卫生与健康事业的，依法享受税收优惠。

第十三条 对在医疗卫生与健康事业中做出突出贡献的组织和个人，按照国家规定给予表彰、奖励。

第十四条 国家鼓励和支持医疗卫生与健康促进领域的对外交流合作。

开展医疗卫生与健康促进对外交流合作活动，应当遵守法律、法规，维护国家主权、安全和社会公共利益。

第二章 基本医疗卫生服务

第十五条 基本医疗卫生服务，是指维护人体健康所必需、与经济社会发展水平相适应、公民可公平获得的，采用适宜药物、适宜技术、适宜设备提供的疾病预防、诊断、治疗、护理和康复等服务。

基本医疗卫生服务包括基本公共卫生服务和基本医疗服务。基本公共卫生服务由国家免费提供。

第十六条　国家采取措施，保障公民享有安全有效的基本公共卫生服务，控制影响健康的危险因素，提高疾病的预防控制水平。

国家基本公共卫生服务项目由国务院卫生健康主管部门会同国务院财政部门、中医药主管部门等共同确定。

省、自治区、直辖市人民政府可以在国家基本公共卫生服务项目基础上，补充确定本行政区域的基本公共卫生服务项目，并报国务院卫生健康主管部门备案。

第十七条　国务院和省、自治区、直辖市人民政府可以将针对重点地区、重点疾病和特定人群的服务内容纳入基本公共卫生服务项目并组织实施。

县级以上地方各级人民政府针对本行政区域重大疾病和主要健康危险因素，开展专项防控工作。

第十八条　县级以上人民政府通过举办专业公共卫生机构、基层医疗卫生机构和医院，或者从其他医疗卫生机构购买服务的方式提供基本公共卫生服务。

第十九条　国家建立健全突发事件卫生应急体系，制定和完善应急预案，组织开展突发事件的医疗救治、卫生学调查处置和心理援助等卫生应急工作，有效控制和消除危害。

第二十条　国家建立传染病防控制度，制定传染病防治规划并组织实施，加强传染病监测预警，坚持预防为主、防治结合，联防联控、群防群控、源头防控、综合治理，阻断传播途径，保护易感人群，降低传染病的危害。

任何组织和个人应当接受、配合医疗卫生机构为预防、控制、消除传染病危害依法采取的调查、检验、采集样本、隔离治疗、医学观察等措施。

第二十一条　国家实行预防接种制度，加强免疫规划工作。居民有依法接种免疫规划疫苗的权利和义务。政府向居民免费提供免疫规划疫苗。

第二十二条　国家建立慢性非传染性疾病防控与管理制度，对慢性非传染性疾病及其致病危险因素开展监测、调查和综合防控干预，及时发现高危人群，为患者和高危人群提供诊疗、早期干预、随访管理和健康教育等服务。

第二十三条　国家加强职业健康保护。县级以上人民政府应当制定职业病防治规划，建立健全职业健康工作机制，加强职业健康监督管理，提高职业病综合防治能力和水平。

用人单位应当控制职业病危害因素，采取工程技术、个体防护和健康管理等综合治理措施，改善工作环境和劳动条件。

第二十四条　国家发展妇幼保健事业，建立健全妇幼健康服务体系，为妇女、儿童提供保健及常见病防治服务，保障妇女、儿童健康。

国家采取措施，为公民提供婚前保健、孕产期保健等服务，促进生殖健康，预防出生缺陷。

第二十五条　国家发展老年人保健事业。国务院和省、自治区、直辖市人民政府应当将老年人健康管理和常见病预防等纳入基本公共卫生服务项目。

第二十六条　国家发展残疾预防和残疾人康复事业，完善残疾预防和残疾人康复及其保障体系，采取措施为残疾人提供基本康复服务。

县级以上人民政府应当优先开展残疾儿童康复工作，实行康复与教育相结合。

第二十七条　国家建立健全院前急救体系，为急危重症患者提供及时、规范、有效的急救服务。

卫生健康主管部门、红十字会等有关部门、组织应当积极开展急救培训，普及急救知识，鼓励医疗卫生人员、经过急救培训的人员积极参与公共场所急救服务。公共场所应当按照规定配备必要的急救设备、设施。

急救中心（站）不得以未付费为由拒绝或者拖延为急危重症患者提供急救服务。

第二十八条　国家发展精神卫生事业，建设完善精神卫生服务体系，维护和增进公民心理健康，预防、治疗精神障碍。

国家采取措施，加强心理健康服务体系和人才队伍建设，促进心理健康教育、心理评估、心理咨询与心理治疗服务的有效衔接，设立为公众提供公益服务的心理援助热线，加强未成年人、残疾人和老年人等重点人群心理健康服务。

第二十九条　基本医疗服务主要由政府举办的医疗卫生机构提供。鼓励社会力量举办的医疗卫生机构提供基本医疗服务。

第三十条　国家推进基本医疗服务实行分级诊疗制度，引导非急诊患者首先到基层医疗卫生机构就诊，实行首诊负责制和转诊审核责任制，逐步建立基层首诊、双向转诊、急慢分治、上下联动的机制，并与基本医疗保险制度相衔接。

县级以上地方人民政府根据本行政区域医疗卫生需求，整合区域内政府举办的医疗卫生资源，因地制宜建立医疗联合体等协同联动的医疗服务合作机制。鼓励社会力量举办的医疗卫生机构参与医疗服务合作机制。

第三十一条　国家推进基层医疗卫生机构实行家庭医生签约服务，建立家庭医生服务团队，与居民签订协议，根据居民健康状况和医疗需求提供基本医疗卫生服务。

第三十二条　公民接受医疗卫生服务，对病情、诊疗方案、医疗风险、医疗费用等事项依法享有知情同意的权利。

需要实施手术、特殊检查、特殊治疗的，医疗卫生人员应当及时向患者说明医疗风险、替代医疗方案等情况，并取得其同意；不能或者不宜向患者说明的，应当向患者的近亲属说明，并取得其同意。法律另有规定的，依照其规定。

开展药物、医疗器械临床试验和其他医学研究应当遵守医学伦理规范，依法通过伦理审查，取得知情同意。

第三十三条　公民接受医疗卫生服务，应当受到尊重。医疗卫生机构、医疗卫生人员应当关心爱护、平等对待患者，尊重患者人格尊严，保护患者隐私。

公民接受医疗卫生服务，应当遵守诊疗制度和医疗卫生服务秩序，尊重医疗卫生人员。

第三章　医疗卫生机构

第三十四条　国家建立健全由基层医疗卫生机构、医院、专业公共卫生机构等组成的城乡全覆盖、功能互补、连续协同的医疗卫生服务体系。

国家加强县级医院、乡镇卫生院、村卫生室、社区卫生服务中心（站）和专业公共卫生机构等的建设，建立健全农村医疗卫生服务网络和城市社区卫生服务网络。

第三十五条　基层医疗卫生机构主要提供预防、保健、健康教育、疾病管理，为居民建立健康档案，常见病、多发病的诊疗以及部分疾病的康复、护理，接收医院转诊患者，向医院转诊超出自身服务能力的患者等基本医疗卫生服务。

医院主要提供疾病诊治，特别是急危重症和疑难病症的诊疗，突发事件医疗处置和救援以及健康教育等医疗卫生服务，并开展医学教育、医疗卫生人员培训、医学科学研究和对基层医疗卫生机构的业务指导等工作。

专业公共卫生机构主要提供传染病、慢性非传染性疾病、职业病、地方病等疾病预防控制和健康教育、妇幼保健、精神卫生、院前急救、采供血、食品安全风险监测评估、出生缺陷防治等公共卫生服务。

第三十六条　各级各类医疗卫生机构应当分工合作，为公民提供预防、保健、治疗、护理、康复、安宁疗护等全方位全周期的医疗卫生服务。

各级人民政府采取措施支持医疗卫生机构与养老机构、儿童福利机构、社区组织建立协作机制，为老年人、孤残儿童提供安全、便捷的医疗和健康服务。

第三十七条　县级以上人民政府应当制定并落实医疗卫生服务体系规划，科学配置医疗卫生资源，举办医疗卫生机构，为公民获得基本医疗卫生服务提供保障。

政府举办医疗卫生机构，应当考虑本行政区域人口、经济社会发展状况、医疗卫生资源、健康危险因素、发病率、患病率以及紧急救治需求等情况。

第三十八条　举办医疗机构，应当具备下列条件，按照国家有关规定办理审批或者备案手续：

（一）有符合规定的名称、组织机构和场所；

（二）有与其开展的业务相适应的经费、设施、设备和医疗卫生人员；

（三）有相应的规章制度；

（四）能够独立承担民事责任；

（五）法律、行政法规规定的其他条件。

医疗机构依法取得执业许可证。禁止伪造、变造、买卖、出租、出借医疗机构执业许可证。

各级各类医疗卫生机构的具体条件和配置应当符合国务院卫生健康主管部门制定的医疗卫生机构标准。

第三十九条　国家对医疗卫生机构实行分类管理。

医疗卫生服务体系坚持以非营利性医疗卫生机构为主体、营利性医疗卫生机构为补充。政府举办非营利性医疗卫生机构，在基本医疗卫生事业中发挥主导作用，保障基本医疗卫生服务公平可及。

以政府资金、捐赠资产举办或者参与举办的医疗卫生机构不得设立为营利性医疗卫生机构。

医疗卫生机构不得对外出租、承包医疗科室。非营利性医疗卫生机构不得向出资人、举办者分配或者变相分配收益。

第四十条　政府举办的医疗卫生机构应当坚持公益性质，所有收支均纳入预算管理，按照医疗卫生服务体系规划合理设置并控制规模。

国家鼓励政府举办的医疗卫生机构与社会力量合作举办非营利性医疗卫生机构。

政府举办的医疗卫生机构不得与其他组织投资设立非独立法人资格的医疗卫生机构，不得与社会资本合作举办营利性医疗卫生机构。

第四十一条　国家采取多种措施，鼓励和引导社会力量依法举办医疗卫生机构，支持和规范社会力量举办的医疗卫生机构与政府举办的医疗卫生机构开展多种类型的医疗业务、学科建设、人才培养等合作。

社会力量举办的医疗卫生机构在基本医疗保险定点、重点专科建设、科研教学、等级评审、特定医疗技术准入、医疗卫生人员职称评定等方面享有与政府举办的医疗卫生机构同等的权利。

社会力量可以选择设立非营利性或者营利性医疗卫生机构。社会力量举办的非营利性医疗卫生机构按照规定享受与政府举办的医疗卫生机构同等的税收、财政补助、用地、用水、用电、用气、用热等政策，并依法接受监督管理。

第四十二条　国家以建成的医疗卫生机构为基础，合理规划与设置国家医学中心和国家、省级区域性医疗中心，诊治疑难重症，研究攻克重大医学难题，培养高层次医疗卫生人才。

第四十三条　医疗卫生机构应当遵守法律、法规、规章，建立健全内部质量管理和控制制度，对医疗卫生服务质量负责。

医疗卫生机构应当按照临床诊疗指南、临床技术操作规范和行业标准以及医学伦理规范等有关要求，合理进行检查、用药、诊疗，加强医疗卫生安全风险防范，优化服务流程，持续改进医疗卫生服务质量。

第四十四条　国家对医疗卫生技术的临床应用进行分类管理，对技术难度大、医疗风险高，服务能力、人员专业技术水平要求较高的医疗卫生技术实行严格管理。

医疗卫生机构开展医疗卫生技术临床应用，应当与其功能任务相适应，遵循科学、安全、规范、有效、经济的原则，并符合伦理。

第四十五条　国家建立权责清晰、管理科学、治理完善、运行高效、监督有力的现代医院管理制度。

医院应当制定章程，建立和完善法人治理结构，提高医疗卫生服务能力和运行效率。

第四十六条　医疗卫生机构执业场所是提供医疗卫生服务的公共场所，任何组织或者个人不得扰乱其秩序。

第四十七条　国家完善医疗风险分担机制，鼓励医疗机构参加医疗责任保险或者建立医疗风险基金，鼓励患者参加医疗意外保险。

第四十八条　国家鼓励医疗卫生机构不断改进预防、保健、诊断、治疗、护理和康复的技术、设备与服务，支持开发适合基层和边远地区应用的医疗卫生技术。

第四十九条　国家推进全民健康信息化，推动健康医疗大数据、人工智能等的应用发展，加快医疗卫生信息基础设施建设，制定健康医疗数据采集、存储、分析和应用的技术标准，运用信息技术促进优质医疗卫生资源的普及与共享。

县级以上人民政府及其有关部门应当采取措施，推进信息技术在医疗卫生领域和医学教育中的应用，支持探索发展医疗卫生服务新模式、新业态。

国家采取措施，推进医疗卫生机构建立健全医疗卫生信息交流和信息安全制度，应用信息技术开展远程医疗服务，构建线上线下一体化医疗服务模式。

第五十条　发生自然灾害、事故灾难、公共卫生事件和社会安全事件等严重威胁人民群众生命健康的突发事件时，医疗卫生机构、医疗卫生人员应当服从政府部门的调遣，参与卫生应急处置和医疗救治。对致病、致残、死亡的参与人员，按照规定给予工伤或者抚恤、烈士褒扬等相关待遇。

第四章　医疗卫生人员

第五十一条　医疗卫生人员应当弘扬敬佑生命、救死扶伤、甘于奉献、大爱无疆的崇高职业精神，遵守行业规范，恪守医德，努力提高专业水平和服务质量。

医疗卫生行业组织、医疗卫生机构、医学院校应当加强对医疗卫生人员的医德医风教育。

第五十二条　国家制定医疗卫生人员培养规划，建立适应行业特点和社会需求的医疗卫生人员培养机制和供需平衡机制，完善医学院校教育、毕业后教育和继续教育体系，建立健全住院医师、专科医师规范化培训制度，建立规模适宜、结构合理、分布均衡的医疗卫生队伍。

国家加强全科医生的培养和使用。全科医生主要提供常见病、多发病的诊疗和转诊、预防、保健、康复，以及慢性病管理、健康管理等服务。

第五十三条　国家对医师、护士等医疗卫生人员依法实行执业注册制度。医疗卫生人员应当依法取得相应的职业资格。

第五十四条　医疗卫生人员应当遵循医学科学规律，遵守有关临床诊疗技术规范和各项操作规范以及医学伦理规范，使用适宜技术和药物，合理诊疗，因病施治，不得对患者实施过度医疗。

医疗卫生人员不得利用职务之便索要、非法收受财物或者牟取其他不正当利益。

第五十五条　国家建立健全符合医疗卫生行业特点的人事、薪酬、奖励制度，体现医疗卫生人员职业特点和技术劳动价值。

对从事传染病防治、放射医学和精神卫生工作以及其他在特殊岗位工作的医疗卫生人员，应当按照国家规定给予适当的津贴。津贴标准应当定期调整。

第五十六条　国家建立医疗卫生人员定期到基层和艰苦边远地区从事医疗卫生工作制度。

国家采取定向免费培养、对口支援、退休返聘等措施，加强基层和艰苦边远地区医疗卫生队伍建设。

执业医师晋升为副高级技术职称的，应当有累计一年以上在县级以下或者对口支援的医疗卫生机构提供医疗卫生服务的经历。

对在基层和艰苦边远地区工作的医疗卫生人员，在薪酬津贴、职称评定、职业发展、教育培训和表彰奖励等方面实行优惠待遇。

国家加强乡村医疗卫生队伍建设，建立县乡村上下贯通的职业发展机制，完善对乡村医疗卫生人员的服务收入多渠道补助机制和养老政策。

第五十七条　全社会应当关心、尊重医疗卫生人员，维护良好安全的医疗卫生服务秩序，共同构建和谐医患关系。

医疗卫生人员的人身安全、人格尊严不受侵犯，其合法权益受法律保护。禁止任何组织或者个人威胁、危害医疗卫生人员人身安全，侵犯医疗卫生人员人格尊严。

国家采取措施，保障医疗卫生人员执业环境。

第五章　药品供应保障

第五十八条　国家完善药品供应保障制度，建立工作协调机制，保障药品的安全、有效、可及。

第五十九条　国家实施基本药物制度，遴选适当数量的基本药物品种，满足疾病防治基本用药需求。

国家公布基本药物目录，根据药品临床应用实践、药品标准变化、药品新上市情况等，对基本药物目录进行动态调整。

基本药物按照规定优先纳入基本医疗保险药品目录。

国家提高基本药物的供给能力，强化基本药物质量监管，确保基本药物公平可及、合理使用。

第六十条　国家建立健全以临床需求为导向的药品审评审批制度，支持临床急需药品、儿童用药品和防治罕见病、重大疾病等药品的研制、生产，满足疾病防治需求。

第六十一条　国家建立健全药品研制、生产、流通、使用全过程追溯制度，加强药品管理，保证药品质量。

第六十二条　国家建立健全药品价格监测体系，开展成本价格调查，加强药品价格监督检查，依法查处价格垄断、价格欺诈、不正当竞争等违法行为，维护药品价格秩序。

国家加强药品分类采购管理和指导。参加药品采购投标的投标人不得以低于成本的报价竞标，不得以欺诈、串通投标、滥用市场支配地位等方式竞标。

第六十三条　国家建立中央与地方两级医药储备，用于保障重大灾情、疫情及其他突发事件等应急需要。

第六十四条　国家建立健全药品供求监测体系，及时收集和汇总分析药品供求信息，定期公布药品生产、流通、使用等情况。

第六十五条　国家加强对医疗器械的管理，完善医疗器械的标准和规范，提高医疗器械的安全有效水平。

国务院卫生健康主管部门和省、自治区、直辖市人民政府卫生健康主管部门应当根据技术的先进性、适宜性和可及性，编制大型医用设备配置规划，促进区域内医用设备合理配置、充分共享。

第六十六条　国家加强中药的保护与发展，充分体现中药的特色和优势，发挥其在预防、保健、医疗、康复中的作用。

第六章　健康促进

第六十七条　各级人民政府应当加强健康教育工作及其专业人才培养，建立健康知识和技能核心信息发布制度，普及健康科学知识，向公众提供科学、准确的健康信息。

医疗卫生、教育、体育、宣传等机构、基层群众性自治组织和社会组织应当开展健康知识的宣传和普及。医疗卫生人员在提供医疗卫生服务时，应当对患者开展健康教育。新闻媒体应当开展健康知识的公益宣传。健康知识的宣传应当科学、准确。

第六十八条　国家将健康教育纳入国民教育体系。学校应当利用多种形式实施健康教育，普及健康知识、科学健身知识、急救知识和技能，提高学生主动防病的意识，培养学生良好的卫生习惯和健康的行为习惯，减少、改善学生近视、肥胖等不良健康状况。

学校应当按照规定开设体育与健康课程，组织学生开展广播体操、眼保健操、体能锻炼等活动。

学校按照规定配备校医，建立和完善卫生室、保健室等。

县级以上人民政府教育主管部门应当按照规定将学生体质健康水平纳入学校考核体系。

第六十九条　公民是自己健康的第一责任人，树立和践行对自己健康负责的健康管理理念，主动学习健康知识，提高健康素养，加强健康管理。倡导家庭成员相互关爱，形成符合自身和家庭特点的健康生活方式。

公民应当尊重他人的健康权利和利益，不得损害他人健康和社会公共利益。

第七十条　国家组织居民健康状况调查和统计，开展体质监测，对健康绩效进行评估，并根据评估结果制定、完善与健康相关的法律、法规、政策和规划。

第七十一条　国家建立疾病和健康危险因素监测、调查和风险评估制度。县级以上人民政府及其有关部门针对影响健康的主要问题，组织开展健康危险因素研究，制定综合防治措施。

国家加强影响健康的环境问题预防和治理，组织开展环境质量对健康影响的研究，采取措施预防和控制与环境问题有关的疾病。

第七十二条　国家大力开展爱国卫生运动，鼓励和支持开展爱国卫生月等群众性卫生与健康活动，依靠和动员群众控制和消除健康危险因素，改善环境卫生状况，建设健康城市、健康村镇、健康社区。

第七十三条　国家建立科学、严格的食品、饮用水安全监督管理制度，提高安全水平。

第七十四条　国家建立营养状况监测制度，实施经济欠发达地区、重点人群营养干预计划，开展未成年人和老年人营养改善行动，倡导健康饮食习惯，减少不健康饮食引起的疾病风险。

第七十五条　国家发展全民健身事业，完善覆盖城乡的全民健身公共服务体系，加强公共体育设施建设，组织开展和支持全民健身活动，加强全民健身指导服务，普及科学健身知识和方法。

国家鼓励单位的体育场地设施向公众开放。

第七十六条　国家制定并实施未成年人、妇女、老年人、残疾人等的健康工作计划，加强重点人群健康服务。

国家推动长期护理保障工作，鼓励发展长期护理保险。

第七十七条　国家完善公共场所卫生管理制度。县级以上人民政府卫生健康等主管部门应当加强对公共场所的卫生监督。公共场所卫生监督信息应当依法向社会公开。

公共场所经营单位应当建立健全并严格实施卫生管理制度，保证其经营活动持续符合国家对公共场所的卫生要求。

第七十八条　国家采取措施，减少吸烟对公民健康的危害。

公共场所控制吸烟，强化监督执法。

烟草制品包装应当印制带有说明吸烟危害的警示。

禁止向未成年人出售烟酒。

第七十九条　用人单位应当为职工创造有益于健康的环境和条件，严格执行劳动安全卫生等相关规定，积极组织职工开展健身活动，保护职工健康。

国家鼓励用人单位开展职工健康指导工作。

国家提倡用人单位为职工定期开展健康检查。法律、法规对健康检查有规定的，依照其规定。

第七章　资金保障

第八十条　各级人民政府应当切实履行发展医疗卫生与健康事业的职责，建立与经济社会发展、财政状况和健康指标相适应的医疗卫生与健康事业投入机制，将医疗卫生与健康促进经费纳入本级政府预算，按照规定主要用于保障基本医疗服务、公共卫生服务、基本医疗保障和政府举办的医疗卫生机构建设和运行发展。

第八十一条　县级以上人民政府通过预算、审计、监督执法、社会监督等方式，加强资金的监督管理。

第八十二条　基本医疗服务费用主要由基本医疗保险基金和个人支付。国家依法多渠道筹集基本医疗保险基金，逐步完善基本医疗保险可持续筹资和保障水平调整机制。

公民有依法参加基本医疗保险的权利和义务。用人单位和职工按照国家规定缴纳职工基本医疗保险费。城乡居民按照规定缴纳城乡居民基本医疗保险费。

第八十三条　国家建立以基本医疗保险为主体，商业健康保险、医疗救助、职工互助医疗和医疗慈善服务等为补充的、多层次的医疗保障体系。

国家鼓励发展商业健康保险，满足人民群众多样化健康保障需求。

国家完善医疗救助制度，保障符合条件的困难群众获得基本医疗服务。

第八十四条　国家建立健全基本医疗保险经办机构与协议定点医疗卫生机构之间的协商谈判机制，科学合理确定基本医疗保险基金支付标准和支付方式，引导医疗卫生机构合理诊疗，促进患者有序流动，提高基本医疗保险基金使用效益。

第八十五条　基本医疗保险基金支付范围由国务院医疗保障主管部门组织制定，并应当听取国务院卫生健康主管部门、中医药主管部门、药品监督管理部门、财政部门等的意见。

省、自治区、直辖市人民政府可以按照国家有关规定，补充确定本行政区域基本医疗保险基金支付的具体项目和标准，并报国务院医疗保障主管部门备案。

国务院医疗保障主管部门应当对纳入支付范围的基本医疗保险药品目录、诊疗项目、医疗服务设施标准等组织开展循证医学和经济性评价，并应当听取国务院卫生健康主管部门、中医药主管部门、药品监督管理部门、财政部门等有关方面的意见。评价结果应当作为调整基本医疗保险基金支付范围的依据。

第八章　监督管理

第八十六条　国家建立健全机构自治、行业自律、政府监管、社会监督相结合的医疗卫生综合监督管理体系。

县级以上人民政府卫生健康主管部门对医疗卫生行业实行属地化、全行业监督管理。

第八十七条　县级以上人民政府医疗保障主管部门应当提高医疗保障监管能力和水平，对纳入基本医疗保险基金支付范围的医疗服务行为和医疗费用加强监督管理，确保基本医疗保险基金合理使用、安全可控。

第八十八条　县级以上人民政府应当组织卫生健康、医疗保障、药品监督管理、发展改革、财政等部门建立沟通协商机制，加强制度衔接和工作配合，提高医疗卫生资源使用效率和保障水平。

第八十九条　县级以上人民政府应当定期向本级人民代表大会或者其常务委员会报告基本医疗卫生与健康促进工作，依法接受监督。

第九十条　县级以上人民政府有关部门未履行医疗卫生与健康促进工作相关职责的，本级人民政府或者上级人民政府有关部门应当对其主要负责人进行约谈。

地方人民政府未履行医疗卫生与健康促进工作相关职责的，上级人民政府应当对其主要负责人进行约谈。

被约谈的部门和地方人民政府应当立即采取措施，进行整改。

约谈情况和整改情况应当纳入有关部门和地方人民政府工作评议、考核记录。

第九十一条　县级以上地方人民政府卫生健康主管部门应当建立医疗卫生机构绩效评估制度，组织对医疗卫生机构的服务质量、医疗技术、药品和医用设备使用等情况进行评估。评估应当吸收行业组织和公众参与。评估结果应当以适当方式向社会公开，作为评价医疗卫生机构和卫生监管的重要依据。

第九十二条　国家保护公民个人健康信息，确保公民个人健康信息安全。任何组织或者个人不得非法收集、使用、加工、传输公民个人健康信息，不得非法买卖、提供或者公开公民个人健康信息。

第九十三条　县级以上人民政府卫生健康主管部门、医疗保障主管部门应当建立医疗卫生机构、人员等信用记录制度，纳入全国信用信息共享平台，按照国家规定实施联合惩戒。

第九十四条　县级以上地方人民政府卫生健康主管部门及其委托的卫生健康监督机构，依法开展本行政区域医疗卫生等行政执法工作。

第九十五条　县级以上人民政府卫生健康主管部门应当积极培育医疗卫生行业组织，发挥其在医疗卫生与健康促进工作中的作用，支持其参与行业管理规范、技术标准制定和医疗卫生评价、评估、评审等工作。

第九十六条　国家建立医疗纠纷预防和处理机制，妥善处理医疗纠纷，维护医疗秩序。

第九十七条　国家鼓励公民、法人和其他组织对医疗卫生与健康促进工作进行社会监督。

任何组织和个人对违反本法规定的行为，有权向县级以上人民政府卫生健康主管部门和其他有关部门投诉、举报。

第九章　法律责任

第九十八条　违反本法规定，地方各级人民政府、县级以上人民政府卫生健康主管部门和其他有关部门，滥用职权、玩忽职守、徇私舞弊的，对直接负责的主管人员和其他直接责任人员依法给予处分。

第九十九条　违反本法规定，未取得医疗机构执业许可证擅自执业的，由县级以上人民政府卫生健康主管部门责令停止执业活动，没收违法所得和药品、医疗器械，并处违法所得五倍以上二十倍以下的罚款，违法所得不足一万元的，按一万元计算。

违反本法规定，伪造、变造、买卖、出租、出借医疗机构执业许可证的，由县级以上人民政府卫生健康主管部门责令改正，没收违法所得，并处违法所得五倍以上十五倍以下的罚款，违法所得不足一万元的，按一万元计算；情节严重的，吊销医疗机构执业许可证。

第一百条 违反本法规定，有下列行为之一的，由县级以上人民政府卫生健康主管部门责令改正，没收违法所得，并处违法所得二倍以上十倍以下的罚款，违法所得不足一万元的，按一万元计算；对直接负责的主管人员和其他直接责任人员依法给予处分：

（一）政府举办的医疗卫生机构与其他组织投资设立非独立法人资格的医疗卫生机构；

（二）医疗卫生机构对外出租、承包医疗科室；

（三）非营利性医疗卫生机构向出资人、举办者分配或者变相分配收益。

第一百零一条 违反本法规定，医疗卫生机构等的医疗信息安全制度、保障措施不健全，导致医疗信息泄露，或者医疗质量管理和医疗技术管理制度、安全措施不健全的，由县级以上人民政府卫生健康等主管部门责令改正，给予警告，并处一万元以上五万元以下的罚款；情节严重的，可以责令停止相应执业活动，对直接负责的主管人员和其他直接责任人员依法追究法律责任。

第一百零二条 违反本法规定，医疗卫生人员有下列行为之一的，由县级以上人民政府卫生健康主管部门依照有关执业医师、护士管理和医疗纠纷预防处理等法律、行政法规的规定给予行政处罚：

（一）利用职务之便索要、非法收受财物或者牟取其他不正当利益；

（二）泄露公民个人健康信息；

（三）在开展医学研究或提供医疗卫生服务过程中未按照规定履行告知义务或者违反医学伦理规范。

前款规定的人员属于政府举办的医疗卫生机构中的人员的，依法给予处分。

第一百零三条 违反本法规定，参加药品采购投标的投标人以低于成本的报价竞标，或者以欺诈、串通投标、滥用市场支配地位等方式竞标的，由县级以上人民政府医疗保障主管部门责令改正，没收违法所得；中标的，中标无效，处中标项目金额千分之五以上千分之十以下的罚款，对法定代表人、主要负责人、直接负责的主管人员和其他责任人员处对单位罚款数额百分之五以上百分之十以下的罚款；情节严重的，取消其二年至五年内参加药品采购投标的资格并予以公告。

第一百零四条 违反本法规定，以欺诈、伪造证明材料或者其他手段骗取基本医疗保险待遇，或者基本医疗保险经办机构以及医疗机构、药品经营单位等以欺诈、伪造证明材料或者其他手段骗取基本医疗保险基金支出的，由县级以上人民政府医疗保障主管部门依照有关社会保险的法律、行政法规规定给予行政处罚。

第一百零五条　违反本法规定，扰乱医疗卫生机构执业场所秩序，威胁、危害医疗卫生人员人身安全，侵犯医疗卫生人员人格尊严，非法收集、使用、加工、传输公民个人健康信息，非法买卖、提供或者公开公民个人健康信息等，构成违反治安管理行为的，依法给予治安管理处罚。

第一百零六条　违反本法规定，构成犯罪的，依法追究刑事责任；造成人身、财产损害的，依法承担民事责任。

第十章　附则

第一百零七条　本法中下列用语的含义：

（一）主要健康指标，是指人均预期寿命、孕产妇死亡率、婴儿死亡率、五岁以下儿童死亡率等。

（二）医疗卫生机构，是指基层医疗卫生机构、医院和专业公共卫生机构等。

（三）基层医疗卫生机构，是指乡镇卫生院、社区卫生服务中心（站）、村卫生室、医务室、门诊部和诊所等。

（四）专业公共卫生机构，是指疾病预防控制中心、专科疾病防治机构、健康教育机构、急救中心（站）和血站等。

（五）医疗卫生人员，是指执业医师、执业助理医师、注册护士、药师（士）、检验技师（士）、影像技师（士）和乡村医生等卫生专业人员。

（六）基本药物，是指满足疾病防治基本用药需求，适应现阶段基本国情和保障能力，剂型适宜，价格合理，能够保障供应，可公平获得的药品。

第一百零八条　省、自治区、直辖市和设区的市、自治州可以结合实际，制定本地方发展医疗卫生与健康事业的具体办法。

第一百零九条　中国人民解放军和中国人民武装警察部队的医疗卫生与健康促进工作，由国务院和中央军事委员会依照本法制定管理办法。

第一百一十条　本法自 2020 年 6 月 1 日起施行。

参考文献

1. 连续出版物

（1）Joel Feinberg. The Nature and Values of Rights ［J］, Journal of Value Inquiry, 1970，4：243—260.

（2）GL·恩格尔、黎风. 需要新的医学模型——对生物医学的挑战 ［J］. 医学与哲学. 1980，（3）：84—86.

（3）于光远. 临场过程与临床医生的思维 ［J］. 医学与哲学. 1983，（12）：2—3.

（4）黄家驷. 略谈医学复杂性与哲学思维 ［J］. 医学与哲学. 1980，（1）：2—4.

（5）Burris S, Lazzarini Z and Gostin L. O. TakingRights Seriously in Health ［J］, Journal of Law, Medicine and Ethics. , 2002，30（4）：490—491.

（6）Dieter Giesen. A Right to Health Care：A Comparative Perspective，Health Matrix, 1994，4：276—278.

（7）刁宗广. 医学人文精神与医学科学精神融通 ［J］. 医学与哲学，2001，（8）：32—35.

（8）董云萍. 医患关系的物化和和谐医患关系的构建 ［J］. 医学与社会，2009，（1）：22—24.

（9）徐建芬. 试论美容无伤害原则及其意义. 中国医学伦理学 ［J］，2004，（4）：48—49.

（10）石光，贡森. 改革开放以来中国卫生投入及其绩效分析 ［J］. 中国发展评论（中文版），2005，（A01 期）：53—55.

（11）解垩，涂罡. 中国健康绩效的动态演进：公平与效率的权衡 ［J］. 中国软科学，2011，（7）：15—18.

（12）王萍．论患者的权利义务［J］．医学与社会，2005，（3）：49—51.

（13）饶向东．病人权利之研究［J］．湖北成人教育学院学报，2005，（1）：40—43.

（14）谢晓．关于构建中国病人权利保护体系之思考［J］．西北大学学报，2010，（3）：144—146.

（15）杨志良．21 世纪世界医疗服务系统发展趋势［J］．中国医院管理，2001，（1）：19—21.

（16）郭文渊．我国医疗救助制度的发展现状和存在问题研究［J］．中国商界，2010，（7）：22—24.

（17）朱海林．公共健康伦理：关于公共健康问题的伦理解读［J］．河北师范大学学报（哲学社会科学版），2012，（1）：36—38.

（18）韩燕玉．论食品安全权是我国公民的基本权利［J］．广西政法干部管理学院学报，2009，（3）：8—10.

（19）张月义，韩志俊等．发达国家食品安全监管体系概述［J］．安徽农业科学，2007，（4）：36—37.

（20）张强．SARS 对我国政府危机管理的警示．国际技术经济研究，2003，（3）：20—22.

（21）Clgrove J and Bayer R，Manifold Restraints：Liberty，PublicHealth，and the Legacy of Jacobson v Massachusetts，American Journal for Public Health，2005，95（4）：48—50.

（22）李朝林等．国外职业卫生立法和我国面临的挑战［J］．中国劳动卫生与职业病杂志，2001，（5）：327—329.

（23）徐少斗，彭广胜．我国职业健康监管的现状与发展［J］．中国个体防护装备，2010，（1）：77—79.

（24）曹艳春．公民环境权的法律思考［J］．社会科学战线，2002，（4）：258—259.

（25）胡灵丽，刘竞．我国居民医疗消费中存在的问题和对策［J］．消费经济，

2008，（4）：37—39.

（26）龚言红，梁渊．卫生服务质量评价的发展趋势——从供方视角到需方视角的转变［J］．中国卫生质量管理，2011，（5）：46—48.

（27）邹从清，卢启华．略论卫生公平［J］．中国医学伦理学，2004，（5）：21—24.

（28）乔煜．卫生公平问题分析与政策建议［J］．卫生行政管理，2010，（5）：12—14.

（29）蔡维生，李宪华．浅论中国卫生基本法的制定［J］．中国卫生法制，2003，（2）：58—61.

（30）汪建荣.30年卫生立法的发展进程［J］．中国卫生法制，2009，（1）：8—9.

（31）黄军峰．健康权及其民法保护［J］．西藏民族学院学报（哲学社会科学版），2010，（1）：95—97.

（32）赵彤彤，杨智红．试论健康权在我国的立法现状［J］．法制与社会，2009，（9）：22—24.

（33）江献军．论职业卫生的刑法保护［J］．河北法学，2009，（6）：116—118.

2. 专著

（34）夏勇．法理讲义——关于法律的道德和学问［M］．北京：北京大学出版社，2010：329.

（35）何孝元．损害赔偿之研究［M］．中国台北：商务印书馆，1982：135.

（36）郭明瑞等．中国损害赔偿全书［M］．北京：中国检察出版社，1994：228.

（37）杨立新．人身权法论［M］．北京：中国检察出版社，1996：364.

（38）彭万林．民法学［M］．北京：中国政法大学出版社，1999：204.

（39）HebryCampbell Black. Health：State of being hale，sound，or whole in body，mind or soul，well being. Free from pain or sickness，Black's Law Dictionary［M］，West Publishing Co. ，1979：179.

（40） William C. Cockerham. Medical Sociology ［M］, Peking University Press，2011. p. 88.

John Locke. Two Treatises of Government，World Book Press. ，2011. p. 7—36.

（41）顾素．自由主义基本理念［M］．北京：中央编译出版社，2005：98.

（42）卓泽渊．法的价值论［M］．北京：法律出版社，2006：351.

（43）Derek Holmes，Cass R. Sunstein. The Cost of Rights ［M］. W. W. Norton & Company，2000：21.

（44）沈恒炎．未来学与西方未来主义［M］．沈阳：辽宁人民出版社，1989：182—183.

（45）余谋昌．生态哲学［M］．西安：陕西人民出版社，2000：179.

（46）Harold J. Berman. Law and Religion ［M］. Cambridge University Press，2011：105.

（47）Immanuel Kant. Critique of Practical Reason ［M］. Cambridge University Press，1991：371.

（48）［法］阿尔贝特·史怀泽著，陈泽怀译．敬畏生命［M］．上海：社会科学出版社，1992：9.

（49）Arturo Castiglioni. History of Medicine ［M］. University of Toronto Press，2010：8.

（50）［德］格尔哈德·帕普克著，黄炳源译．知识、自由与秩序：哈耶克思想论集［M］．北京：中国社会科学出版社，2001：285.

（51）乔治·萨顿．科学史和新人文主义［M］．北京：华夏出版社，1989：49—141.

（52）Friedrich August von Hayek. The Road to Serfdom ［M］. —2th ed. Routledge Press，2006：21.

（53）应奇．当代政治哲学名著导读［M］．南京：江苏人民出版社，2009：47.

（54）Edgar Bodenheimer. Jurisprudence：The Philosophy and Method of the Law ［M］. –11th ed. Harvard University Press，1981：264.

（55）H. L. A. Hart. The Concept of Law ［M］. – 2th ed. Oxford Univ Press，1997：

184—185.

（56）中共中央马克思恩格斯列宁斯大林著作编译局．马克思恩格斯选集（第1卷）［M］．北京：人民出版社，2012：56.

（57）吕世伦，王振东．西方法律思潮源流论［M］．北京：中国人民大学出版社，2008：356.

（58）John Stuart Min. On Liberty ［M］. −4th ed. Nabu Press，2010：10.

（59）蔡守秋．环境与资源保护法学［M］．长沙：湖南大学出版社，2011：124.

（60）Stone. Fares the Land. −9th ed. Penguin Press HC. 2011：4—9.

（61）朱景文等．法理学［M］．北京：中国人民大学出版社，2007：65.

（62）吴素香．善待生命：生命伦理学概论［M］．广州：中山大学出版社，2011：5.

（63）F. R. Bienenfeld. Rediscovery of justice ［M］，George Allen and Unwin.，1947：354.

（64）［法］卢梭著，何兆武译．社会契约论［M］．上海：商务印书馆，1980：44.

（65）J. C 雷默著，新华社《参考资料》编辑部编译．北京共识［M］．北京：新华出版社，2010：19.

（66）Edgar Bodenheimer. Jurisprudence：The Philosophy and Method of the Law．−11th ed. Harvard University Press.，1981：196.

（67）陈平安．中国典型医疗纠纷法律分析［M］．北京：法律出版社，2002：264.

（68）［法］罗伯斯庇尔著，赵涵舆译．革命法制和审判［M］．上海：商务印书馆，196：170.

（69）Ronald. Myles. Dworkin. Taking rights serilusly ［M］．−1th ed. Harvard University Press，1978：271.

（70）［古希腊］亚里士多德著，吴寿彭译．政治学［M］．上海：商务印书馆，1965：48.

（71）Thomas Aquinas. Aquinas Selected Political Writings. −1th ed. Scottish Academic Press, 1979：46.

（72）［美］埃居·格罗夫斯著，应向华译．卫生保健伦理学：临床实践指南［M］．北京：北京大学出版社，2005：178.

（73）郭继志，汪洋．社会医学［M］．青岛：中国海洋大学出版社，2004：326—327.

（74）Anthony Giddens. The Consequences of Modernity［M］. −1th ed. Stanford University Press, 1991：75.

（75）Joshua Cooper Ramo. The Age of the Unthinkable［M］, −1th ed. Back Bay Books, 1997：8.

（76）Amartya Sen. Developmentas Freedom［M］. −1th ed. Anchor, 2000：285。

（77）George Rose, The Strategy of Preventive Medicine［M］, Oxford：Oxford University Press, 1992：12.

（78）王延光．艾滋病预防政策与伦理［M］．北京：中国社会科学文献出版社，2006：180.

（79）卫生部卫生监督司．健康教育健康促进重要文献选编［M］．北京：人民卫生出版社，1998：56

（80）金瑞林．环境与资源保护法学［M］．北京：高等教育出版社，1999：70—71.

（81）朱景文．法理学研究（下册）［M］．北京：中国人民大学出版社，2006：953.

（82）国际人权法教程项目组．国际人权法教程（第一卷）［M］．北京：中国政法大学出版社，2002：342.

（83）［美］约翰·罗尔斯著，万俊人译．政治自由主义［M］．南京：译林出版社，2011：356.

（84）［美］阿拉斯戴尔·麦金泰尔著，宋继杰译．追寻美德——道德理论研究［M］．南京：译林出版社，2011：225.

（85）［美］托马斯·内格尔著，贾克春译．本然的观点［M］．北京：中国人民大学出版社，2010：198—199.

（86）［美］罗纳德·德沃金著，冯克利译．至上的美德——平等的理论与实践［M］．南京：江苏人民出版社，2007：652.

（87）吕增奎．马克思与诺奇克之间［M］．南京：江苏人民出版社，2007：362.

（88）秦月存．追寻美德之路［M］．北京：中央编译出版社，2008：148.

（89）谭安奎．公共理性［M］．杭州：浙江大学出版社，2011：213.

（90）梁君林，汪朝霞．社会保障理论［M］．合肥：安徽工业大学出版社，2011：453.

3. 学位论文

（91）贾少学．论德沃金权利理论［D］．上海：华东师范大学，2005.

（92）万传华．论心理健康权［D］．广州：广东商学院，2008.

（93）蔡维生．人权视角下的健康权［D］．济南：山东大学，2007.

（94）郑海涛．论健康权［D］．济南：山东大学，2008.

（95）Institute of Medicine，The Future of Public Health［M］，Washington，D. C：National Academy Press，1988：19.

4. 报告

（96）Jonathan Mann，Lawrence Gostin etc. Health and Human Rights［R］，Geneva：WHO，1994.

（97）世界卫生组织．迎接 21 世纪的挑战［R］．日内瓦：世界卫生组织，1996.

后　记

　　此作是我 2009—2013 年在武汉大学法学院读博士时的论文。原本没想出版，去年以来有两件事促使我下决心付梓。一是 2019 年 12 月 28 日《中华人民共和国基本医疗卫生与健康促进法》由第十三届全国人民代表大会常务委员会第十五次会议通过，自 2020 年 6 月 1 日起施行，从此健康权有了基本法律保障。二是 2020 年初突如其来的新冠肺炎疫情，促使人们深入思考生命健康权问题。论文使用的资料基本保持原状，但新颁布的《民法典》《基本医疗卫生与健康促进法》涉及核心内容，做了适当调整。值此出版之际，谨向我的导师汪习根教授表示衷心感谢！导师多年致力于人权法研究，求索不止，著述不辍，为中国人权事业建言献策，在国际人权论坛上阐述中国观点，对我从事的健康权研究给予了精心指导，使我不但学到了知识，也学到了严谨的治学精神和科学的研究方法。

　　我国著名法学家、武汉大学法学院李龙教授对我的论文从开题设计、观点分析、写作修改到最终完成，都给予谆谆教诲，令我终身受益。武汉大学法学院徐亚文、张万洪、廖奕教授，上海交通大学法学院范进学教授，潍坊医学院蔡维生教授、山东省卫健委于晓刚处长等，都给了我莫大帮助，在此深表感谢！

　　拙作初衷在于通过对健康权概念、属性、渊源的探讨，理清健康权演变脉络，探求法律价值和原则，分析保障现状，提出对策建议，试图构建较为完整的健康权体系，引起人们对健康权的深入思考。然而，健康权研究涉及多个法律部门和多门学科，本人理论功底不深，驾驭起来颇有捉襟见肘之感，错误之处在所难免，恳请专家、同行批评指正。

舒德峰
2020 年 10 月